Feuerbachs Sozialphilosophie

フォイエルバッハの社会哲学

—他我論を基軸に—

石塚正英

社会評論社

はしがき

私のフォイエルバッハ研究は、フォイエルバッハの会とともにある。一九八九年三月の創立以来参加してきたフォイエルバッハの会は、これまでに、協働して以下の学術書二点を刊行してきた。

★柴田隆行・河上睦子・石塚正英編『神の再読・自然の再読―いまなぜフォイエルバッハか―』(理想社、一九九五年)

★フォイエルバッハの会編『フォイエルバッハ―自然・他者・歴史―』(理想社、二〇〇四年)

同時に、本会メンバーはそれぞれが関係する研究機関や出版社から、各自の討究するフォイエルバッハ論を折に触れて公表してきた。それを概観してみると、ヘーゲル哲学やキリスト教批判との関係を軸とする初期フォイエルバッハと、自然信仰(宗教寛容論)や食の哲学(身体論・感性論)との関係を軸とする中後期フォイエルバッハとにテーマが大別される。

そのような傾向の中で、おもに初期を研究する本会メンバー川本隆は、『初期フォイエルバッハの理性と神秘』(知泉書館、二〇一七年)「はじめに」において、後期の研究動向に触れてこう述べるに至った。「後期の自然信仰や古代宗教へのアプローチを、唯物論的『後退』としてではなく、宗教論または文化論の『深化』としてみようとする試みである。この解釈傾向は石塚正英のド＝ブロス主義的フェティシズム論や河上睦子の『供犠』と『共食』に着目した身体論の見なおしに認められる」。

この記述は、未だ中後期研究のテーマ紹介に過ぎない。それはそれで大きな前進ではあるが、今後は研究者相互で初期・中後期綯い交ぜの報告会を組織し、研究内容の相互認識・共有を促進し、その成果の一部を各自の研究に組み入れる必要がある。そしてこの際、それらの諸成果を括りつけて、フォイエルバッハ思想の統一的全体像を浮かび上がらせたい。そのような動向促進を意識して、本書『フォイエルバッハの社会哲学』は構想された。

ところで、私自身は、一九八九年三月フォイエルバッハの会創立以来かれこれ三〇年を費やして、【フェティシズム】というキーワードを多用してきた。内容については本論で詳述するとして、そのキーワードは初期よりも中期・後期フォイエルバッハに関係する。彼の著作でみると、おおよそ一八四一年刊『キリスト教の本質』以降である。けれども、私の研究において、初期と中後期はけっして断絶していない。研究の対象に【アフリカ・アメリカ】という非キリスト教的・非文明的世界が加わったことに起因する問題関心の転回が確認できるのである。転回であって断絶ではない。その転回は、ヨーロッパにおける、ギリシア・ローマ以前の先史・古代世界の再発見・再評価でもあったのである。そこに、〔価値転倒の社会哲学〕を構築してゆくフォイエルバッハのオリジナリティがくっきりと輪郭をあらわしてくる。

以上が、本書上梓における私の問題意識である。また、本書をもって創立満三〇年を迎えるフォイエルバッハの会を称えることとする。

フォイエルバッハの社会哲学　――他我論を基軸に

＊目次＊

〔序〕 自然災害と信仰をフォイエルバッハはどう関連付けたか

第四次野尻湖ナウマンゾウ化石発掘（ナウマンゾウ発掘調査団、一九六五年三月）に参加して以来、フィールドワークに関心を持ち、これまで一五〇回ほど野山に出かけてきた私は、同じようなフィールドワーカーの活動に関心がある。その一人、宮本常一に関する文献『宮本常一と歩いた昭和の日本』第一六「東北③」（農文協、二〇一二年）から（自然・生業・フォイエルバッハ）といった話題を紡ぎ出してみる。

同書の目次をみると、福島県二題、岩手県三題、山形県一題が収録されている。それらはみな一九六九年から一九八六年にかけて刊行された「あるく　みる　きく」（宮本をリーダーとする近畿日本ツーリスト株式会社・日本観光文化研究所の月刊誌）の復刻である。そこには高度成長時代に変貌を遂げる東北農漁山村の姿が写真付きで紹介されている。素朴な風景写真がならび、村落共生の印象はまだま だ色濃い。

ところで、とくに岩手県関係で「南部牛のふるさと」「気仙沼大工探訪行」、それに福島県関係で「出作りの村―福島県檜枝岐」（福島原発から一五二キロ）などは、二〇一一年三月一一日の東日本大震災と福島原発水素爆発の被害をうけた地域に含まれる。壊滅的被害を受けたところも多いと聞く。

巻末あとがきにこう記されている。宮古市重茂半島「姉吉は明治二九年の津波では全一一戸が流失し、生存者は二人、昭和八年には再度全戸が流失し、四人を除いて津波に乗られた歴史がある。このため津波の到達点に『高き住居は児孫の和楽　想え惨禍の大津波　此処より下に家を建てるな　明治二九年にも昭和八年にも　津波は此処まで来て部落は全滅し　生存者僅かに前に二人　後に四人のみ　幾歳経るとも要心あれ』と記した石碑を建てて戒めとした。戒めが功を奏し現在の集落は石碑より高い位置に建てられたので、今回の津波では漁港施設以外は被害がなかった。」（二二〇～二二一頁）

この石碑は、フォイエルバッハにすれば、まずは破壊の神をここで食い止める石神だろう。「人間は、自然が創造と破壊をなすかぎり、または一般に自然が人間に対して畏敬の念を起させる威力という印象を与えるかぎり、自然を人間化して全能な存在者にする」。（*Ludwig Feuerbach Gesammelte Werke*〔以下*LFGW*と略記〕, Bd.6, S360、石塚正英『歴史知とフェティシズム』理想社、二〇〇〇年、二六八～二六九頁）しかし、この石神は、その下方に住む者には救済となり得ない。まことに「害悪の根原はまた善の根原であり、恐怖の根原はまた喜悦の根原であります」。（Bd.,6,S37., 石塚、同上、二六四頁）。非キリスト教徒の神々、とくに母神信仰の地では、神は善悪両義だった。人々は、自然災害を必ずしも一方的な不幸とは観念しない。わが子を目の前でワニに食い殺された母親は、以後ワニのウロコや歯を守護フェティシュに遇する場合があるのだ。石牟礼道子『苦海浄土』（一九七二年）から―「ほう、これは――」（石牟礼）、「はい、竜のウロコでございます」（江津野杢太郎少年の婆さま）、「竜の――」、「鬼より蛇より強うして、神さんの精を持っとる生きものでござすそうで、その竜の鱗ちゅうて、先祖さまからの伝わりもんでござす」（爺さま）、「なんのなおろうかいなあ。水俣病じゃもね。いくら神さんでも知っとりなるもんけ。知っとりなさるはずはなか、世界ではじめての病気ちゅうもね」（婆さま）。（石塚正英「フォイエルバッハと日本の古代信仰」、本書第十五章から）

二〇〇一年六月三日に発生した雲仙普賢岳の噴火・火砕流で甚大な被害を目の当たりにした住民はこう言った。もう普賢岳を「普賢さま」とは呼ばない、「普賢」と呼ぶことにした、と。それでも、歳月がたち復興かなえば、普賢岳は「普賢さま」として信仰を集めることになるのであった。そのような攻撃と和解を特徴とする信仰形態を〔フェティシズム〕と称する。フォイエルバッハならば、自然災害と信仰をきっと〔フェティシズム〕のように捉えることだろう。重茂半島姉吉の石碑＝石神は、地域住民にとって、今後どのような思いをぶつける対象となるのだろうか。私にすれば、きっと〔フェティシズム〕の神〔フェティシュ〕であり続けることだろう。

私は、フォイエルバッハの理解した自然信仰観に立って各地をフィールド調査してきた。本書は、汎神論的ヘーゲル学徒から出発した初期フォイエルバッハが、やがて中後期に至り非キリスト教世界、とりわけアフリカ・アメリカ世界の自然信仰・民間信仰と出逢って、研究視座を、あるいは方法論的視座を汎神論的観点からフェティシズム的観点に移行していった過程を確認し、もってフォイエルバッハ思想の統一的全体像を確立することを論述目的としている。

かつて、フォイエルバッハをマルクスの挫折せる先行者とみなしていた時代があった。挫折の意味は、ヘーゲル哲学批判において、哲学・宗教批判にとどまったフォイエルバッハに対して、マルクスはさらに政治・経済学批判に進んだことを指す。だが、当時の論客たちの多くは、宗教とキリスト教を等値にしていた。キリスト教批判で宗教問題は片付いたとする彼らは、フォイエルバッハを誤解していた。いや、一八八〇年代の晩期にフェティシズムを〔神への攻撃〕として称えたマルクスを知れば、マルクスをも誤解していたことになる（参考 石塚正英『マルクスの「フェティシズム・ノート」を読む』社会評論社、二〇一八年）。哲学・宗教批判から政治・経済学批判に進む進まないは、一九世紀思想家たちが求めた真理探究のバリエーション、グラデーションにすぎない。『キリスト教の本質』以降のフォイエルバッハにとって、宗教問題は片付いたどころの話ではなかったのである。

I　アフリカ・アメリカ文化との出逢い

第一章　フォイエルバッハとフェティシズム

はじめに

今から三〇年ほど以前、一九八九年の夏は幼女連続誘拐殺人事件の報道で持ちきりだった。そのことに関連して、同年八月一四日深夜六チャンネルの報道番組で次の文字がブラウン管（当時は未だ液晶ディスプレイではなかった）に映し出された。「ペドフィリア Pedophilia 幼児を対象とした性（小児愛）、ネクロフィリア Necrophilia 死体を対象とした性（死体性愛）、サディズム Sadism 苦痛を与えて性的快楽を得る、フェティシズム Fetishism 身体の一部や身につけている物に対する性愛」。そして、連続誘拐の容疑者はその全部の性向を持ち、いわゆる「快楽殺人」を犯したのだと解説された（この時マスコミも一つの情報犯罪をなしていることについては、いまは言及すまい）。また、右に記した四つの性愛は、八月一八日付「毎日新聞」朝刊の関連記事でも指摘されていた。そればかりか、この新聞記事には、大きな見出しとして「人間主義と隔たったモラル」「遺体に異常な執着」という文字が付いていた。

この二つの報道・解説に接して、世の数多くのサディズム・ファンや、多少ともジキル博士とハイド氏の二重的生活で生のバランスを楽しんでいる人々は、不満をもたぬわけにはいかない。とりわけ、社会思想史研究者の水田洋と同様、「思想史のなかで価値の転換をいくつもとりあつかって、正常と異常の境界が相対的可変的であることをしっていた」(1)我々としては、憤懣やるかたない。そこで、この場では断固フェティシズム擁護を唱えてみることにする。

一　フォイエルバッハの会に参加して

一九八九年の三月、東京都文京区の東洋大学で「フォイエルバッハの会」と称する研究団体が創立された。船山信一を会長に、大井正、河上睦子、桑山政道、澤野徹、城塚登、暉峻凌三、藤巻和夫、尼寺義弘、山之内靖ほかのメンバーをよびかけ人とし、埼玉大学教養学部の寺田光男研究室を事務局として発足した本会は、たんにわが国におけるフォイエルバッハ研究の最高水準を象徴する組織というだけでなく、スイスのチューリヒに本部を置く国際フォイエルバッハ協会と連携する組織としても意義あるものといえる。

一見すると間口の狭そうな名称の本会に、それまでフォイエルバッハ関係の単著を一点も上梓したことのない私が加わったのはなぜか。理由は簡単である。フォイエルバッハが、ほかでもない、人間学を極めた思想家だったからである。これほど間口の広い学はそうざらにない。だから入会した。そのようなフォイエルバッハ思想中、わけても、野生の思惟と直結する原初的信仰についての彼の捉え方を討究したくて、フォイエルバッハの会に加入したのである。

フォイエルバッハと原初的信仰との関係について、私はまず社会思想史研究者の今村仁司から教わった。今村は論文「フェティシズム論からイデオロギー論へ」の中で、フォイエルバッハの原始信仰観を含め、スミス、コント、フォイエルバッハのフェティシズム論を次のように特徴づけていた。「フェティシズム＝原始宗教は、人間の本源的（原始的）状態が必然的に伴わざるをえない深い悲惨のなかに光明をもたらす希望の光なのであって、決して人間にとって抑圧的なものではない。宗教が抑圧的になるのは、はるか後の時代のことにすぎない」。「それ（人間と自然との深淵に架ける橋たるフェティシズム）は、コント的に表現すれば、宗教的抑圧（これは二次的結果である）ではなくて、本来的に未開人の生命の願望であった。この願望という点はフォイエルバッハも等しく着目するところである」。「いずれにせよ、スミス、フォイエルバッハ、コントは、原始宗教―本源的人間精神―、あるいは《パンセ・ソヴァージュ》を一次的には決して抑圧的なものと考えないで、基本的に解放的なものとして把握していた。スミスの『多神教』または『迷信』、コントの『フェティシズム』、フォイエルバッハの『宗教の本質』は、人間にとりつき、あるいはそれが内蔵する諸々の矛盾と対立からの解放であり、それらののりこえであり、『廃棄』（フォイエルバッハ）である」。(2)

フェティシズムという語とその概念は、一八世紀フランスの啓蒙思想家シャルル・ド＝ブロスが創ったもの、ないし彼が確定したものである。ド＝ブロス独自の概念は、のちにこの語を自分独自の術語として使用したコントやマルクスにおけるその概念から逆類推されてはならない。出発点はあくまでもド＝ブロスなのである。けれども、コントにせよマルクスにせよ、何かしらド＝ブロスに惹かれる部分があればこそ、フェティシズムを自身の議論にキーとして用いたのだった。それに対してフォイエルバッハの場合は、事情が少し違っている。彼はまずもって独自に、ド＝ブロスのフェティシズム論とは相対的に独自に、ド＝ブロスとほぼ同じ議論を構築していた。そのため、フォイエルバッハはド＝ブロスの創始したフランス語でなく自らに馴染みのあるドイツ語でキー概念をあらわすのだった。

二　二種のゲッツェンディーンスト論

フォイエルバッハの著作を眺めると、原始信仰に関しては、フェティシュとかフェティシズムとかでなく、ドイツ語のゲッツェン（Götzen）とかゲッツェンディーンスト（Götzendienst）とかが目立つ。ところで、このゲッツェンディーンストとは、フランス語でイドラトリ（Idolâtrie）、ラテン語でイドラトリア（idololatria）と称し、邦訳では「偶像崇拝」となる。神の象徴、比喩ないし代理への崇拝を意味するものであって、それ自体への崇拝を意味するフェティシズムとはことなる。これは邦訳では「物神崇拝」とか「呪物崇拝」となる。ただし、わが国の諸学界では偶像崇拝も物神崇拝、呪物崇拝もおしなべて神の象徴ないし代理への崇拝つまり偶像崇拝に扱われる。そのように、わが国ではフェティシズムとイドラトリは一律に後者の意味で理解—つまり誤解—されてきた。用語は二つ、意味は一つ、ということである。

それに対してフォイエルバッハは、術語はゲッツェンディーンスト—つまりイドラトリ—一語しか用いないものの、その中に、自身によって或る時は曖昧に、また或る時は明確に区別された二種の概念—つまりフェティシズムとイドラトリ—を含ませているのである。用語は一つ、意味は二つ、ということである。まずは、フォイエルバッハが両概念を曖昧にして議論している箇所を『キリスト教の本質』（一八四一年）から引用しよう。

「異教徒は偶像崇拝者であった。すなわち異教徒は自然を直観したのである。（中略）自然研究は自然崇拝であり、イスラエル教的な神およびキリスト教的な神の意味での偶像崇拝である。そして偶像崇拝とは人間の最初の自然観以外の何物でもない。なぜかといえば、宗教とは人間の最初の、そのために子どもらしくまた民衆的な、しかしとらわれた不自由な、自然観および自己観以外の何物でもないからである。ヘブライ人はそれに反して、偶像崇拝を超えて神に対する崇拝に高まり、被造物を超えて造物主の直観に高まった。（Die Hebräer dagegen erhoben sich über den Götzendienst zum Gottesdienste, über die Kreatur zur Anschauung des Kreators.）すなわちヘブライ人は、偶像崇拝者を魅惑していた理論的な自然観を超えて、自然を利己主義の目的へ隷属させる純粋に実践的な自然観へ高まったのである。『あなたはまた目をあげて天を臨み、日月星辰、すなわち天の万象を見、誘惑されてそれらを拝みそれらに仕えてはならない！それらのものは、あなたの神である主が全天下の万民に分けられた（すなわちおくられた―largitusest）ものである』」原註『申命記』第四章第一九節。(3)

一八四一年のフォイエルバッハはイドラトリと、フェティシズムの一種であるサベイズム（星辰崇拝）とを混同している。モーセがここで神ヤーヴェの代弁をして述べているのは、それのみ（星辰それ自体）を神と見做すような信仰は抱くな、ということである。したがって象徴や代理としてのイドラトリでなく、神そのものとしてのフェティシズム・サベイズムを信仰するな、と戒めているのである。ただし、モーセには象徴としてのイドラトリとそうでないフェティシズムとの区別はない。そうした区別はギリシア・ローマなど後代の宗教に至って明確となる。フォイエルバッハは、モーセがイドラトリを批判したことで、実はモーセはフェティシズムからの離反を宣言したのだということを理解できていない。イドラトリ一般を否定したのでなく、モーセはあくまでも、崩れてはいるもののフェティシズムの本質を残す多神教を拒否して、イドラトリそのものである一神教―その完成はキリスト教―を導いただけなのである。

だが他方でフォイエルバッハは、比喩（アレゴリー）とは違う、それ自身への信仰としての宗教の本質をも捉えている。『キリスト教の本質』段階での見解を引用しよう。

「聖者が形像の中で尊敬され、神が聖者の中で尊敬されるのは、人々が形像そのものや聖者そのものを尊敬するからである。ちょうどそれと同じように神が人間の肉の中で尊敬されるのは、人間の肉そのものが尊敬されるからである。神が肉になり人間になるのは、すでに根底において人間が神であるからである（Wie der Heilige nur im Bilde, Gott nur im Heilige verehrt wird, weil man das Bild, den Heiligen selbst verehrt, so wird Gott nur im Menschen Fleische angebetet. Weil das menschlich Fleisch selbst angebetet wird. Gott wird Fleisch, Mensch, weil shon im Grunde der Mensch Gott ist.）」(4)。

この指摘は、一八四四年の「異教における人間の神化とキリスト教における人間の神化との区別」では、もっと明確に表現されている。

「私が光の中で神を崇敬するのは、光自身が私にとって最も立派な存在者、最高の存在者、最強の存在者として現われるからである。もちろんあとに反省の中で、人間がすでに光を超越し、光の神性または太陽の神性を疑う場合には、人間は神学の中で、第一のものを第二のものにし、根原的な神を導出された神にする、すなわち事象をたんなる形像にする。しかし民族の単純な宗教的感覚は神学的な反省が行なうこの区別立てを至るところで、かつ常に廃棄する。民族は常にふたたび根原的な神に復帰する。すなわち民族はふたたび形像を、それが根原的にそれであったもの、すなわち事象にする」(5)。

この記述にまで至ると、フォイエルバッハは、それと知ってか知らずか、「第一のもの」＝根原的な神＝フェティシュ＝事象、「第二のもの」＝導出された神＝イドル＝形像という区別を明確にし、かつ原初的民族はフェティシュ＝フェティシズムに復帰するのだと述べたことになるのである。

紀元前六世紀ギリシアの歴史家ヘロドトスの記述を紹介する藤縄謙三は、著作『歴史の父ヘロドトス』

において、次のように述べる。「ヘロドトスによれば、イストロス河の南側に住むゲタイ族は、『トラキア人中で最も勇敢かつ正義の民』であるが、（中略）このゲタイ族は、ヘロドトスによれば、『雷鳴や稲妻があると、天に向って矢を放ち、神を脅かすが、彼らは自分たちの信ずる神より以外の神の存在を認めないのである』という。（四巻、九四）」[6]。自分の神以外の神を脅かすのはゲタイ人でなくむしろヘブライ人の方であろうが、このようなことは文明を備えたギリシア人も、キリスト教も行なった。そのことをフォイエルバッハは、一八四四年の論文「ルターの意味での信仰の本質」中で次のように証拠立てている。

「あらゆる自然的物体が宗教的尊敬の対象であったのは、それらが実際の自然直観の対象でなくたんに表象または空想の対象にすぎなく、したがってそれらが実際にあるがままで人間たちの対象になっていなかった限りでのことだった。ギリシア人に星辰が宗教的尊敬の対象であったのは、このようにしてであった。すなわちギリシア人たちは、星辰を星辰として見たのでなく超地上的な生きた存在者と見た。しかしギリシアの哲学者中には、これらの神々を王座から引き摺り堕ろす者もいた。彼らは、星辰を空想の天井から自然直観の地上へ移し、星辰が平俗な地球から区別されていないことを認識したのである」[7]。

フォイエルバッハはまた、一八四五年の「『唯一者とその所有』に対する関係におけるキリスト教の本質」でも次のように述べていた。

「フォイエルバッハにとっては個体が絶対的な存在者―すなわち真の現実的な存在者―である。（中略）宗教の本質は、少なくともこの点では、唯一の個体を或る種族ないし類から選び出し、神聖不可侵なものとして他の個体に対立させる中に成立している。この人間、この『唯一者』、この『比較することができない者』、このイエス・キリストが排他的に神である。このかしわ、この場所、この森、この雄牛、この日が神聖なのであって、その他のかしわ、その他の場所、その他の森、その他の雄牛、その他の日が神聖なのではない。そのために宗教を廃棄するということは、その宗教がもっている神聖化された対象または個体と、それと同一な類に属する他の世俗的な個体との同一性を証明すること以外を意味しない。聖ボニファティウス（Bonifatius, c.672-754）は神的なかしわの木、ガイスマルのかしわの木を倒したのであるが、彼はすでにその時我々の先祖にこの証明を供給したのである」[8]。

「この」具象神の強調など、ド＝ブロスそのものである。[9]こうして我々は、フォイエルバッハが結果としてのド＝ブロス主義者・フェティシズム論者であることに、あらためて注目することになる。「神は人間の食物である」「信仰するということは食べることを意味する」[10]。ギリシア人哲学者のうちで賢明な部分―ということはギリシア人哲学者らしくない人たち―が「星辰」に対して為し、ゲルマン伝道の聖ボニファティウスがヘッセン近郊のガイスマル村で「このかしわ」に対して為した行ないを、フォイエルバッハは「このイエス・キリスト」、否、この神に対して行なったのである。

この見方は、フェティシズムのことを転倒とか比喩、象徴、身代わりたるイドラトリと混同する見解からは、けっして導きだせない。よって、一九八九年夏のジャーナリズムで流されたような、身体の一部や身に着けている物に対する性愛などは、ド＝ブロス的、フォイエルバッハ的なフェティシズムとは、およそ無縁なのである。

ちなみに、ド＝ブロスは著作『フェティシュ諸神の崇拝』（一七六〇年）に、彼と同時代までに刊行されたアフリカ・アメリカ大陸の先住民社会に関する文献、ボスマンやデ・マルシェほかから数多くの習俗・儀礼を引用・紹介している。フォイエルバッハもまた著作『宗教の本質に関する講演』（一八五一年）で、マイナースやシャルルヴォアほかの著作から同じような習俗・儀礼を引用・紹介している。汎神論的ヘーゲル学徒から出発した初期フォイエルバッハが、やがて中後期に至りアフリカ・アメリカ（非キリスト教）世界の自然信仰・民間信仰と出逢う契機となったアフリカ・アメリカ文化関連著作群である。その過程でフォイエルバッハは、彼オリジナルの他我（alter-ego）論を構築していくのだった。

［註］

（1）水田洋「ある冤罪」、同『時流と風土』御茶の水書房、一九八五年、一九頁。
（2）今村仁司「フェティシズム論からイデオロギー論へ」、同『社会科学批評』国文社、一九八三年、二二九、二四九、二五一頁。
（3）Ludwig Feuerbach, *Das Wesen des Christentums*, zweite vermehrte Auflage, Leipzig, 1843, S.172. 船山信一訳『キリスト教の本質』上巻、岩波文庫、一九〇頁。ドイツ語は石塚の挿入。
（4）Ludwig Feuerbach, *ibid.*, S.516. 船山信一訳『キリスト教の本質』下巻「説明・注解・引用」、三二一～三二三頁。ドイツ語は石塚の挿入。
（5）*Ludwig Feuerbach Gesammelte Werke*〔以下 *LFGW* と略記〕, Bd.9, S.414. 船山信一訳『フォイエルバッハ全集』第一五巻、福村出版、一九七四年、一九八頁。
（6）藤縄謙三『歴史の父ヘロドトス』新潮社、一九八九年、二三一頁。
（7）Ludwig Feuerbach, Das Wesen des Glaubens im Sinne Luthers, *LFGW*, Bd.9, S357. 船山信一訳『フォイエルバッハ全集』第一五巻、一一二～一一三頁。
（8）*Wigand's Vierteljahrsschrift*, Zweiter Band, Leipzig, 1845. S.197. 船山信一訳「【唯一者とその所有】に対する関係におけるキリスト教の本質」、『キリスト教の本質』、下巻、三五三～三五四頁。

(9) 詳しくは、以下に挙げる私の著作を参照。『フェティシズムの思想圏』世界書院、一九九一年。『フェティシズムの信仰圏』世界書院、一九九三年。

(10) Ludwig Feuerbach, Das Wesen des Glaubens im Sinne Luthers, *LFGW*, Bd.9, S406. 舩山信一訳『フォイエルバッハ全集』第一五巻、一八四頁。

第二章　中後期フォイエルバッハの物神（Götze）評価
——初期フォイエルバッハの汎神論的自然観との関係

はじめに

ルートヴィヒ・フォイエルバッハは、一八三〇年代を通して、神と自然の同一性を軸とする汎神論的自然観を重視したといわれる。その汎神論（Pantheismus）という術語は、一八世紀におけるその語の成立事情（汎神論論争＝スピノザ論争）からいって、キリスト教思想圏にかかわる（狭義の定義）。その語は厳密には非キリスト教世界に妥当しない。汎神（論）は非キリスト教世界には類推・類似（広義の定義）としてしか存在しないのである。キリスト教の神（神観念）がありえない世界に、キリスト教の汎神（pan-theos）もありえまい。古ゲルマンの樹木神や古日本の風の神のようなアニミズムならば存在するが、それは個別の神々（多神）にかかわるのであって、森羅万象にあまねく遍在する一神にかかわるのではない。

一　非キリスト教圏の物神（Götze）という研究対象

ところで、フォイエルバッハの議論では、キリスト教は形像崇拝（Bilderdienst）という偶像崇拝である（*Ludwig Feuerbach Gesammelte Werke*〔以下、*LFGW* と略記〕, hg. v. W. Schuffenhauer, Akademie-Verlag, Berlin, 1969, BD.6, S.211.）。唯一神であろうが理神であろうが、汎神であろうが、フォイエルバッハは自然を貶めるようなキリスト教の神をいっさい許容していない。彼は我と汝（他我 alter-ego）の関係に自然をも加えているが、その自然（自然神）はキリスト教神の息吹といった汎神でなく、自然それ自体なのだ。また、自然は人間がそれを擬人化してはじめて存在者となるのでなく、他我論において自然はそのままで存在者なのだ。

フォイエルバッハは、たとえば南米オリノコ河畔先住民の自然神に注目したが、それは汎神でなく物神（Götze）であり、私の議論ではフェティシュ（Fetisch）である。フォイエルバッハはフェティシュを Götze というドイツ語で言い表した。

フォイエルバッハの Götzendienst（偶像崇拝）は、私の議論ではアニミズムでなく Fetischismus（フェティシズム）である。中後期のフォイエルバッハ、とりわけ『キリスト教の本質』刊行以降の彼を問題にするのであれば、汎神論は、非キリスト教世界に関連する彼の研究対象には妥当しないのである。かわって強まったのは非キリスト教的信仰に対する寛容論である。その側面は『神統記』（一八五七年）の次なる文章に端的に表明されている。

「しかし人間学は信仰と迷信との区別に頭を悩ましたりしない。なぜなら、人間学は一神教を信仰として宣言し多神教を迷信として宣言するような有神論の偏狭な党派的立場に立っていないからである。

人間学は人類全体に注意を払っている。人類全体においては、唯一神・排他的な神・それのみが真実の神は、たんに、時間的にも空間的にも多くの神々と並ぶ一つの神・多くの中の一つの神として現れるにすぎない。したがって人類全体においては、不寛容な一神教は平和的かつ社交的に、たんに人類の多神教の一つの特殊な様式として明示されるにすぎない」。（*LFGW*. Bd.7. S.128. 船山訳『フォイエルバッハ全集』第一八章、第一三巻、二〇一頁）

狭義の汎神論は一神教にかかわるのだから、人類の多神教世界に汎神論を持ち込むと、それは不寛容となる。そのようにフォイエルバッハは主張しているのだと思われる。また、初期における神観念「汎神」に代わって中後期には「物神（Götze）」が意味を持ってきたと判断できる。

以上の議論は、はたしてフォイエルバッハ自身の思想は汎神論的か否か、という問題とは相対的に別個なのだ。非キリスト教圏の物神という研究対象を汎神論的に考究したか否か、という問題である。私は、これまで、後者を問題にしてきた。そして、後者の問いにおいて、答えは「否」であると、私は結論づけている。物神という研究対象を――ド＝ブロス著作『フェティシュ諸神の崇拝』（一七六〇年）に学んだ私にすれば――フェティシズム的観点で考究したのである。前者の問題、はたしてフォイエルバッハ自身の思想は汎神論的か否か、という問題に関して、私は、学問的に断定できる研究蓄積をもっかのところ持ち合わせない。ただし、次のことは指摘できる。フォイエルバッハは、アフリカ大陸やアメリカ大陸といった非キリスト教圏を対象とした時点で、キリスト教に起因する汎神論的自然観・世界観の通用しない地域文化のあることを悟ったことである。分析方法として物神崇拝を採用したのである。

本稿は、最近発表された川本隆「博士論文審査を終えて」（フォイエルバッハの会編『フォイエルバッハの会通信』第九六号、二〇一五年九月）および服部健二『四人のカールとフォイエルバッハ―レーヴィットから京都学派とその「左派」の人間学へ』（こぶし書房、二〇一五年九月）の議論に触発されてしたためたものである。ついては、以下の参考資料二編を併読願う。（二〇一五年一一月五日）

二　考察に寄与する参考資料

参考1：川本隆「博士論文審査を終えて」（フォイエルバッハの会編『フォイエルバッハの会通信』第九六号）

▪以上が、本論文（学位請求論文「理性の神秘と自然の先在――初期フォイエルバッハの思弁的アプローチに関する一考察」）の大まかな骨子であるが、初期の汎神論的思弁性が唯物論的・人間学的転回後に完全に放擲されるのではなく、むしろ、新しい位相で生かされることを論証するに当たり、各章のどこに重要な力点があったかを概説しておこう。（四頁）

▪昨年六月のシンポジウム（日本ヘーゲル学会、明治学院大学にて）で河上睦子さんに「初期から後期へつながる思想はありますか」と聞かれ、「〈同時に極大でありかつ遍在するような極小〉というブルーノの汎神論の見方は、自然への深い気遣いとして後期でも息づいています」と応えたように思います。その視点はいまも変わりません。意識的な自我が、自然を私の「他我」として気遣う姿勢が後期においても持続するという含みです。（九頁）

参考2：服部健二『四人のカールとフォイエルバッハ』（こぶし書房）

■『死と不死に関する諸思想』（一八三〇年）は、匿名ではあったが、フォイエルバッハの著作、しかもかれの最初の宗教哲学的著作である。（中略）かれは、この著作でヘーゲル的精神を汎神論的に自然と和解した精神として展開しながら、自己中心主義的な近代キリスト教の不死信仰や彼岸信仰を批判して、有限的な人間の生の中に無限性をみようとした。かれのキリスト教批判――彼の全著作を貫く赤い糸――は、汎神論的生の立場にもとづいて近代神学の人間中心主義への批判として始まったのである。（五九頁）

■フォイエルバッハの汎神論的自然哲学　（一〇二頁）

■「総合」でなく「和解」と表現することにより、ひたすら自然的なものを克服しようとしたヘーゲルに対して、フォイエルバッハは精神の歩みを汎神論的自然の側からも捉えようとしていたのである。（一一九～一二〇頁）

■非有機的自然における特性、質を霊魂ととらえるフォイエルバッハの背景には、すでに述べたようにブルーノやカンパネラの汎神論的世界観があった。（一二五頁）

■フォイエルバッハが人間と自然というデカルト的二元論の発想をとらず、汎神論的一元論の伝統とカール・ダウプ的な自我の断念の発想に立って、近代の機械論的自然観と機械仕掛けの神という理神論的世界観を批判していると筆者が解読している（略）。（一六六頁）

■フォイエルバッハはヘーゲル的理性の立場を受容したかぎりヘーゲリアンであったが、ヘーゲルと異なって汎神論的な愛による美的直観によって自然と和解した理性の立場であった（略）。（一九四頁）

■対自然関係においては、『キリスト教の本質』に至るまでのフォイエルバッハの汎神論的自然概念（略）。（二三三頁）

■こうしてフォイエルバッハは一連の哲学史研究を通して、近代哲学の汎神論的精神をヘーゲル哲学へと収斂させるのではなく、ヘーゲル批判を行いながら、批判的‐発生的哲学の方向において捉えていこうとしたのである。（二八〇頁）

■自然宗教の分析においてフォイエルバッハが自然をもはや汎神論のように神化することはない。（中略）『キリスト教の本質』の場合と同じように、自然を擬人化する自然宗教の分析から、人間に固有の自然に対する相反する感情が取り出される。（二九五頁）

■フォイエルバッハは、『神統記』において、自然宗教、ギリシア宗教、ユダヤ・キリスト教を、人間の生の願望に基づく投影理論によって統一的に分析しようという構想を示した。（二九八頁）

■筆者の立論は、フォイエルバッハがその汎神論的自然観によって、ダウプの立場からも、またヘーゲルの立場からも違った道を歩み始め、愛による美的直観によって自然と和解する理性の立場をとったことに力点を置いた。（三〇二頁）

第三章　汎神論から他我論への展開
——中後期フォイエルバッハ

はじめに

昨今、国際社会では保護主義と覇権主義がセットになって勢いをましている。その筆頭はトランプのアメリカである。彼の唱える「強いアメリカ」「アメリカ・ファースト」はその動向を象徴している。その標語は、すでに調停機能を喪失している国連をあざ笑うかのような印象を内外に与えている。けれども、一九世紀末から今日までの国際政治史を振り返れば、トランプの登場はけっして想定外ではない。パックス・ブリタニカ崩壊とビスマルクによる武装平和→二度の世界大戦とその後の集団安全保障体制→米ソ冷戦・南北対立とその後のアメリカ主導グローバル外交→イギリスのEU脱退問題とトランプ・プーチン・習近平の軍事的覇権外交激化。その現象を指して、私は社会システムとしての〔近代の瓦解〕と称する。経済現象としては、前世紀後半からの大量生産・大量消費・大量廃棄という自然収奪、および前世紀末から顕著となった出口なしの経済不況で特徴づけられる資本主義そのものの瓦解を指す。その際、社会システム瓦解には人間による自然支配の破綻、〔テクノ・システムの瓦解〕が伴っていると考える。原発事故による放射能汚染など、地球大での環境問題の深刻化がそのことを物語っている。ところで〔テクノ・システムの瓦解〕は、あらためて〔人間と自然〕関係の転換を促している。人間による自然の支配から人間と自然（および生産物など加工され社会化した自然）の共生への転換である。

一八世紀フランスの比較宗教学者・百科全書執筆者シャルル・ド゠ブロス（Charles de Brosses, 1709-1777）が一七六〇年ジュネーヴで出版した著作『フェティシュ諸神の崇拝』によれば、文明以前において人と自然は相互的・交互的に交わっていた。[1] 一九世紀イギリスの民俗学者・人類学者エドワード・バーネット・タイラー（Edward Bernett Tylor, 1832-1917）が一八七一年にロンドンで出版した著作『原始文化』によれば、人々は自然のただ中にあって呪術、技術を介して交渉しつつ先史から文明へと進化・進歩してきた。一九世紀ドイツのキリスト教批判者・哲学者ルートヴィヒ・アンドレアス・フォイエルバッハ（Ludwig Andreas Feuerbach, 1804-1872）が一八五一年に出版した著作『宗教の本質に関する講演』によれば、先史や辺境に暮らす人々はキリスト教的な超越神でなく森羅万象の自然神を介して〔他我（alter-ego）＝もう一人の私〕としての人間・自然と相互的に交流した。けれども、ド゠ブロスやタイラー、フォイエルバッハが注目した人間と自然の関係は、文明（時代・地域）においては委縮し仮死状態となった。例えば、中世キリスト教に由来するヒエラルキー世界では、超越神による人間支配と、その人間による自然支配がシステム化したのである。

さて、そのような傾向に対して、一九世紀二〇～三〇年代の若きヘーゲル哲学徒にして、神の息吹は宇宙大に広がり人の心中にも存在するとしたドミニコ会修道士ジョルダーノ・ブルーノ（Giordano Bruno, 1548-1600）に感化されつつ汎神論的立場をとったフォイエルバッハは、一八三〇年に『死と不死についての思想』を匿名で出版してキリスト教批判を敢行し、神の超越性を否定し、自然との関係における人間精神を強調した。さらに五〇～六〇年代に至り、『宗教の本質に関する講演』などを発表して、人間のみならず自然をも〔他我（alter-ego）＝もう一人の私〕とみなす議論を強化した。現代風に表現すれば、人間による自然の支配から人間と自然の共生への転換を目指したのである。これを私は、一九世紀後半におけるヨーロッパ宗教哲学の一特徴と評価する。

本章では、生涯を通して自然を崇敬したフォイエルバッハを事例にして、(2) 一九世紀後半におけるヨーロッパ宗教哲学、〔それとは違う神話世界〕の一特徴を際立たせてみたい。それはまた、未だ十全には達成されていないフォイエルバッハ思想の統一的全体像を求める努力でもある

一　それとは違う神話世界を求めて

一九世紀初頭のドイツにおいて、キリスト教（カトリック）を批判してインドの神々を崇敬するに至った一人の芸術家がいる。作曲家ルートヴィヒ・ヴァン・ベートーヴェン（Ludwig van Beethoven, 1770-1827）である。彼のカトリック離反とインド諸神崇拝は、二〇代後半以降の聴力喪失という自身の経験と深く関連していた。彼は、一八一五年に次の記述をなした。「ブラマ（Brahma）、その精神はブラマ自らのなかにのみこまれている。力強きもの、ブラマは空間のどの部分にも現存している。（中略）汝（Du）はあらゆる讃美と敬慕のまとたれ！　汝（Du）は真の至福バガヴァーン（Bhagavan）、すべての法則の本体であり、あらゆる叡智の形像であって、全世界を現実のものたらしめ、万物を担うものである」。ベートーヴェンはインドの神々を「空間のどの部分にも現存している」存在、つまり汎神としつつ、「汝」と呼び掛けて記述する。インドの創造神ブラマ、至高神バガヴァーンに対し尊敬の呼称「おんみ（Sie）」

でなく親愛の呼称「汝（Du）」で語りかけて崇敬するのである。[3] どちらかといえば、いと高き、至高の神でなく、〔他我＝もう一人の私〕としての神々なのである。

現在のアフガニスタン・パキスタン国境に位置するカイバル峠を越えて北インドに入ったアーリヤ人たちは、最初に発見した荒ぶる流れをシンドスと呼んだ。これがインダス川であり、インドの語原ともなった。この地に入ったアーリヤ人たちは、変転著しい自然を目のあたりにして、その不可思議な現象を神格化し、なかでも火神アグニ、太陽神ヴィシュヌ、雷神インドラを崇拝した。ベートーヴェンが名を挙げる「ブラマ」とはインドの創造神・太陽神「ブラフマン」のことで、「バガヴァーン」とは「バガヴァット」と同じく、「森羅万象」「至高存在」の意味である。古代インドはしたがって、キリスト教的一神教出自の汎神論とは違う次元で、神格化された自然に起因する汎神論的な神話世界だったと解釈できるのである。

ベートーヴェンは既存のキリスト教を嫌った。とりわけカトリックを嫌った。彼はこう告白する。「人間よ、自らの力でおまえ自身を助けよ（Mensch, hilf dir selbst.）」[4]。神は神に救いを求める者を救うのであって、自らを助ける者を助けるのではないから、キリスト教の神はたしかにベートーヴェンの眼中になかったようである。自然神、あるいは端的に自然それ自身が、彼の alter-ego なのだった。彼は、キリスト教とは違う神話世界を求めていたのだった。それは、翻訳を通じてインド思想をドイツに紹介したシュレーゲル兄弟を中心とするロマン派文学者集団や、ヘーゲルを一員とする汎神論的哲学派を育む時代思潮とも関係していた。[5]

ベートーヴェン死後、ドイツのキリスト教神学界において大きな価値転倒の運動がおこった。それは、ヘーゲル学派中の宗教哲学的左派、ダーフィット・フリードリヒ・シュトラウス（David Friedrich Strauß,

1807-1874）が巻き起こしたものである。(6) シュトラウスは、テュービンゲン大学のバウルのもとで神学を学び、やがてベルリンへ出てヘーゲル晩年の講義を聴いた。そして彼は、ヘーゲル弁証法を学ぶことによって、むしろ師の哲学体系（宗教哲学）に挑戦し、キリスト教の絶対的価値を否定したのである。シュトラウスによれば、キリスト教は神の啓示の一部分にすぎず、それは歴史的発展上の特定の段階における一産物であって、けっして絶対的な価値を保持してはいない。また、福音書の物語は歴史的事実・真実ではあり得ず、神話である。あるいは原初のキリスト教徒が無意識に創り出した共同体精神、その物語の舞台となっている民衆や時代の精神なのである。このように、ヘーゲル弁証法を駆使することによってシュトラウスは聖書の超自然的解釈を排斥したのである。

こうして、例えばベートーヴェンのインド神話的汎神論が、また例えばシュトラウスの神話的聖書解釈が登場してくる一九世紀前半期ドイツにおいて、フォイエルバッハの他我的自然信仰論は萌芽するのだった。

二　中後期フォイエルバッハの自然信仰論

自然はそれのみで存在しており、けっしてどのような知にも信仰にも依存していない。また、人間は自然を土台として存在しており、自然と人間以外には何も存在しえない。ところで、神とは、人間の自己疎外によって生じた産物であり、それは人間の本質にほかならない。人間がいないところに神はいない。キリスト教において人間は自分自身の本質と対立し、神という名のもとに、それに従属している。この自己疎外された人間をヘーゲルは本来の人間と規定し、人間を類と個、本質と実存とに分裂させてしまっている。その際この分裂は宗教において貫かれており、宗教においてこそ人間の本質は神へと奪われているのだ。だから宗教を否定することが必要となってくる。ただし、ここに記された神とは、とりわけキリスト教の神に過ぎない。以上の要点は一八四〇年に出版した『キリスト教の本質』段階における主張である。

その後のフォイエルバッハは、こう述べる。かつてキリスト教徒に蹴散らされてしまった古代人の神々、野生人の神々は、キリスト教の神と違って、石塊とか樹木、泉、山羊といった自然そのものである。古代人・野生人は、これら自然神になるほど拝跪するものの、ときと場合によってはこれらを打ち叩きもする。崇拝するが攻撃もし、攻撃したあと和解する。一八五七年に出版した『神統記』においてフォイエルバッハは述べる。古代人や野生人のもとでは「あらゆる対象が人間によってただ神として尊敬される。この立場はいわゆるフェティシズムである」。「動物に対する尊敬の根拠は動物そのものの中に横たわっていないだろうか？」「神々を動物的に表象し模写している人は、無意識的に動物そのものを尊敬しているのである」(7)。

フォイエルバッハによれば、そのような古代人や野生人の信仰は宗教以前のもの、あるいはそこから宗教が派生する根原にあたるものである(8)。その段階では、神と人間との質的な区別は一つもない。フォイエルバッハにおいては、人間と神との関係はもともと交互的であるもの同士の内的関係であり、したがっていかなる事態が生じようとも神は人間を超越し得ない。ときに人間は神に拝跪するが、ときに神は人間の強請に従う。ユダヤ教・キリスト教に代表される、宗教の本格的開始は、神と人間との交互的関係が支配・被支配の垂直な関係に固定された段階である。ただし、交互的関係そのものが破壊されたり消滅したりしているのではない。宗教、とりわけユダヤ教・キリスト教のような一神教においては、神と人間との交互性は人々の信仰心の深層に留まり、その垂直な主客関係が表層で現象したのである。

本来なら、つまり古代人や野生人の交互的信仰世界においてなら、人間と神との転倒した関係（拝跪一辺倒）は容易に正立（交互連環）へと回復する。そうした古代人・野生人の信仰を、フォイエルバッハはゲッツェンディーンスト（Götzendienst、物神崇拝）と称するが、比較宗教民族学の用語では、これをフェティシズムという。正立への回復を伴うかぎりでの転倒、それは自然の成り行きである。場合によっては快楽であり至上の悦びなのだ。こうした信仰を讃えるフォイエルバッハは言う、「唯物論が神々の根拠にして起原である（Der Materialismus ist der Grund und Ursprung der Götter.）」と。[9]

ところで、フォイエルバッハは前述のごとく、一八三〇年代をとおして神と自然の同一性を軸とする汎神論的自然観を重視した。[10] その汎神論（Pantheismus）という術語は、一八世紀におけるその語の成立事情（汎神論論争＝スピノザ論争）からいって、キリスト教思想圏にかかわる（狭義の定義）。その語は厳密には非キリスト教世界に妥当しない。汎神（論）は非キリスト教世界には類推・類似（広義の定義）として存在するのみである。例えば、ベートーヴェンにおけるインド諸神のように類推的に存在する。しかし、元来キリスト教の神（神観念）がありえない世界には、キリスト教の汎神（pan-theos）もありえない。古ゲルマンの樹木神や古日本の風の神のようなアニミズム（宿る神）ならば存在するが、それは個別の神々（多神）にかかわるのであって、森羅万象にあまねく遍在する（顕現する）一神にかかわるのではない。

『宗教の本質に関する講演』におけるフォイエルバッハの議論では、キリスト教の神は「言葉が形像であるのと同じ意味での形像」であり、キリスト教は形像崇拝（Bilderdienst）という物神崇拝である。[11] 超越神であろうが理神であろうが、汎神であろうが、フォイエルバッハは自然を貶めるようなキリスト教の神をいっさい許容していない。彼は我と汝（他我）の関係に自然をも加えているが、その自然（自然神）はキリスト教神の息吹といった汎神でなく、自然＝森羅万象それ自体である。

前章で既述してあるものの、幾度でも重ねて力説する。フォイエルバッハは、たとえば南米オリノコ河畔先住民の自然神に注目したが、それは汎神でなく物神（Götze）であり、私の議論ではフェティシュ（Fetisch）である。フォイエルバッハはフェティシュをときに Götze というドイツ語で言い表した。[12]

フォイエルバッハの Götzendienst（物神崇拝）は、私の議論ではアニミズムでなく Fetischismus（フェティシズム）である。中後期のフォイエルバッハを問題にするのであれば、汎神論は、非キリスト教世界に関連する彼の研究対象には妥当しない。かわって強まったのは非キリスト教的自然信仰に対する寛容論である。その側面は以下の文章に端的に表明されている。

「しかし人間学は信仰と迷信との区別に頭を悩ましたりしない。なぜなら、人間学は一神教を信仰として宣言し多神教を迷信として宣言するような有神論の偏狭な党派的立場に立っていないからである。人間学は人類全体に注意を払っている。人類全体においては、唯一神・排他的な神・それのみが真実の神は、たんに、時間的にも空間的にも多くの神々と並ぶ一つの神・多くの中の一つの神として現れるにすぎない。したがって人類全体においては、不寛容な一神教は平和的かつ社交的に、たんに人類の多神教の一つの特殊な様式として明示されるにすぎない」[13]。

ジョルダーノ・ブルーノに代表される狭義の汎神論は一神教にかかわるのだから、人類の多神教世界にキリスト教的汎神論を当てはめようとすると不具合が生じ、それは不寛容ともなる。そのようにフォイエルバッハは主張していると解釈できる。

以上の議論は、はたしてフォイエルバッハ自身の思想は汎神論的か否か、という問題とは相対的に別個である。非キリスト教圏の物神（Götze）という研究対象を汎神論的に考究したか否か、という問題である。私は、これまで、後者を問題にしてきた。そして、後者の問いにおいて、答えは「否」であると、私は結論づけている。物神（Götze）という研究対象を――ド＝ブロス著作『フェティシュ諸神の崇拝』に学んだ私にすれば――フォイエルバッハは、フェティシズム的観点で考究したのである。前者の問題、はたしてフォイエルバッハ自身の思想は汎神論的か否か、という問題に関して、私は、学問的に断定できる研究蓄積をもっかのところ持ち合わせていない。ただし、次のことは指摘できる。フォイエルバッハは、非キリスト教圏を対象とした時点で、キリスト教に起因する汎神論的自然観・世界観の通用しない地域文化―ベートーヴェンの崇敬したブラマやバガヴァーン―のあることを悟ったことである。

その際、非キリスト教圏の自然諸神を、いや、自然そのものを、フォイエルバッハは〔他我＝もう一人の私〕として把握した。例えば、肉体（自然）は精神（人間）の持ち物、のごとき主客的区別はしない。端的に、「肉」としての人間を称える。この傾向は、一九世紀前半のフランスですでにサン・シモン派が示していた。さらには、そのサン・シモン派に影響されたドイツの文学者集団、カール・ゲオルク・ビューヒナー（Karl Georg Büchner, 1813-1837）ほかの青年ドイツ派がこの傾向を促進させていた。いわゆる「肉体の復権」である。(14)

一九世紀前半におけるこうした傾向を背景にして、フォイエルバッハは、〔我と汝〕双方にとっての身体を考える。我にとって我の身体は我の感覚・知覚の主体であり、我の欲求や願望の発信源である。しかし汝にとって我の身体は汝の感覚・知覚の対象であり、汝の欲求や願望の向かう先である。しかし、そこで我の身体と汝の身体は対立するのでない。我と向かい合ったもう一人の我、つまり他我（alter-ego）の意味をもつ。我と汝という二つの個別＝個人が〔我と他我という対を単位とする普遍＝単人〕に転化している。[15] その転化を実現しているのが生身の身体、我の身体、汝の身体なのである。そのような意味で、フォイエルバッハの捉える人間は、身体的存在であると言える。

ところで、フォイエルバッハにおける汝には、すでに記したように、自然が入る。身体は自然そのものである。自然は、したがって、身体がそうであるように、一種の存在者（Wesen）である。裸の自然はたんなる物在（Ding）にすぎないが、我＝汝の関係にある自然は存在者である。

さらにフォイエルバッハは、『宗教の本質』（一八四五年）の中で、先史や辺境地帯の人々によって神に選定された自然を"Sache"という語で表現し、これを神の原像と理解する。いわく、「現実においてはまさに逆に、自然は神よりもいっそう先に存在する。すなわち具体的なものは抽象的なものよりもいっそう先に存在し、感性的なものは思惟されたものよりもいっそう先に存在している。もっぱら自然的に事が進む現実においては、模写が原像に続き、形像（Bild）が事象（Sache）に続き、思惟が対象に続く。しかるに、神学の超自然的奇跡的な領域においては原像が模写に続き、事象が形像に続く」。ここに記された"Sache"は、いわゆる自然神のことであるが、もともと"Wesen"（自然）であって、その意味からすると人間＝身体と一緒である。〔我と汝〕の関係である。[16]

まさしく、フォイエルバッハ宗教哲学における、汎神論から他我論への展開である。そのような展開を可能にした要因として、一八世紀から発展してきた博物学や人類学へのフォイエルバッハの接近がある。[17] 時節では、フォイエルバッハ宗教哲学における汎神論から他我論への展開を今少し綿密に検討することを目的に、一八世紀フランスのシャルル・ド＝ブロス、一九世紀イギリスのエドワード・バーネット・タイラーの諸学説を検討する。キーワードはフェティシズム、アニミズム、それにトーテミズムである。

三　原初的信仰の規範―フェティシズム、アニミズム、トーテミズム

前節の最後に、「フォイエルバッハ宗教哲学における汎神論」と記した。くどいようだが、汎神論はキリスト教圏、一神教世界における信仰形態である。森羅万象にあまねく存在する神の息吹は単数である。それに対して、中後期のフォイエルバッハが注目した非キリスト教圏における諸神は原初的な自然信仰、多神教世界に係っている。端的に述べると、キリスト教（一神教）批判に踏み切ったフォイエルバッハにとって、一神教的汎神論は矛盾である。そこで、意識的か否かはともかく、彼は、一七～一九世紀ヨーロッパに紹介されてきた非キリスト教圏の原初的自然信仰、および古代ヨーロッパに存在したプレ・キリスト教的「異教」にそなわる他我論的様相に惹き付けられていった。そこで、本節では、とくにタイラーのアニミズム学説を援用することで、フォイエルバッハ宗教哲学におけるキリスト教的汎神論から非キリスト教的他我論への展開を確認してみる。

タイラーは、一八五六年にメキシコやキューバなどアメリカ大陸を旅行し、現地の原始文化を見聞し、ほどなくイギリス人類学の礎を築くこととなる。そこで彼が主唱した「アニミズム（animism）」は、著作『原始文化（*Primitive Culture*）』によく示されている。

「魂（soul）とその他の霊（spirit）とのよく似た性質は、実際のところ、最も粗野な段階から最も開化した段階まで、アニミズムに通常みられる点の一つである」[18]。タイラーにすれば、人間の魂と諸物の霊とは似通っている。両者を媒介する術語として、タイラーは存在者「アニマ（anima）」を持ち出す。アニマは、大きい括りでは精霊であるが、疑似人格者というか存在者であって、アニマを介して人間は諸

物と相互交流する。諸物が動物であればなおのこと、魂〈人間〉と霊〈自然〉の関係は、フォイエルバッハ的に言うところの、〈我と汝〉の関係にある。

タイラーのこのアニミズム説に対して、その後幾つかの修正説が提出された。一つはイギリスの人類学者ロバート・マレット（Robert Ranulph Marett, 1866-1943）が説いたマナイズムあるいはアニマティズムである。これは人格的なアニマでなく、非人格的なマナに力を見いだす説である。交流するのは存在者同士というよりも、単なる「気〈マナ〉」の行き来である。とにかく、これらはすべて自然界のここかしこに〈宿る〉精霊である。

それに対して一八世紀にド＝ブロスが説いたフェティシズムにおけるフェティシュ（fetisch）は物自体であり、いわば物神である。フェティシュは、ある物から別の物へと移動したり、居場所をかえて処々に宿ったりということはない。その意味で、フェティシュは移動する霊魂の一種であるアニマやマナとは違う。ド＝ブロスは『フェティシュ諸神の崇拝』において、次のように言う。

「大半の野生人同様、アフリカ先住民も、神化された人間の偶像崇拝を知らない。彼らのもとにあっては、太陽あるいはフェティシュが、ほんとうの神々なのである（Les Nègres ainsi que la plupart des Sauvages ne connoissent point l'idolatrie des hommes dèïfiès. Chez eux le Soleil, ou les Fètiches sont les vrayes Divinitès.）」[19]。

ド＝ブロスがアフリカその他について見出したフェティシュは、氏族や部族単位のものもあれば個人単位のものもある。フェティシュの主要な動きは人とのあいだの崇拝と攻撃という交互運動である。それに対してタイラーのアニマは低きから高きに向かって進化する、進歩する。アニミズムはやがてトーテミズムとなり、さらにはエジプトにみられるような多神教となり、ついには一神教となる。アニマはトーテム神、唯一神にまで発展する。「トーテム崇拝の起原はもちろん神話の領域にあるが、社会区分、婚姻制度その他はトーテム崇拝と結びつき、ある文化の段階において、人類の法律や風習の非常に重要な部分をなしていた。氏族動物(the clan-animals)などが宗教儀礼の対象であり、実際に守護神(patron-deities)として遇される限り、トーテム崇拝はもはや宗教の領域に入っているのである」[20]。

フォイエルバッハは、同時代人タイラーが使用する旅行記・観察記録などと同類の資料を用いている。彼は、学説としてのアニミズムやトーテミズムを知らなくとも、それらが生み出された源泉資料には接していた。したがって、キリスト教批判を敢行し自然崇拝に目を向けてのちの彼には、ド＝ブロスのフェティシズムとタイラーのアニミズム・トーテミズムに近しい原始信仰観・自然信仰観をポジティブに構築しても不思議ではないといえる。その傍証ともいえるフォイエルバッハの議論、「模写から原像へ」という原点回帰としてのフェティシズムを以下に引用する。

「もっぱら自然的に事が進む現実においては、模写が原像に続き、形像が事象に続く。しかるに、神学の超自然的奇跡的な領域においては原像が模写に続き、事象が形像に続く」[21]。

「必要の威力の前では神の尊厳性および威力でさえも弱まる。もし異教徒の神々が異教徒を助けないならば、そのとき異教徒は自分の明白な(手でとらえることができる)神々そのものを打ち壊し放棄するということは、なんら不思議なことではない」[22]。こうして、自然信仰に対するフォイエルバッハの視座は、キリスト的汎神論から非キリスト教的物神的他我論へと展開していったのである。

おわりに

フォイエルバッハの説く他我論（alter-ego）は、〔人間（我）と人間（汝）〕〔人間と自然〕に関係している。この観点における他我論は、その後二〇世紀に入って、エドムント・フッサール（Edmund Husserl, 1859-1938）の議論にも登場する。

「最初のてがかりを与えてくれるのは、他者、すなわち他の自我という言葉の意味である。他者（アルター）とは、他我（アルター・エゴ）を意味している。そして、ここで含意されている我（エゴ）は、私の原初的な固有領分の内部で構成された私自身であり、しかも、唯一性をもった心理物理的統一体として（原初的な人間として）、「人格的」自我として、私の唯一の身体において直接支配しつつ、また直接的に原初的世界に作用を及ぼしている私自身である」[23]。

このキーワードはフォイエルバッハのものでなく、すでにデカルトやカントが論じてきている。ここでのフッサール引用文の書名にしても『デカルト的省察』となっている。ゆえに、この術語自体のさらなる哲学史的検討をなすことはできる。しかし、それは本稿での課題からずれ始める。あくまでもフォイエルバッハの他我論に特化するならば、ここではむしろ社会発展における〔段階と類型〕を引き合いに出すべきと思う[24]。

人類社会の歴史は単系的な発展をたどるとは限らない。人類社会の発展には段階の区分のみならず類型の相違というものがあり、もし段階の進んだA社会とそれの遅れたB社会が併存するとしても、各々類型を異にする社会同士であれば、BはけっしてAの辿った歴史段階をあとから繰り返すことにはならないのである。非欧米のアニミズム的野生的生活圏は、欧米の人間中心的、合理主義的、物質進歩主義的な地域に遅れている。しかし、中後期フォイエルバッハが自然信仰論を検討するに際しては、単系的段階区別と多系的類型区別は類型を分けて考えねばならない。

つまり、中後期フォイエルバッハが注目した共生的感性的多様性をもって一類型とするアニミズム圏域は、初期フォイエルバッハが相手にしていた人間中心的理性的単一性をもって一類型とするキリスト教圏域とは、そもそも別個の価値で動いてきたのである。初期フォイエルバッハが依拠してきた、スピノザやブルーノ以来のキリスト教的汎神論は分析の道具箱にしまわれた。かわって、フェティシズム的・アニミズム的自然崇拝を分析できる道具を中後期フォイエルバッハは新たに作り出したのだ。その際、キリスト教的コンテキストで汎神論と一緒にあった他我論は、物神的ないしアニミズム的コンテキストで打ち棄てられることなく、分析のツールとしておおいに役立ったのである。

それればかりではない。九・一一と三・一一とを経験したこんにち、社会システムとしての〈近代の瓦解〉に直面した人類がどのように振る舞うべきかのモデルを導くツールとして、フォイエルバッハの他我論は、フッサールのいう〈間主観〉ともども我々の考究対象であり続けている。また、これまでフォイエルバッハ思想を「人間学的唯物論」と称してきたが、「人間学」を超えて「他我」論に分け入らねばならない。いうなれば、「他我相関的唯物論」である。私の造語だが、ドイツ語で表記するならば、Alterego-korrelativer Materialismus とでもなろうか。

フォイエルバッハ研究は終わったどころの話ではない。(25)

［註］

（1）シャルル・ド＝ブロスのフェティシズム論については、以下の拙著を参照。『フェティシズムの思想圏――ド＝ブロス・フォイエルバッハ・マルクス』世界書院、一九九一年。『フェティシズム―通奏低音』社会評論社、二〇一四年。

（2）前期フォイエルバッハに関する研究成果は、マルクスとの関連を含めるならば、ふんだんに蓄積されてきた。最新の成果は以下のようである。服部健二『四人のカールとフォイエルバッハ』こぶし書房、二〇一五年。川本　隆『初期フォイエルバッハの理性と神秘』知泉書館、二〇一七年。柴田隆行「フォイエルバッハの実践（一）ルーゲとの往復書簡から見えるもの」、『季報唯物論研究』第一二八号、二〇一四年八月。同「（二）不死信仰の秘密を暴く」第一二九号、二〇一四年一一月。同「（三）エゴイズムの倫理」第一三〇号、二〇一五年二月。同「（四）自然科学と革命」第一三一号、二〇一五年五月。同「（五）カール・グリュンの理論と実践」第一三三号、二〇一五年一一月。同「（六）幸福を求めて」第一三五号、二〇一六年五月。

それに対して、中後期フォイエルバッハ思想に関係する研究は未だに乏しい。こうした状況下で、身体論に特化した以下のものは重要であろう。河上睦子『フォイエルバッハと現代』御茶の水書房、一九九七年。同『宗教批判と身体論――フォイエルバッハ中・後期思想の研究』御茶の水書房、二〇〇八年。

（3）A. Leitzmann, *Ludwig van Beethoven, Berichte der Zeitgenossen, Briefe und persönliche Aufzeichnungen*, Zweiter Band, Insel-Verlag zu Leipzig, 1921, S.252f. ベートーヴェン、小松雄一郎訳編『音楽ノート』岩波文庫、一九七二年（初一九五七年）、四四頁。

（4）Anton Schindler, *Biographie von Ludwig van Beethoven*. Zweiter Theil, Münster, 1871, S.171.

（5）ベートーヴェンのインド諸神崇拝について、詳しくは以下の拙著を参照。『身体知と感性知―アンサンブル』社会評論社、二〇一四年。とくに第八章「始まりとしての八分休符」。

ところで、ベートーヴェンが青年期を過ごした一九世紀初頭のドイツでは、インド思想が翻訳紹介され出していた。とりわけ、ロマン派のシュレーゲル兄弟はしきりにインド思想に注目していく。長尾雅人・服部正明「インド思想の潮流」、長尾雅人責任編集『世界の名著1　バラモン教典・原始仏典』中央公論社、一九六九年、九〜一〇頁に、以下の記述がある。

「フリードリヒ・シュレーゲル（一七七二〜一八二九）は、パリに滞在する間に、サンスクリットを学ぶ好機を得た。インドから故国への帰還にあった英国人A・ハミルトンが、英仏戦争のためにパリに抑留されたからである。ハミルトンに学び、さらに数年間パリでインド古典研究に専念したシュレーゲルは、一八〇八年に至って、名著『インド人の言語と叡智について』を発表した。そのなかで彼は、ジョーンズの洞察を激賞しつつ、サンスクリットこそ印欧語のなかで最も根原的な言語であることを立証しようとつとめ、その言語によって記されたインドの哲学・宗教の高貴な精神性を強調した。同時にこの書は、はじめて原典から独訳された『バガヴァット・ギーター』『マヌ法典』『ラーマーヤナ』などの抜粋をふくみ、ドイツにおけるインド古典研究の濫觴を飾ったのである」。

（6）シュトラウスのキリスト教批判について、詳しくは以下の文献を参照。シュトラウス『イエスの生涯・緒論』世界書院、生方卓・柴田隆行・石塚正英・石川三義の共訳、一九九四年。

（7）L. Feuerbach, Theonogie, *Ludwig Feuerbach Gesammelte Werke*〔以下、*LFGW* と略記〕Bd. 6, hg. v. W. Schuffenhauer, Akademie-Verkag, Berlin, 1969, S. 201, S. 366.

（8）フォイエルバッハは一八四八年に、「ルドルフ・ハイムあての返答」でこう記していた。「我々の意味ではなんら宗教ではないもの、まさにそういうものが最初の宗教であり根原的な宗教なのである」。*LFGW*, Bd.10.S.338.

（9）*LFGW*, Bd. 7, 1969, S. 92.

（10）川本隆『初期フォイエルバッハの理性と神秘』知泉書館、二〇一七年、参照。
（11）*LFGW*, Bd.6, S.211.
（12）例えば、『宗教の本質に関する講演』第九講、以下の文章に読まれる。「ある民族の感官が到達するところまで、その民族の神も到達する。人間の感官、まなざしが星にまで高まらないところでは、人間はまたいかなる天体をも神にしない。そして人間がオスチャーク人やサモエード人のように腐肉さえ吐き気を催さずに食べ死んだ鯨をうまそうに食べるところでは、人間の神々も無意味な、美的でない、吐き気を催すような偶像である」。*LFGW*, Bd.6, S.89. ここに記された腐肉偶像は、紛うかたなくフェティシュである。
（13）*LFGW*, Bd.7. S.128.
（14）詳しくは以下の拙著を参照、『身体知と感性知―アンサンブル』社会評論社、二〇一四年。とくに第一章「カリカチュア風俗史家フックスとその時代」。
（15）単人とは、一人であって一人でない単位、他我（alter-ego）のことである。詳しくは以下の文献を参照。石塚正英『革命職人ヴァイトリング』社会評論社、二〇一六年、四一二～四一三頁。
（16）LFGW, Bd.10, S. 28.
（17）例えば、一八五一年に刊行された『宗教の本質に関する講演（*Vorlesungen über das Wesen der Religion*）』には、少なくとも以下の著作が引用されている。ドイツの哲学者マイナース（Christoph Meiners, 1747-1810）著『諸宗教の一般的批判的歴史（*Allgemeine kritische Geschichte der Religionen*, 2Bde., Hannover, 1806-1807）』、アメリカの歴史家・政治家バンクロフト（George Bancroft,1800-91）著『合衆国の歴史（*A History of the United States*）』（全一〇巻、一八三四～七四年のうち最初の数巻）、イギリスの探検家クック（James Cook,1728-79）の第三航海（一七七六～七九年）の記録『太平洋への航海（*A Voyage to the Pacific Ocean*,1784）』、イギリスの東洋学者マースデン（William Marsden,1754-1836）著『スマトラ島の自然および住民に関する記述（*Natürliche und bürgerliche Beschreibung der Insel Sumadra*）』（出版年不明）、デンマークの神学者バストルム（Christian Bastholm,1740-1819）著『野生状態および粗野状態における人間に関する知識のための歴史的諸報告（*Historische Nachrichten zur Kenntnis des Menschen in seinem wilden und rohen Zustand*）』（出版年不明）、フランスのイエズス会宣教師にしてカナダ探検家のシャルルヴォア（Pierre François Xavier de Charleyoix, 1682-1761）著『パラグアイ史（*Histoire du Paraguay*）』（全六巻、一七四七年）、フランスの著述家バンジャマン・コンスタン（Benjamin Constant de Rebeque, 1769-1830）著『宗教について―その源泉・諸形態および諸発展において考察された（*De la religion considérèe dans sa source, ses forms et ses dèveloppements*, Paris, 1825-31）』、ドイツの東洋学者シュトゥール（Peter Feddersen Stuhr,1787-1851）著『東洋の異教的諸民族の宗教組織（*Die Religionssysteme des heidnischen Völker des Orients*）』（出版年不明）、イギリスのアメリカ先住民研究家ヘッケウェルダー（John Gottlieb Ernestus Heckewelder,1743-1823）著『アメリカ先住諸民族の歴史・習俗・習慣に関する報告（*Nachricht von der Geschichte, den Sitten und Gebräuchen der indianischen Völkerschaften*）』（出版年不明）。

（18）Edward B. Tylor, *Primitive Culture : researches into the development of mythology, philosophy, religion, language, art, and custom*, Vol.2, p.101.

（19）*Du Culte des dieux Fétiches, ou, Parallèle de l'ancienne religion de l'Egypte avec la religion actuelle de Nigritie*, 1760, p.19-20. なお、個々に引用した箇所は、マルクスが一八四二年の春にド＝ブロス著作のドイツ語版からメモを執った、いわゆる「フェティシズム・ノート」に含まれている。詳しくは以下の文献を参照。石塚正英「マルクスの『フェティシズム・ノート』を読む―ド・ブロス仏語原典・ピストリウス独語訳版を座右にして」、同『フェティシズムの思想圏』所収。その後、以下の単著で再刊、『マルクスの「フェティシズム・ノート」を読む―偉大なる、聖なる人間の発見』社会評論社、二〇一八年。

（20）Edward B. Tylor, *Primitive Culture*, Vol.2, p.213.
（21）*LFGW*, Bd.10. S.28.
（22）*LFGW*, Bd.10. S.92.
（23）エドムント・フッサール、浜渦辰二訳『デカルト的省察』岩波文庫、二〇〇一年。その「第五省察」一九八頁。
（24）社会発展における〔段階と類型〕について、ここで私はロシアの思想家ニコライ・ミハイロフスキー（一八四二～一九〇四）を参考にしている。以下の文献を参照。石塚正英「社会発展の段階と類型」、同『歴史知とフェティシズム』理想社、二〇〇〇年、二〇七頁以降所収。
（25）言わずもがなのことだが、中後期フォイエルバッハ思想を複数の研究者で検討しなければ、最終的なフォイエルバッハ思想の全体像は見通せない。たとえば、滝口清栄『マックス・シュティルナーとヘーゲル左派』（理想社、二〇〇九年）に読まれるごとく、一八四五年前後のおけるマックス・シュティルナーとの論争も欠かせない。一九八九年創立のフォイエルバッハの会（事務局：東洋大学社会学部柴田隆行研究室）を必要とするゆえんである。

第四章　マックス・シュティルナーのヘーゲル左派批判

はじめに

マックス・シュティルナーのヘーゲル左派批判は、そのようなドイツ思想圏の枠には収まらない内容・要素を背負っていた。本書「はしがき」に記したことであるが、イスラム思想圏の影響を内部処理した後のヨーロッパに、一六世紀からもたらされたアフリカ・アメリカ文化（非ヨーロッパ的思考）の影響である。ヘーゲル哲学（ドイツ観念論の系譜）をヨーロッパ思想圏の生え抜きとすれば、ヘーゲル左派はアフリカ・アメリカ文化を自らの思想圏に反映させていた。フォイエルバッハ（「奇跡に関して」一八三九年、腐肉や汚物から発生する昆虫、エジプトのスカラベ）、マルクス（「ライン新聞」三〇七号、一八四二年、キューバ先住民の黄金）、シュティルナー（『唯一者とその所有』：『唯一者』と略記、一八四四年、聖書を投げ捨てたインカ最後の皇帝アタワルパ Atahualpa）など。

そのような非ヨーロッパ的思考にダイレクトに反応した思想家はマックス・シュティルナーだった。シュティルナーの認識に従えば、「世界史の形成は本来全くコーカサス種族に属するものであって、その世界史はこれまで、二つのコーカサス時代を経てきたように思われる。その第一期において、我々は自らの生まれながらの黒人性〔Negerhaftigkeit〕」を相手に辛苦格闘しなければならなかった。そしてこれについで第二期には、モンゴル性〔Mongolenhaftigkeit〕（中国性）が続くのだが、これも同様にやがておどろくべき結末をとげずにはいないだろう。黒人性は古代をあらわす。つまり事物（鶏のついばみ、鳥の飛翔、くしゃみ、雷鳴稲妻、聖なる樹々のざわめき、等々）への従属の時代である【die Zeit der Abhängigkeit von den Dingen (vom Hahnenfrass, Vogelflug, vom Niesen, von Donner und Blitz, vom Rauschen heiliger Bäume usw.)】。[1]」そのような非ヨーロッパ的思考を特徴づける要素は以下の二つであろうと、私は考える。①非超越的で還元不可能な物質性、②物質（mater）の唯一性および儀礼を介した反復性。[2]シュティルナーの『唯一者』には、キリスト教を否定したインカ皇帝アタワルパなど、非ヨーロッパ的要素が散見される。この特徴を「シュティルナーのヘーゲル左派批判」と題して吟味することが本章のテーマである。

また、個別的ながらフォイエルバッハ（一八〇四～七二年）との関係でみると、フォイエルバッハが独自に模索していたアルター・エゴ（alter-ego、他我）への道をすすむのに、シュティルナーの非ヨーロッパ的思考はその触媒となった、ということが検討課題となる。フォイエルバッハ研究者の川本隆によると、フォイエルバッハ思想におけるアルター・エゴ概念の内的変化の経緯は以下のようである。

「フォイエルバッハの著作で最初に『他我』が登場するのは一八二八年の教授資格取得論文『理性論』である。そこでは『友人は他我なり』（GWI-16①12頁）というストア派ゼノンの言葉が引用されている。（中略）感覚においては個々の人格が分離しているため、この他我はネガティヴにとらえられる」[3]。

「ところが、このような理性の優位を揺るがすような『他我』概念が、『ライプニッツ論』（一八三七年）に登場する。二八年でネガティヴにとらえられた他我が、ここではポジティヴになる。（中略）『理性的他我』とは異なる『感性的・受苦的他我』というべきものである」[4]。

それでは、上記二点の解明に向けて、『唯一者』の内容分析に入ることとする。引用文につけた（　）は『唯一者』片岡啓治訳（全二冊）からの引用頁数である。第二分冊には（2-○○頁）と記してある。ドイツ語版（レクラム文庫、Max Stirner, *Der Einzige und sein Eigentum*, Reclam 1972.）については（S. ○○）と記してある。

一　反文明的態度

(1) 古い人々・新しい人々

『唯一者』において、「古い人々」とはキリスト教以前の父祖たちのことであり、「新しい人々」とはキリスト教時代の人々、キリスト者のことである。私なりに分類するならば、古い人々はヘブライズム時代人であり、新しい人々はヘレニズムに感化された後の時代人である。フォイエルバッハは非キリスト教世界、オリノコ河畔の先住民を知るに至ってシュティルナーの「古い人々」がよぎったはずである。「古い人々は彼らなりに、この世界と世俗の諸関係（たとえば、自然的血縁）は真実なるものであり、彼らの非力な自我はその前に額づかねばならぬ、という気持ちで暮らしていた。であるのに、古い人々が最大の価値を置いたまさにそのものを、キリスト者は、価値なきものと却け、古い人々が真実と認めたものに、キリスト者は、空なる偽真の烙印を押す」。（22頁）

「事物の背後に事物をこえてあるような本質・思想をのみ相手として、非精神的なもの・事物には一切かかずらおうとしなかった精神―古い人々が働かせたのは、そういう精神ではなかった。彼らはまだそれをもたなかったからである」。（26-27頁）

「君は、至るところに神々を見た古き人々に、自らを比べてみる気になりはしないか。だが、神々は、わが親愛なる新しき人よ、精神たちではないのだ。神々は、世界を幻しに堕しめもせず、それを精神化（幽霊化）したりもしなかった」。（47-48頁）

「前キリスト教ならびにキリスト教時代は、一の相い反する目標を追いもとめた。すなわち、前者は現実的なるものを理想化しようとし、後者は理想的なるものを現実化しようとする。前者は『聖なる精神』を求め、後者は『光明化された肉体』を求める」。（2-316頁）

「だがキリスト教も古代も等しく、神的なるものにかかずらっているのであって、そのため両者は、相い対立する道をたどって結局はそのことに帰着してしまうのだ」。（2-319頁）

シュティルナーの思う「古代」とは「キリスト教以前の父祖たち」の世界であり、古典古代世界（ギリシア・ローマ）と完全に一致するわけではない。エジプト・シリアが関係する。そこを考慮しておかないとシュティルナーを誤解することになる。

「私の事柄を、無の上に、私はすえた（Ich hab' Mein' Sach' auf Nichts gestellt）」のフレーズにおいてシュティルナーが投げ棄てたもの、それは真・善・美・聖（なるもの）つまり「新しい人々」の基本観念なのだった。

（2）愛国者

「人あって、一個の良き愛国者【Patrioten】たる実を示さぬとき、彼は祖国【Vaterland】との関係において、自らのエゴイズムを露わすことになる」。（40~41頁、S.32.）

さて、「祖国との関係において、自らのエゴイズムを露わすことになる」事態について、私は家父長的な祖国愛への拒絶、それ以前の中央集権にあらがう社会的抵抗「愛郷心（Patriophil、パトリオフィル）」への回帰を想定している。「パトリオフィル」は、私の造語である。「パトリ」は郷土を、「フィル」は愛を意味し、合わせて「郷土愛・愛郷心」となる。それは政治的・国家的であるよりも社会的、あるいは文化的な概念であり、権力的であるよりも倫理的な規範概念である。「パトリオフィル」とは、国家を愛することよりも、それを産出する基盤である社会を愛することに意義を有する。二者択一的に結論付けるならば、国家（civitas）の前に社会（societas）がある。「パトリ」は、組織形態でいえば、政治的な国家（nation state）でなく風土的なクニ（regional country）に近い。ナショナリズムを「中央参加型祖国愛」と訳すならば、パトリオフィルは「地域存在型郷土愛」となる。

パトリオフィルは古代ギリシア・ローマの父権・家父長権（paternitas）と相対的に区別される。たとえば、先史地中海社会の母権（maternitas）に優越する文明的支配権でなく、紀元前後に輪郭をあらわにするローマ皇帝権（imperium）＝中央集権にあらがう社会的抵抗権＝地域的カウンターパワーである。

従来の先史・古代地中海史においては、前期バッハオーフェン（『母権論』一八六一年）にならって母権社会（氏族共同体）から父権社会（家族・都市国家）への移行という了解がオーソドックスだったが、私は、後期バッハオーフェン（『古代書簡・第一巻』一八八〇年）にならって、その中間に母方オジ社会を挿入している。母方オジ権（avunculat）は男権ではあるが父権ではない。父が自氏族の外にいる母中心の氏族社会では、息子たちは大人になるまで母たちの兄弟（avunculus）に教育を受けることになる。そこで氏族社会では、ことの成り行き上、母の息子たちと母方オジたちとの親密な関係が成立し持続することになるのであった。(5)

私は、後期バッハオーフェンにならって、①母権社会から③父権社会への過渡期に②母方オジ社会が存在したとみる。①から③の間に母（mater）と母方オジ（avunculus）が氏族（gens）の協調関係を維持し、やがてそれに族外婚的関係にあった別氏族の父（pater）が対立し家族（familia）支配を確立して③家父長（paterfamilias）となった。しかし共和制下における家父長には②母方オジ権（avunculat）の印象が大なり小なり残存していた。この②段階における家父長は郷土主義者（patriota）として迫りくる中央集権（imperium）・家父長支配（paterfamilias）にあらがうこととなった。

ところで、語原から考察しても、②段階の pater は、いまだ③段階の pater の概念を示すに至っていない。ギリシア語で「父」を「パテラス（pateras）」といい、ラテン語で「父」を「パーテル（pater）」という。pater の第一要素「pa」の意味は「守る」で、第二要素「ter」の意味は「人」である。双方合わせて「守る人」「保護者」となる。pater は最初から「父」といった性別を示していたのではない。[6]私の理解では、母権社会では母たちが pater であり、母方オジ権（avunclat）社会では母方オジ（avunclus）が、あるいは母方オジの母方オジ（avus）が pater であったとしてよい。pater が「氏族的首長（氏族パーテル）」でなく「父（家族パーテル）」という概念を得るには、「父」が存在し、父を軸とした「家族（familia）」が存在することを前提とする。ギリシア古代史に照らすと、先住農耕ペラスゴイ人社会に北方からインド・ヨーロッパ語族のギリシア人が波状的に浸入する幾世紀の過程を経て、紀元前八世紀ころ、それまで自然的に営まれてきた氏族共同体（gens）であるコーメー（kome）が解体してポリス（polis）が人為的に形成される出来事、「集住（シュノイキスモス synoikismos）」を象徴的な画期とする。

迫りくる中央集権（imperium）・家父長支配（paterfamilias）にあらがった氏族的首長（pater）は、古代エジプトでいえばやがて初期王権よって抑圧されていくことになる「ノモス（nomos）」にふさわしく、古代中国でいえば共有地に支えられた「邑＝社稷《しゃしょく》」に似つかわしい概念である。シュティルナーが言う「祖国との関係において、自らのエゴイズムを露わすことになる」事態を私なりに解説するならば、パトリオフィリスト（愛郷者 Patriophilist）の歴史貫通的な出現を指す。

（3）家族

「ご要望のような共同性の一つとして、まず第一に提示されるのは、家族だ」。（2-99頁、S.241.）

ここでは、Familia の前の gens, clan を知らないシュティルナーが際立つ。家族は文明の産物、シュティルナーの区切りでは「新しい人々」時代の産物に過ぎない。その前「古い人々」時代には氏族社会があった。ヤコブはイサクとリベカの子であり、リベカの兄弟ラバンの甥である。つまりラバンはヤコブの母方オジである。また、ヤコブはラバンの子ラケルと結婚する。つまりヤコブとラケルは母方交叉イトコ婚の関係にある。ヤコブは母方オジ（avunclus）であるラバンのもとで必要な年月を働いたのちラケルと結婚した。

「古い人々」にかかわる氏族社会（先史社会に根を有する）と「新しい人々」にかかわる家族社会（文明社会の根本をなす）の各々の特質を比較すると、以下のようになる。

- 先史社会（ソキエタス）は、①共同所有に基づき、権力支配＝従属といった政治がない社会。②直系に相続されない（母系集団が共同で相続）。③子の所有がない（母系集団が共同で相続）。④土地所有がない（母系集団が共同で相続）。いっぽう文明社会（キウィタス）は、①財産に基づき、政治のある社会。②父系において、家父長から長子へと直系で相続される。③家父長による子の所有がある。④家父長による土地所有がある。
- 先史の生活者は、例えば太陽は周期的に滅亡するか力を喪失すると考えた。神はけっして永遠なのではない。神もまた死ぬことがある。しかし、何らかの儀礼を執り行うことで、神は蘇生する。
- 古代のオリエント諸民族のもとでは、自らの神（聖獣）や親ないし親の世代を食するというのは、さほど奇異な行為でなかった。紀元前五世紀ギリシアの歴史家ヘロドトスは、老いた親を食する慣習を記録している。神を食することによって、キリストが最後の晩餐で述べたような結果が得られると信じられたのだった。

■先史社会は以下の三つの要素から成立っている。原始労働（物質的生産）・トーテム信仰（儀礼）・氏族制度（人間組織）。先史の生活者たちは儀礼を生産に先行させる。トーテム神は儀礼によって出来（しゅったい）する。社会制度は儀礼によって生まれる。先史の人たちは、あらゆる事柄・行為を儀礼でもって開始するのである。その際、儀礼はすべてを産み為す大地および女性・母性の聖化をもって意義を有することになるのだった。母権的儀礼（cultus）は、先史社会では人々の労働＝農耕（cultus）を組織する制度だった。母権は儀礼であり制度であり、そしてモラルであった[7]。

シュティルナーが区分した社会を私なりに解説すると以上の通りだが、そのような解釈が成り立つとすれば、シュティルナーのヘーゲル左派批判は西欧近代社会批判の大枠に当てはまることといえる。

二　他なる自我

（4）他なる自我

「私が私の恋人ではなく、この私の『他なる自我（anderes Ich）』ではないのと同断に、私は私の心ではない。まさに、我々が、我々の内に住まう精神ではないがゆえに、まさにそのゆえにこそ、我々は精神をわれわれの外に据えねばならなかったのだ」。（44頁、S.34.）

「私は、神でもなければ人間一般でもなく、最高存在でもなければ私の本質でもない（Ich bin weder

Gott, noch der Mensch, weder das höchste Wesen, noch Mein Wesen.）」。（45頁、S.35.））

フォイエルバッハはシュティルナー「他なる自我（anderes Ich）」概念に出逢って、それまでにも用いてきた「アルター・エゴ（alter-ego）」概念を再構成したはずである。この出逢いをさして、私はフォイエルバッハのシュティルナー・ショックと呼ぶことにしたい。シュティルナーは「つまり、私は人間より以外の何ものでもなく、汝も人間以外の何ものでもない、ゆえに私と汝は同一なり（Ich und Du dasselbe）、ということだ。」（2-40頁、S.196.）と言い放つ。だが、フォイエルバッハの場合、汝には人間のほか自然もはいることとなった。その「汝＝自然」という観点はシュティルナーとフォイエルバッハを分かつ決定的な要素である。

（5）愛

「エゴイスト的なる愛つまりは私の愛は、聖でもなければ非聖でもなく、神的でもなければ悪魔的でもありはしないのだ【Kurz die egoistische Liebe, d.h. meine Liebe ist weder heilig noch unheilig, weder göttlich noch teuflisch.】。／『信仰によって限定された愛は，真ならぬ愛である。愛の本質に矛盾しない唯一の限定とは、理性、知性による愛の自己限定である。知性の厳酷、その法則をないがしろにする愛は、理論的には一の虚偽の愛であり、実践的には一の破壊的な愛である』〔原注・フォイエルバッハ、『キリスト教の本質』三九四頁〕従って、愛はその本質からすれば、理性的である、というわけだ！ と、フォイエルバッハは考える。これにたいし、信仰者はこう考える。愛はその本質からして、信仰的である、と。前者は非理性的愛に反対し、後者は非信仰的愛に反対する。（中略）フォイエルバッハが愛の理性性をもって愛の『自己限定』と名付けるとき、それは幻の詐術だ。信仰のものも同じ権利をもって、信仰性をその『自己限定』と名付けることだろう。非理性の愛は、『虚偽』でもなければ『破壊的』でもありはしない。その愛は愛として己の務めをなしているだけのことなのだ」。（2-213~214頁、S.328.）

「愛」に関係するシュティルナーの『キリスト教の本質』理解は、一面的である。なるほどフォイエルバッハは、一方では「愛の理性性」を強調している。しかし他方では「肉」と絡んだ「非理性の愛」をも力説しているのである。フォイエルバッハは次のように明言する。「聖者がもっぱら形像の中で尊敬され、神がもっぱら聖者の中で尊敬されるのは、人々が形像そのものや聖者そのものを尊敬するからである。ちょうどそれと同じように、神がもっぱら人間の肉の中で尊崇されるのは、人間の肉そのものが尊崇されるからである。神が肉になり人間になるのは、すでに根底において人間が神であるからである」(8)。

いやいや、神への愛だろうが他者への愛だろうが、およそ聖なる概念にすぎない「愛」それ自体が唯一者にとって拒絶の対象なのだから、シュティルナーにとってはフォイエルバッハを受け入れることなどできない。「フォイエルバッハが愛の理性性をもって愛の『自己限定』と名付けるとき、それは幻の詐術だ。信仰のものも同じ権利をもって、信仰性をその『自己限定』と名付けることだろう。非理性の愛は、『虚偽』でもなければ『破壊的』でもありはしない。その愛は愛として己の務めをなしているだけのことなのだ。」というシュティルナーの訴えは、フォイエルバッハには強烈なカウンター・パンチとなったはずである。こうして、フォイエルバッハが独自に模索していたアルター・エゴ（alter-ego、他我）への道をすすむのに、シュティルナーの「古い人々」的思考はその触媒となったのである。

三　ソキエタスとキヴィタス

（6）社会

「社会改革家たちは、一の『社会の法【Gesellschaftsrecht】』なるものを私に説教する。そのとき、個体は社会の奴隷となり、社会がこの者に権利をあたえるときにのみ、つまり、この者が社会の法律に従って生き、それゆえ——忠誠であるときにのみ、権利をもつこととなるのだ。私が何らかの専制のもとで忠誠であるのだろうと、ヴァイトリング風の社会でそうであるのだろうと、それはつまり、どちらにせよ私が私の権利ではなく疎遠な権利を所有しているにすぎないというそのかぎりで、同じような権利喪失状態ということとなのだ。（中略）ただ君の権力だけが、君の力だけが、君に権利をあたえるのだ」。（2-53頁、S.206）

ヴァイトリング（一八〇八〜七一年）の術語法では「社会（コムニタス）」は反国家（キヴィタス）、反文明だが、シュティルナーにはそこが見えていない。(9) シュティルナーには「社会（コムニタス）」と「国家（キヴィタス）」の区別ができていない。

「それらの社会はつねに、人格、強力な人格、いわゆる『道徳的な人格』、つまりは亡霊であり、個体はつねにそれにたいして、しかるべき狂気を、亡霊恐怖を感じてきたのであった。かかる亡霊として、それら社会は、実にいみじくも『民族【Volk、訳者の片岡は「国民」と訳している】』〔訳注・多数、愚者の意味がある〕、場合に応じて『小民族【Völkchen、訳者の片岡は「小国民」と訳している】』との名を冠せられる。族長制【Erzväter】（とくにイスラエルの）民族【訳者の片岡は「国民」と訳している】、ヘレネの民族【訳者の片岡は「国民」と訳している】、等々、そして最後に——人間国民、すなわち人類（アナハルシス・クルーツは、人類『国民【Nation】』を夢想した。）ついで、この『民族』【訳者の片岡は「国民」と訳している】がそれぞれ分化され、それぞれの特殊社会をもち、またもたねばならぬ、すなわち、スペイン民族【Volk、訳者の片岡は「国民」と訳している】、フランス民族【Volk、訳者の片岡は「国民」と訳している】、等々であり、それらの内部にふたたび、身分、都市、つまりはあらゆる種類の団体があり、その最後に極端に細分化されたところに——家族、という小民族【kleine Völkchen、訳者の片岡は「小国民」と訳している】が位置する」。（2-87頁、S.231.）

「キリスト教徒【Das Christenvolk、訳者の片岡は「キリスト教国民」と訳している】は、二つの社会をもたらした。それの持続は、その信徒【Volk、訳者の片岡は「国民」と訳している】の存続に比例する。この二つの社会【Gesellschaft】とはすなわち、国家【Staat】と教会【Kirche】である」。（2-89頁、S.233.）

「社会というものが、私と君とによって創られるのでなく、一の第三者によって創られ、その第三者がわれわれ二人から社会というものを創り出すのであるということ、まさにこの第三者が創造者・社会の創り手である、ということだ」。（2-97頁、S.239.）

シュティルナーには「古い人々」がつくる社会【Gesellschaft】と、「新しい人々」がつくる社会との相違が見えていない。古代ギリシアにおいてはシュノイキスモスがこの二種の社会を切り分けた。ギリシア古代史に照らすと、先住農耕ペラスゴイ人社会に北方からインド・ヨーロッパ語族のギリシア人が波状的に浸入する幾世紀の過程を経て、紀元前八世紀ころ、それまで自然的に営まれてきた氏族共同体（gens）であるコーメー（kome）が解体してポリス（polis）が人為的に形成される出来事、「集住（シュノイキスモス synoikismos）」を象徴的な画期とする。「社会（コムニタス）」と「国家（キヴィタス）」の区別ができていないシュティルナーには、ヴァイトリングを有効に批評し得るはずがない。

(7) 盗み

「何人にも所属しないものは、盗まれるわけにはいかない。海から汲んでくる水は、盗むわけではない。従って、所有は盗みではなく、所有によってはじめて盗みが可能となるのだ。ヴァイトリングもまた、万物を万人の所有とみなすがゆえに、ここに帰着しなければならないのだ」。(2-145頁、S.278.)

「盗み」には二種類ある。social(社会的盗奪)とprivat(私的盗奪)である。その区別をせねばヴァイトリング批判足りえない、シュティルナーはその点が無自覚だ。ここであらためてヴァイトリングの考えた「盗み(stehlen)」を捉え直すと、次のようになる。まず、大地は、いかなる理由があれ永久的に私化することはできず、もしそれを行なえば「盗み」ということになる。これがまず第一点。次いで、神のものたる大地に自ら働きかけて獲得したものを自らが消費するという意味での大地の利用、これは占有権(Besitzrecht)の行使であって「盗み」ではないこと。だから自らの労働によらないもの、すなわち他者の生産物を一方的に消費するという意味での大地の利用、これは―その時々の合法・違法に関係なく―あきらかに所有権(Eigenthumsrecht)の行使であって、まさしく「盗み」であること、すなわち「所有(Eigenthum)」と「盗み」とは同根であること。これが第二点めの重要事である。そして第三に、自らの労働による生産物を、他者の所有権の犠牲とされた場合、その者は、神と自然法とに基づく正義の権限として、逆盗奪しうること、すなわち占有権の復権としての逆盗奪はむしろ所有を否定したところに成立するということである。[10]

ヴァイトリングを批判してシュティルナーの言う「万物を万人の所有とみなす」発想は、当のヴァイトリングには無関係なのである。先史の精神を評価するフォイエルバッハにも無関係である。

(8) この人間・真の人間

「道徳的愛は、人間を、この人間のためにこの人間を愛するのか、それとも、道徳のために、人間なるもののために、ゆえに―人間ハ人間ニトッテ神デアル【homo homini Deus】、のだから―神のために、愛するのか」。(78頁、S.63.)

「私は、地球が星である、まさにそのようにして、人間であるのだ。地球が、『真の星』であろうとするなどという課題を提起するとしたら、それはまさしく笑止の沙汰であろう。同ようにして、一個の『真の人間』であることを使命として私に課するのもまた、笑止の沙汰であるのだ」。(2-44~45頁、S.199.)

フォイエルバッハの「この〇〇」はシュティルナーのこの主張とぴったり重なっている。フォイエルバッハは次のように述べる。「フォイエルバッハにとっては個体が絶対的な存在者―すなわち真の現実的な存在者―である。(中略)この人間、この『唯一者』、この『比較することができない者』、このイエス・キリストが排他的に神である。このカシワ、この場所、この森、この雄牛、この日が神聖なのであって、その他のカシワ、その他の場所、その他の森、その他の雄牛、その他の日が神聖なのではない。そのために宗教を廃棄するということは、その宗教がもっている神聖化された対象または個体と、それと同一な類に属する他の世俗的な個体的同一性を証明すること以外の何物をも意味しない。聖ボニファティウス(Bonifatius, 672~754)は神的なカシワの木、ガイスマルのカシワの木を倒したのであるが、彼はすでにそのとき我々の先祖にこの証明をしたのである」[11]。

四　物質主義

⑨ 肉

「教理問答《カテキスムス》の諸教義は、いつしか我々の原則となって、もはやいかなる拒絶も許さなくなる。それの思想もしくは—精神が、唯一の権力を握り、『肉』の抗弁にもはや耳を傾けられることはない。しかし、にもかかわらず、私は、『肉』によってしか精神の圧制を打ちやぶることはできない。というのは、人間は自らの肉にも耳を傾ける時にのみ、自らに全的に耳を傾けるのであり、彼が自らに全的に耳を傾ける時にのみ、彼は悟性的でありあるいは理性的であるからなのだ」。(83-84頁、S.68.)

フォイエルバッハは次のように述べる。「ホメロスの神々はちょうど人間と同じように肉体を持っている。しかしホメロスの神々が持っている肉体は、人間の肉体が持っている制限と負担とを捨て去っている肉体である」。

「宗教の根原にあっては、神と人間との間の質的な区別または本質的な区別は全く存在しない。そして信心深い人間は、この同一性に対して決していきどおりを感じない。なぜならば、信心深い人間の悟性はなお彼の宗教と調和しているからである。こうしてヤーヴェは古代ユダヤ教においては単に実存の方からみて人間的個体から区別された本質(存在者)にすぎなかったのである。しかるに質的には、すなわち彼の内的本質の方からみれば、ヤーヴェは完全に人間に等しかった。ヤーヴェは人間がもっている情熱と同じ情熱をもち、人間がもっている特性と同じ人間的な特性をもち、人間がもっている身体的特性と同じ身体的特性さえもっていた」(12)。

「『肉』によってしか精神の圧制を打ちやぶることはできない」というシュティルナーは、デカルトの立場を然るべく批判している。「デカルトの『われ思う、ゆえにわれあり（cogito, ergo sum）』とは、『人は思惟するときにのみ、生をうる』という意味を持つ。思惟する生とはすなわち、『精神的生』だ！【Denkendes Leben heisst: «geistiges Leben» !】生きるのはただ精神であり、精神の生がすなわち真の生なのだ。同様にしてこのとき自然においても、『永遠の法則』、精神、もしくは自然の理性が、自然の真の生となる。ただ思想のみが、人間においても自然においても、ひとり生きて、他のすべては死ぬのだ！かかる抽象へ、普遍的なるものの若しくは生命なきものの生へと、精神の歴史はいたらねばならぬのだ。精神であるところの神が、独り生きるのだ」。（114頁、S.94.）

⑽　悪徳に代える美徳

「革命は、既存のもの一般にむけられたのではなく、既存のこのもの、ある特定の存在にたいしてむけられたのだ。（中略）つまり、それは悪徳に代えるに美徳をもってしたにすぎないのだ」。（146頁、S.121.）

悪徳も美徳も「徳」という概念＝本質に過ぎない。革命は「徳」一般にむけられたわけでない。この点を明白に語った人物として、フランス革命期の思想家マルキ・ド・サドがいる。「悪徳の栄え」と「美徳の不幸」の中で、サドはこう記している。

クレアウィル「やれやれ！　人間が動物より何らかの点で優れているのなら、どうして動物もまた、何らかの点で人間より優れていないのでしょう？　……おお、不幸な人類よ、お前の己惚れは何たる無軌道ぶりを発揮してしまったのだ！　いつになったらお前は、かかる愚かな迷いから覚めて、お前自身のなかに一匹の獣を、お前の神の中に人類の無軌道ぶりの極致を、見出だすようになるのだ？　現世の道は、美徳の許へも悪徳の許へも自由に通じる融通無礙な道にすぎないことを、いつになったら納得するのだ」[13]。

この世の中＝人間社会で、善とか美とか徳とかは、いったいだれが決めるのか？　神か？　否、自然だ。この世に美徳があるとすればそれは自然が望んだからであり、この世に悪徳があるとすればそれも自然が望んだからだ。だから我々はただ、自然が我々に与えてくれた熱情のままに行為して差支えなく、まちがっても神などという不自然に従ってはならない。神は、不自然にも、美徳しか人間に要求しないが、自然はその名のとおり、美徳をも悪徳をも人間に要求する。人がたとえば悪徳の途をつき進み殺人を犯したとする。そしてもしこれを指して美徳の神が犯罪だと決めつけたところで、その神はけっして殺人者を死刑にすることはできない。なぜなら美徳（神）が悪徳（殺人）を為すことはありえないからだ。こうして神は、その不自然さを晒け出すことになる。

サド、あるいはサドの小説に登場する主人公たちは、肉体をいとおしむ。肉体に無限の価値をおく。彼、彼女らは、あるときは肉体を物理的にいじめて、これをよろこばせる。またあるときは言葉＝会話による限りない想像力でもって、肉体をよろこばせる。そうしておいて、神とか国家とか法律とかが勝手に悪と命名した行為にふけることで、魂をあるがままの自然に従わせる。

ドイツ・リアリズム文学の先駆ゲオルグ・ビューヒナー（一八一三～三七年）も彼の有名な戯曲『ダントンの死』（一八三五年）の中で、革命家ダントンと娼婦マリオンのプライベートな語らいを次のように記している。

マリオン「馬鹿馬鹿しいことね、どんなことに悦びを感じようと、結局は同じことでしょう。肉体の悦びも、キリスト像や花や子供の玩具を見て感じる悦びも、みな同じ感情なのよ。楽しみをいちばんよく味わえる人が、いちばんよくお祈りするものなんだわ（Wer am meisten geniesst betet am meisten）」

ダントン「君の美しさを僕はなぜすっかり自分の中につかまえられないんだろう、なぜすっかり包んでしまえないいんだろう？」

マリオン「ダントン、貴方の唇には眼がついているのよ」

ダントン「エーテルの一部になって、君を僕という流れに浸らせてみたい。君の美しい肉体の波うつたびに、僕の身を打ち砕いてみたい」(14)

五　唯一者

(11) 自己性・自己所有者

「『自由はただ夢の国にのみ住まう【Freiheit lebt nur in dem Reich der Träume!】』のだ！　これに反し、自己性【Eigenheit】は、これは、私の全存在、全実在【mein ganzes Wesen und Dasein】である、それは私自身であるのだ。私は、私が免れてあるところのものから自由であるが、私の力のうちにあり私が力を及ぼしうるところのものの所有人【Eigner】であるのだ。私が自らを所有することをわきまえ、私を他者に投げ与えぬかぎりは、私はいついかなる状況のもとでも、私に固有なるもの〔Mein eigen〕であるのだ」。(2-10頁、S.173)

「ある特定の自由を目ざす衝動は、つねにある新たなる支配への意図を内包している【Der Drang nach einer bestimmten Freiheit schliesst stets die Absicht auf eine neue Herrschaft ein.】」。(2-13頁、S.176)

シュティルナーが説く「自己性【Eigenheit】」は、私を神に投げ与えず、むしろ神を支配する、すなわち神を否定する存在である。

「ゆえにこそ、君らは、君らの神々、偶像よりも君ら自身に心を向けるがいいのだ。君らのうちにひそむものを、君ら自身から引きだし、それを白日のもとへと露わし、君ら自身を開示するのだ【Darum wendet Euch lieber an Euch als an eure Götter oder Götzen. Bringt aus Euch heraus, was in Euch steckt, bringt's zu Tage, bringt Euch zur Offenbarung.】」。(2-15~16頁、S.178.)

「君らのうちにひそむもの」は、フォイエルバッハの意味での「本質」ではない。具体的な、身体的な、唯一的な事柄である。

「そしてこのエゴイズム、この自己性、それによってこそ彼らは古い神々の世界【die alte Götterwelt】を免れ、その世界から自由になりえたのだ。自己性が一つの新しい自由を創出したのだ【Die Eigenheit erschuf eine neue Freiheit.】」。(2-18頁、S.179.)

「古い神々の世界」はすなわち呪術性・アニミズム(魂)によって特徴づけられる。そこを「免れ」るということは、魂(アニマ)の浮遊する聖霊世界から物質世界への離脱を意味する。それは、フェティシズム世界への移行を意味する。[15]

(12) 私の力(Gewalt)

「私の自由は、それが私の——力〔Gewalt〕であるときにはじめて、完璧となる。しかもこの力によって、私は、一の単なる自由人であることを止め、一の自己所有者となるのだ」。(23頁、S.184-184.)

「だがどうして、私自身を、権能ある者、仲介者、自己自身と宣言することが、私に禁じられたままでありえようか。ゆえに、そのとき、かく謳われるのだ。
私の力は、私の所有である。
私の力は、私に所有をあたえる。
私の力は、私自身であり、その力によって私は私の所有である、と」。(50頁、S.203.)
「ただ君の権力だけが、君の力だけが、君に権利をあたえるのだ。(たとえば、君の理性が、君にそれをあたえうるのだ。)」(53~54頁、S. 206.)
「私の力」と聞けば、ヨーロッパ社会思想史上で、ホッブズやルソーの自然状態論を連想する。それは、近代的な意味での自然法思想の成立を前提としている。つまり、宗教改革以降、神の意志を強調するローマ・カトリック教会の権威が失われると、神の意志でなく人間の本性を土台として新たに自然法思想が生まれてきた。イギリスではホッブズが、この自然法理論から社会契約説を導き出した。彼によると、人間は古代においては政府も国家も持たず、法も秩序もない自然状態にあり、「万人の万人に対する闘争」の状態にあった。そこで人間は、理性、すなわち自然法の教えるところに従って相互に契約を結び、代表者を設定して各人の主権を預け、この主権者つまり国王(君主)の定める法律によって平和と自己保存を維持すべきであるとした(主著『リヴァイアサン』一六五一年)。さらに、フランスのルソーは、主権の不可分なこと、それは譲渡もできないこと、代表もされ得ないことを主張し、独自の社会契約説を提起した(主著『社会契約論』一七六二年)。
シュティルナーの「私の力」は社会契約前の「万人の万人に対する闘争」状態や、不可分にして譲渡もできない主権に似通っている。

(13) 連合(Verein)

「エゴイストたる私にとって、この『人間的社会』の福祉などは何ら心にかかわるものではなく、私はその社会のために何ものをも犠牲とせず、ただそれを利用するだけだ。しかし、その社会を完璧に利用しうるためには、私はこのものをむしろ、私の所有・私の創造物に転化させ、つまりはそれを覆滅し、それにかえるにエゴイストの連合をもってするのだ」。(2-41頁、S.196.)

一九世紀前半ヨーロッパにおける「連合」と聞けば、第一にサン＝シモン、フーリエ、プルードンが連想される。

サン＝シモン(一七六〇〜一八二五年)は未だ労資の対立というものをさほど意識せず、大きく働く者と働かない者、利益をもたらす者(産業者)とそれに寄生する者の二階級に分類を行なう。彼によれば、新しい社会は前者が後者に代わって政権を担当し、産業者が自由に活動できるような社会である。そこでは、従来のような民衆を支配する道具としての国家は消滅し、産業者による富の生産とその自主管理をコントロールするような非政治的機関が残されるのみである。

シャルル・フーリエ(一七七二〜一八三七年)は、秩序なき産業と不平等な財産所有に基づいた資本主義社会では悪徳しか栄えないとし、これに代えて「ファランジュ」と称する一種の協同社会を建設するよう説く。この理想社会では、生産的余剰は一定の比率によって各構成員に配分され、したがって私的所有は廃されず、またその構成員は、サン＝シモンの産業社会の場合と違って、小所有者、職人など旧来の生産者である。これら小生産者の分業と協業とによって生産力を高め、人間の諸情念を解放し、物心両面において実り豊かな社会を実現することが、フーリエの理想であった。

ジョゼフ・プルードン（一八〇九〜六五年）は、フランスの現状を分析するにあたって、ルソー主義には立たず、一種の進歩史観に立つ。すなわち、人類はまず宗教的な革命において神の前における平等を獲得し、ついで哲学的な革命を通じて理性の前における万人の平等を獲得した。そしてさらに、フランス大革命に見られるような政治革命によって、法の前における万人平等を実現した。そこで、残る革命としては、資本に対する労働の優位を確立し、労働者（貧者）も資本家（富者）もなく、万人が「普遍的な所有者」つまり経済的に平等な単一の階層に解消するような、経済革命があるだけだ、と結論する。彼は、経済的に平等な人間どうしの結合を考えるが、これも一種の契約である。とはいえこれは、ロックに見られるような政府（統治者）と市民（被統治者）の間の同意によるもの（服従契約）でなく、またルソーのような全体（主権者たる人民＝一般意志）と個（国家の構成員たる人民）との間の同意によるもの（結合契約）でもなく、同格の二者の間、個と個の間の契約、いわゆる「水平契約」である。プルードンに独得のこの契約は、何を、どれ位の期間に亘って取り結ぶかを最初から規定した双務的なものであって、主権が国家権力として機能することもない（ルソーとの違い）。

プルードンが構想する社会では、農業と工業とが相互に連合する（連合契約）。この農工連合は、経済的な機能と同時に地方自治的な政治的機能をも果たす。中央の政府（本来の政府ではなく、たんなる管理局）は、この地方的な、自主管理的な農工連合に従属する。[16]

以上の協同、連合とシュティルナーの連合との決定的な違いは、前者の担い手が相互性をもつのに対し、後者の担い手がエゴイズムに立っていることである。

「連合の目的は、まさに——自由ではないからだ、連合はそれとは逆に自己性のために、しかもただ自己性のために、自由を犠牲とするのだ。自己性に関していえば、国家と連合との間の相違には顕著なものがある。国家が自己性の敵であり虐殺者であるとすれば、連合は自己性の子であり共働者である」。（2-233頁、S.344.）

「唯一者として、君が君自身を主張しうるのは、ただ連合においてのみなのであって、それというのも、連合は君を所持することなく、君がこれを所持し、君のためにこれを有用ならしめるからなのだ。／連合において、そしてただ連合においてのみ、所有は承認されるのだ」。（2-239-241頁、S.349.）

フォイエルバッハはシュティルナー「連合」概念にであって衝撃を受け、それまでにも用いてきた「アルター・エゴ（alter-ego）」概念にエゴイズムを積極的に挿入するという方向をとり、合わせて「聖」の意味を非キリスト教的に解消したはずである。

(14) 唯一者

「私は自分を何か特殊的なものとみなすのではなく、唯一的なものとみなすのだ。私は、たしかに他者と類似性をもちもするだろう。しかしそれは、単に比較あるいは反省とみなされるにすぎず、事実的には私は比較不能であり、唯一的であるのだ。私の肉体は彼らの肉体ではなく、私の精神は彼らの精神ではないのだ」。（187頁、S.153.）

この一文に出会ったフォイエルバッハは、エゴイズムを肯定的に捉え返したはずである。研究者の滝口清栄は次のように説明する。「唯一者、エゴイストは『利己心（Selbstsucht）』の立場とは端的に異なる。功利性すなわち快楽への傾向は、シュティルナーからすれば、ものに憑かれた状態ということになろう。（中略）シュティルナーの『エゴイスト』はもっぱら意志決定の自己性、自己意志を貫く形式である」。[17] また、研究者の尾崎恭一は次のように考えている。「彼の言うエゴイスムスは、その原理に関していえば我欲や利己主義などではないのである。そのことは、既述のように、彼が我欲（Selbstsucht）や我欲に囚われたエゴイスムス（利己主義）に対して一貫して最も低い位置を与えていたことから容易に推察できよう」[18]。そのようなカウンター・パンチを受け、フォイエルバッハは、『キリスト教の本質』（一八四一年）から『宗教の本質』（一八四六年）の間にエゴイズムを受容していった[19]。

むすび

古代＝呪術性・アニミズム（魂）、これをシュティルナーは「黒人性」と称している。それと、新しい時代＝聖性（das Heiliege）・キリスト教（霊）・人間なるもの（フォイエルバッハ『キリスト教の本質』）とをもろともに否定した後、シュティルナーにおいて将来的に浮き上がってくる原理は物質性（mater, materialism）である。真善美・聖信徳愛、ようするに〔本質〕観念を否定するならば、残るは、本章「はじめに」で記した「①非超越的で還元不可能な物質性、②物質（mater）の唯一性および儀礼を介した反復性」である。私なりの研究ではこれを「フェティシズム」と称する[20]。

シュティルナーは、私の観点から見るとフェティシストである。ところで、そのシュティルナーに批判されて以降、フォイエルバッハは『宗教の本質』（一八四六年）、『宗教の本質に関する講演』（一八五一年）で、俄然、自然信仰をフェティシズム的な表現でもってポジティヴに記し始める。

「ただし現実においてはまさに逆に、自然は神よりもいっそう先に存在する。すなわち具体的なものは抽象的なものよりもいっそう先に存在し、感性的なものは思惟されたものよりもいっそう先に存在している。もっぱら自然的に事が進む現実においては、模写が原像に続き、形像が事象に続く。しかるに、神学の超自然的奇跡的な領域においては原像が模写に続き、事象が形像に続く」[21]。

「それ故に、害悪の根原はまた善の根原であり、恐怖の根原はまた喜悦の根原であります。したがって、それ自身同一の原因をもっているものを、人間の心情はなぜ自分の中でも結合してはいけないのでしょうか」[22]。

非ヨーロッパ先住民文化については、一八世紀、J＝J・ルソー（一七一二〜七八年）等の「ボン・ソヴァージュ」（文明によって汚されていない「善き野生」）称揚を通じてヨーロッパに紹介されていた。ロマン派の文学者フリードリヒ・シュレーゲルは、一八〇八年に至って、名著『インド人の言語と叡智について』を発表した。その中で彼は、『バガヴァット・ギーター』『マヌ法典』『ラーマーヤナ』などの抜粋をはじめて原典から独訳した[23]。シュティルナーが非ヨーロッパ世界に目をむける素地はこうして整っていったのである。

一九世紀を経過する過程にあって、一方で、非ヨーロッパ世界を遅れた、劣った地域とみなす傾向が増大していたが、他方では、アメリカ先住民イロクォイ社会における「歓待の儀礼」に代表される「野生のおおらかさ」に惹きつけられる傾向も増大していた[24]。のちに画家ゴーギャンはタヒチへと移り住み、画家ピカソはアフリカ彫刻に触発されてキュビスム絵画に取り組むようになる。そのような傾向は一九世紀ヨーロッパ思想界にも浸透していたのである。シュティルナー『唯一者』出版・発禁およびフォイエルバッハ「アルター・エゴ」概念の換骨奪胎はかような文脈に登場してきたと、私は考察するのである。

［注］

（1）シュティルナー、片岡啓治訳『唯一者とその所有』現代思潮社、第一分冊、一九六七年、八八頁。Max Stirner, Der Einzige und sein Eigentum, Reclam, 1972. S.71-72.

（2）「①非超越的で還元不可能な物質性、②物質（mater）の唯一性および儀礼を介した反復性」という概括をするについて、以下の文献を参考にした。ウイリアム・ピーツ、杉本隆司訳『フェテッシュとは何か—その問いの系譜』以文社、二〇一八年。

（3）川本隆「質料としての他我」、フォイエルバッハの会編『フォイエルバッハ—自然・他者・歴史』理想社、二〇〇四年、一一四頁。

（4）川本隆「質料としての他我」、一一五頁。

（5）石塚正英『バッハオーフェン—母権から母方オジ権へ』論創社、二〇〇一年、参照。

（6）アンドレ・マルティネ、神山孝夫訳『「印欧人」のことば誌—比較言語学概説』ひつじ書房、二〇〇三年、二七九頁。

（7）石塚正英『儀礼と神観念の起原』論創社、二〇〇五年、参照。

（8）Ludwig Feuerbach, *Das Wesen des Christentums*, Reclam, Stuttgart. 1974, S.520. 船山信一訳『キリスト教の本質』岩波文庫、第二分冊、三三一～三三三頁。

（9）石塚正英『革命職人ヴァイトリング—コミューンからアソシエーションへ』社会評論社、二〇一六年、一八六頁以降、参照。

（10）同上、二四三頁以降、参照。

（11）*Wigand's Vierteljahrsschrift*, Zweiter Band, Leipzig, 1845. S.197. 船山信一訳「【唯一者とその所有】に対する関係におけるキリスト教の本質」、『キリスト教の本質』、第二分冊、三五三～三五四頁。

（12）Ludwig Feuerbach, *Das Wesen des Christentums*, Reclam,, S.165, S.302. 船山信一訳『キリスト教の本質』

第一分冊、二一五頁、第二分冊、二一九頁。

「肉」の問題はヘーゲル左派に先立つ思想家集団「青年ドイツ派」から引きつがれてきた。拙著『ヘーゲル左派という時代思潮』社会評論社、二〇一九年、第一章第三節「【肉体の復権】とキリスト教批判」に詳しく解説してある。

(13) 澁澤龍彥訳『マルキ・ド・サド選集』第五巻「悪徳の栄え・悲劇物語」桃源社、一九六四年、一三九頁。

(14) G. Büchner, Danntons Tod. Erster Akt. *Georg Büchner Werke und Briefe. Gesamtausgabe*, Insel-Verlag Leipzig 1968, S.25.

(15) 石塚正英『フェティシズム―通奏低音』社会評論社、二〇一四年、参照。

(16) 石塚正英『近世ヨーロッパの民衆指導者』社会評論社、二〇一一年、参照。

(17) 滝口清栄『マックス・シュティルナーとヘーゲル左派』理想社、二〇〇九年、一一五頁。

(18) 尾崎恭一「シュティルナー哲学のプロブレマーティク」、石塚正英編『ヘーゲル左派―思想・運動・歴史』法政大学出版局、一九九二年、七八頁。

(19) 滝口清栄、同上、一四七〜一六九頁、参照。

(20) 世界各地に散見される「フェティシュ信仰・儀礼」については以下の文献に詳しい。Charles de Brosses, *Du Culte des Dieux Fétiches*, 1760. シャルル・ド＝ブロス、杉本隆司訳『フェティシュ諸神の崇拝』法政大学出版局、二〇〇八年。James George Frazer, *The Golden Bough*, London, 1890-1936. ジェームズ・フレイザー、石塚正英監修・神成利夫訳『金枝篇』（全一〇巻）、国書刊行会、二〇〇四年〜現在第七巻まで刊行。

(21) Ludwig Feuerbach, *Gesammelte Werke*, hg. v. W. Schuffenhauer, Akademie-Verkag, Berlin, Bd.10, 1969, S.28. フォイエルバッハ、船山信一訳「宗教の本質」、同『フォイエルバッハ全集』福村出版、一九七五年、第一一巻、三二一〜三三三頁。

(22) *Ibid., S.37.* フォイエルバッハ、舩山信一訳『宗教の本質に関する講演』第四講、第一一巻、二二八頁。
(23) 石塚正英「始まりとしての八分休符」、同『身体知と感性知―アンサンブル』社会評論社、二〇一四年、参照。
(24) 石塚正英「母方オジ権と歓待の儀礼」、世界史研究会編『世界史研究論叢』第五号、二〇一五年、参照。

Ⅱ　フォイエルバッハの自然信仰論

——宗教論三部作の解説

第五章　キリスト教の本質
——Götzendienst に備わる善と真

フォイエルバッハは一八四一年にライプツィヒで刊行した著作『キリスト教の本質』で自然信仰に関する重大な見解を発表していた。だが、彼がこのテーマに言及したのはこれが最初ではない。まとまったかたちではないにせよ、まず一八三九年、『アテネウム（*Athenäum für Wissenschaft, Kunst und Leben. Eine Monatsschrift für das gebildete Deutschland*）』誌に載せた小論「奇跡に関して（Über das Wunder）」において発表している。「人々が信じているものは、人々がそのものを見る前にすでにあらかじめ事実（Faktum）すなわち感性的確実性（eine sinnliche Gewißheit）なのである。人々が昆虫たちは腐肉と汚物とから発生すると信じていた限り、その限り人々はまた実際に昆虫たちが腐肉と汚物から発生するのを見ていたのである」[1]。フォイエルバッハはこの一文を綴るのに、おそらくエジプトの黄金虫信仰を念頭においている。エジプトの黄金虫は、ふつうスカラベ、タマオシコガネ或いは糞ころがしと呼ばれる。この仲間はヨーロッパを含む世界中に、いまでも百種ほど生存している。このコガネは、牛や羊の糞から小さな玉をつくり、適当な地までころがしていき、地中に埋めてその中に卵を産む。幼虫となったコガネはその糞を餌にして大きくなり、やがて糞玉を割って地上へ出てくる。ところで古代のエジプト人は、タマオシコガネには雄しかいないと考えたため、糞玉（無）から昆虫（生命）が生まれるものと信じ、この昆虫にケプレルという名称を与え、もう一つの丸い信仰の対象である太陽と同一視するに至った。(2)

ところで、古代人の黄金虫信仰に対するフォイエルバッハの見解は、以上の説明からも判明するように、誤っている。古代エジプト人は、腐肉や糞玉から生命が誕生するのを見て、その限りで生命が腐肉や糞玉から誕生すると信じたのである。しかし、フォイエルバッハは逆のことを考えた。古代人は己が目で見たものを見た通りに信ずるのであって、それ以上にもそれ以下にも解釈したりしない。そのことを、一八三九年段階のフォイエルバッハは見過ごしているようである。

一八四一年刊の『キリスト教の本質』で、フォイエルバッハは「事実」について次のように述べることとなる。「事実は感性的な強力であってなんら根拠ではない。事実と理性との関係はちょうど木を竹につぐようなものである」。「オリンピアの神々もまたかつては事実であり自己自身を証明する実存であったのではないか？　異教徒のきわめてばかばかしい怪奇物語もまた事実として認められていたではないか？」(3)フォイエルバッハがここで強調する「事実」とは、右の黄金虫信仰を例に引いて説明すれば、その中に卵が産み込まれていて、そこからやがて昆虫が出てくるような糞ではなく、端的にそこから昆虫が生ずるような糞である。古代人の信仰は、そのような意味での事実・現実に対する尊敬を土台にして成立していることを、一八四一年のフォイエルバッハは、然るべき根拠を挙げながら力説するのである。その際フォイエルバッハは、古代人—彼はよく「異教徒（Heiden）」と称している—が尊敬し、したがって崇拝する対象を、偶像（Götze）という術語で表現する。

「異教的な哲学者たちが主張する物質または世界の永遠性は、随分ひどく誤認されていた。しかしその永遠性は、彼らにとっては自然は理論的真理であった、ということ以外のどんな意味ももっていない。

異教徒は偶像崇拝者（Götzendiener）であった。すなわち異教徒は自然を直観した（anschauten）のである。（中略）ヘブライ人はそれに反して、偶像崇拝を越えて神に対する礼拝に高まり、被造物を越えて造物主の直観に高まった（Die Hebräer dagegen erhoben sich über den Götzendienst zum Gottesdienste, über die Kreatur zur Anschauung des Kreators.）。すなわちヘブライ人は、偶像崇拝者を魅惑していたところの理論的な自然観を越えて、自然を利己主義の目的へ隷属させるところの純粋に実践的な自然観へ高まったのである。『貴方はまた目をあげて天を望み、日月星辰、すなわち天の万象を見、誘惑されてそれらを拝みそれらに仕えてはならない！　それらのものは、貴方の神である主が全天下の万民に分けられた（すなわちおくられた―largitus est）ものである』。（原注「申命記」第四章第一九節）[4]

一八四一年のフォイエルバッハは、Götzendienst つまり偶像崇拝を以って宗教の始原とする。しかし、その意味する内容は、ド＝ブロスでいうならばイドラトリでなく、フェティシズムに相当する。また、フォイエルバッハがいう、「偶像崇拝を越え」た「神に対する礼拝」の方は、ド＝ブロスでは Idolâtrie つまり偶像崇拝となるか、その前提となるものである。ド＝ブロスは、サベイズムの存在するところではそれからフェティシズムが生まれ、またサベイズムの存在しないところでは、端的にフェティシズムが生まれると説いている。いずれにせよ、サベイズムとフェティシズムは同質のものであって、後のイドラトリに対立するものなのである。そのことを考えあわせると、「申命記」からの引用、つまりモーセが神（ヤーヴェ）の代弁をして述べていることは、それのみ（星辰それ自体）を神と見做すような信仰を抱くな、ということである。したがって、象徴としてのイドルでなく神そのものとしてのフェティシュを信仰するな、といっているのである。ただし、モーセの時代には象徴信仰＝イドラトリと、そうでない本物崇拝＝フェティシズムとの区別はない。ド＝ブロス風に述べれば、厳密な意味でのイドラトリは、未だ成立していないのである。そうした区別は、ギリシア・ローマ期など後代のユダヤ教に至って明確となる。アレクサンドリアのフィロンを想起せよ。モーセに区別がなくとも、フォイエルバッハには、モーセ以前の、族長時代のユダヤ教と、モーセ以後の、とりわけフィロンの時代のユダヤ教の相違は十分認識できていたはずである。だがフォイエルバッハは、族長時代の信仰をゲッツェンディーンストとはしても、フェティシズムとはしない。彼はド＝ブロスの構えを採らないのである。しかし内実からみると、ド＝ブロスのフェティシズムとフォイエルバッハのゲッツェンディーンストとは同類である。そうであれば、フォイエルバッハは自然信仰としてのゲッツェンディーンストにポジティヴな面を見いだすであろうし、現にそうするのだが、この語のもつもう一つの、ネガティヴな側面にもうすうす気がついていたようである。

「信仰は神の礼拝（すなわちモーセ以降の信仰）と偶像崇拝（すなわちモーセ以前の信仰）との間の区別以外のどんな区別も知らない。ただ信仰だけが名に名誉を与える。不信仰は神に相応しいものを神から取り去る。不信仰は神に対する侮辱であり、大逆罪である。異教徒は鬼神（Dämone）を尊崇する。異教徒の神々は悪魔（Teufel）である。『私はいう、異教徒がささげるものは、悪魔にささげるのであって、神にささげるのではない、と。さて私は貴方がたが悪魔の仲間になることを望まない』。（『コリント人への第一の手紙』第一〇章第二〇節―舩山訳注）しかるに悪魔は神の否定である。悪魔は神を憎み、なんら神も存在しないことを欲する。こうして信仰は、偶像崇拝の根底にもまた横たわっているところの善や真（das Gut und Wahre）に対して無自覚である。こうして信仰は、自分の神に―すなわち自分自身に―服従しないあらゆるものの中に偶像崇拝を認め、そして偶像崇拝の中にはただ悪魔の仕業を認めるだけである」(5)。

モーセ以前における偶像崇拝には「善や真」が横たわり、モーセ以降にも依然として偶像崇拝のままに留まっている異教は悪魔崇拝に陥っているというみかたが存在するのだとしたなら、フォイエルバッハはこの二種の偶像崇拝を用語上でも区別せねばならないのだが、彼はそうしない。[6] 彼にとって偶像崇拝《ゲッツェンディーンスト》とは何よりも前者のことを指すのであり、後者は事実無根の、誹謗の産物なのである。異教徒は鬼神を尊崇しているのでなく、なにか「善や真」なるものを尊崇しているというのがフォイエルバッハの主張なのである。またその「善や真」は、そもそも偶像を崇拝する人間自身にまず以って備わるものであり、これと同一のものが偶像にも見られるという相関になっている。フォイエルバッハは、我々によく知られている『キリスト教の本質』の真っただ中で、宗教の根原―つまり宗教以前―における神と人間との身体的同一を、自然的同一を説くのである。

「宗教の根原にあっては、神と人間との間の質的な区別または本質的な区別はまったくひとつも存在しないのである。そして信心深い人間は、この同一性に対してけっしていきどおりを感じない。なぜかといえば信心深い人間の悟性はなお彼の宗教と調和しているからである。こうしてヤーヴェは古代ユダヤ教においては、たんに実存の方からみて人間的個体から区別された本質にすぎなかったのである。しかるに質的には、すなわち彼の内的本質の方からみれば、ヤーヴェは完全に人間に等しかった。ヤーヴェは人間がもっている情熱と同じ情熱をもち、人間がもっている特性と同じ人間的な特性をもち、人間がもっている身体的特性と同じ身体的特性さえもっていた。人々は後世のユダヤ教においてはじめてヤーヴェを人間からきわめて鋭く分離した。そして人々は、後世のユダヤ教においてはじめて、神人同感同情説《アントロポパティシスムス》に対して、それがもともともっていた意味とは別な意味を想定するために、比喩（Allegorie）の中に逃げこんだのである」[7]。

フォイエルバッハにおいても、神と人間との原初的関係の変質を捉える鍵として、やはりアレゴリーが持ち出された。己が眼で見たものを見たままのかたちで尊崇し、そこにまる裸の「善や真」を見いだす者に、アレゴリーは未知の手法であった。ビブロスのフィロンとアレクサンドリアのフィロンの、二人のフィロンの思想に見られる決定的な相違が、フォイエルバッハの思想の中で自覚的におさえられていたのである。アレゴリーを批判するビブロスのフィロンの立場は、モーセ以前の原始信仰としての偶像崇拝を解釈するに際してフォイエルバッハが依拠する立場であり、聖書注釈にアレゴリーの手法を導入するアレクサンドリアのフィロンの立場は、モーセ以後の悪魔崇拝としての偶像崇拝を再検討するに際してフォイエルバッハが批判する立場なのである。そしてまたこの批判的観点が、彼のキリスト教批判の観点でもあったのである。「君はなぜに、人間から人間の意識を疎外し、それを人間から区別された或る存在者―或る客体―の自己意識にするのか?」という問いかけは、人間と一致しなくなった神、神と一致しなくなった人間がともに真理ではないとの認識から発せられたのであり、その返答は次のようになる―「神に関してもっている人間の知は神が自己自身に関してもっている知か？　それはなんという分裂であり矛盾であろう！　それを転倒せよ！　そうすれば君は真理をもつことになるのである（Kehre es um, so hast du die Wahrheit.）」[8]。人間と神との関係は、モーセ以前的な同一性において「善や真」を含むのであり、そのような関係を回復してはじめて、人間は真に聖なる者として復活する。宗教における人間と神との関係の逆立ち、分裂は、フォイエルバッハが言う偶像崇拝《ゲッツェンディーンスト》においては見られない。これはモーセ以後の宗教、とりわけヘレニズム期以降のユダヤ教および確立したキリスト教において見られる現象なのである。だが、フォイエルバッハは、そのような時期のユダヤ教やキリスト教は、太古の偶像崇拝とまったく無縁となってしまったわけでないことを示唆する[9]。肝要なことは「宗教的関係をただ転倒しさえすればよい」のであり、「宗教にとって従属的なもの、副次的な事象・条件であるものを主要事象・原因へ高めればよい」のである。(10) したがって、キリスト教時代の人間が太古的な特徴である「善や真」を取り戻すのには、必ずしも歴史的に太古へと逆行する必要はなく、関係の転倒を図ればよいことになる。だが素材はやはり太古に見いだされる。こうしてフォイエルバッハは、古いものを研究して新しいものを産みだそうとする努力に着手する。温故知新のごときこの作業は、『キリスト教の本質』刊行の直後から始まる。

[註]

(1) L Feuerbach, Über das Wesen des Christentums, in *Ludwig Feuerbach Gesammelte Werke*,〔以下において *LFGW* と略記〕Bd. 8, Kleinere Schriften I（1835-1839）,hg.v..W. Schuffenhauer, Akademie-Verlag, Berlin,1969, S.309. 舩山信一訳『フォイエルバッハ全集』第一五巻、宗教小論集、福村出版、一九七四年、一九頁。（訳文は舩山訳を借用した。訳文中の〈 〉は舩山によるもの。ただし、本書で使用の術語に一貫性をもたせるため、若干表現を改めた箇所がある。また、ドイツ語挿入は石塚、以下同様）。

(2) 酒井傅六『古代エジプト動物記』文芸春秋、一九八四年、一九三〜二〇一頁。J・チェルニー著、吉成薫・吉成美登里訳『エジプトの神々』六興出版、一九八八年、六六頁以降、参照。

(3) L. Feuerbach, *Das Wesen des Christentums*, Reclam, Stuttgart,1974, S.311. 舩山信一訳『キリスト教の本質』下巻、岩波文庫、四〇頁。

(4) *Ibid.*, SS.189-190. 舩山訳『キリスト教の本質』上巻、二四七頁。

(5) *Ibid.*, S,380f. 舩山訳『キリスト教の本質』下巻、一二八〜一二九頁。

（6）因みに、フォイエルバッハは、一八三九年に発表した「ヘーゲル哲学の批判（*Zur Kritik der Hegelschen Philophie*）」の中で、偶像崇拝は少なくとも二種類存在することを次のようにほのめかしている。「人間は、動物たちに対して専制的な関係しかもたないだろうか。見はなされ、見捨てられた者は、ただ動物の忠実さのうちにだけ、同胞の忘恩や陰謀や不信実に対する埋め合わせを見いださないだろうか。彼の打ちひしがれた心にとって、動物はなぐさめの治癒力をもたないだろうか。動物崇拝（Tierkultus）の動機の根底には、善い、合理的な意味もあるのではなかろうか。それが滑稽に思われるのは、或いは我々が別種の偶像崇拝に陥っているからにすぎないからではなかろうか。動物もまた、おとぎ話の中で子どもの心に話しかけないであろうか。かつてロバでさえ、頑迷な予言者の目をひらいたではないか」。Ludwig Feuerbach, *Zur Kritik der Hegelschen Philosopnie*, in *Ludwig Feuerbach Werke in Sechs Bänden*, hg.v. E. Thies, 3, Suhrkamp,1975, S.9. 松村一人・和田楽訳『将来の哲学の根本命題、他二篇』岩波文庫、一九六七年、一二五頁。なお、訳文は松村・和田訳を借用した。ただし、一部表現を改めた。ドイツ語の挿入は石塚。動物への敬愛の態度についてはド＝ブロスも次のように指摘している。「或る種の民族が動物を崇拝するのをみて人々がなぜかくも驚き、そのくせ動物の方が人間を崇拝しても殆ど驚かないのはなぜか、私にはわからない」。（p.187,S.140）

（7）L. Feuerbach, *Das Wesen des Christentums*, S.301f. 船山訳『キリスト教の本質』下巻、二一八〜二一九頁。

（8）*Ibid.*, S.346. 船山訳『キリスト教の本質』下巻、八三〜八四頁。

（9）例えば「洗礼の水」に関する次の記述に示唆されている。「明らかにキリスト教の洗礼もまたたんに古代の自然宗教の残りかすにすぎない。古代の自然宗教において例えば拝火教の場合のように水は宗教的な浄化の手段だったのである。（中略）けれどもここでは洗礼はキリスト教のもとでよりもはるかに真実で、したがってはるかに深い意味をもっていた。なぜかといえば、ここでは洗礼は水の自然な力および意義に基づいていたからである。しかしもちろん、古代の宗教のこれらの単純な自然観に対しては、我々の思弁的な超自然主義は神学的な超自然主義と同じように、なんらの感覚も理解力ももっていない。それ故に、もしペルシア人やインド人やエジプト人やヘブライ人が身体の清潔を宗教的義務にしていたならば、その時は彼らはこの点ではキリスト教の聖者たちよりもはるかに理性的であったのである。キリスト教の聖者たちは彼らの宗教の超自然主義的原理を身体の不潔の中で明確に確証していた」。L. Feuerbach, *ibid.*, S. 407. 船山訳『キリスト教の本質』下巻、一六二～一六三頁。

(10) *Ibid.*, S. 406. 船山訳『キリスト教の本質』下巻、一六〇頁。

第六章　宗教の本質に関する講演
――すべては形像崇拝に発する

『キリスト教の本質』出版の翌年、フォイエルバッハは「マリア信仰に関して（*Über den Marienkultus*）」を、また一八四四年には「ルターの意味での信仰の本質（*Das Wesen des Glaubens im Sinne Luther's*）」を発表する。そのどちらにも温故知新の姿勢がみられるが、一八四四年「異教における人間の神化とキリスト教における人間の神化との区別（*Der Unterschied der heidnischen und christlichen Menschenvergötterung*）」では、その姿勢がいっそう鋭く際立っている。

「私が光の中で神を崇敬するのは、もっぱら光自身が私にとって最も立派な（herrlichste）存在者・最高の存在者・最強の存在者として現われるからである。もちろん後に反省の中で、人間がすでに光を超越し、光の神性または太陽の神性を疑う場合には、人間は神学の中で、第一のものを第二のものにし、根原的な神を導出された神にする、すなわち事象をたんなる形像にする（die Sache zu einem bloßen Bilde）。しかし民族の単純な宗教的感覚は神学的な反省が行なうこの区別立てを至るところで且つ常に廃棄する。民族は常にふたたび根原的な神に復帰する。すなわち民族はふたたび形像を、それが根原的にそれであったところのもの、すなわち事象にする」(1)。

この記述に見られる「第一のもの」＝「根原的な神」＝「事象」は、可視のものであって、フォイエルバッハでは偶像崇拝《ゲッツェンディーンスト》の対象たる偶像《ゲッツェ》であり、ド＝ブロスではフェティシュである。それに対し「第二のもの」＝「導出された神」「形像」は不可視のものの化身（象徴）、フォイエルバッハでは完成したヤーヴェおよびキリスト教段階の神の化身であり、ド＝ブロスでは偶像《イドル》である。因みに、不可視のヤーヴェが「形像」をもつとの指摘は、のちに『宗教の本質』の中でフォイエルバッハ自身がはっきりと行なうことになる。このように、用語上でこそド＝ブロスとは違うものの、にもかかわらずド＝ブロス的フェティシズムと同一の概念を、フォイエルバッハは「第一のもの」において研ぎ澄ましていく。その際、「第一のもの」は可視であるから、なんら抽象的な存在ではなく、きわめて具体的な存在なのである。「根原的な神」は個体である。樹木一般、樹木なるものではなく、この木、雄牛一般、雄牛なるものではなく、この雄牛が端的に神なのである。(2)

そのことを神学的にでも哲学的にでもなく、もっと具体的に、目に見える証拠を以って提示すること、それがフォイエルバッハには焦眉のことがらであった。そのことを目的としてのことと推測されるのだが、一八四五年までにフォイエルバッハは、一八〜一九世紀にヨーロッパ各地で出版されたアフリカ・アメリカ等非ヨーロッパ圏にかかわる旅行記、探検記、地理学・民族学・比較宗教学等の書物を、主にそのドイツ語訳で読みあさる。そして、この作業の一成果として執筆されたのが『宗教の本質（*Das Wesen der Religion*）』である。フォイエルバッハは、この短篇で引用ないし参照した文献をいちいち注記していない。本文中に書名が記されているものは古代の諸々の聖典―『ゼンド・アヴェスタ』『ヴェーダ』『マヌ法典』ほか―とルターの著作くらいである。しかし、本文中には、聖典のほか明らかに、上述の諸文献を読み終えたフォイエルバッハが濃厚に刻まれている。ペルーに渡った「或るドミニコ会士」、或る宣教師に「マニトゥ」のことを話す北米の先住民、太陽や月を先祖と見做すグリーンランド人、自分の前歯をもぎ取るサンドウィッチ諸島の住民などの事例がここかしこに紹介されている。一八四五年段階でフォイエルバッハはその種本をあかさなかったが、一八五一年になって刊行された『宗教の本質に関する講演（*Vorlesungen über das Wesen der Religion*）』ではそれがあかされるのである。ドイツ革命のさなか、一八四八年一二月から翌四九年三月にかけてハイデルベルグ市の議事堂で行なわれた講演の記録である本書には、少なくとも以下の著作が引用されている。ドイツの哲学者クリストフ・マイナース（Christoph Meiners, 1747-1810）著『諸宗教の一般的批判的歴史（*Allgemeine kritische Geschichte der Religionen*, 2Bde., Hannover, 1806-1807）』、アメリカの歴史家・政治家ジョージ・バンクロフト（George Bancroft,1800-91）著『合衆国の歴史（*A History of the United States*）』（全一〇巻、一八三四～七四のうち最初の数巻）、イギリスの探検家ジェームズ・クック（James Cook,1728-79）の第三航海（一七七六～七九）の記録『太平洋への航海（*A Voyage to the Pacific Ocean*,1784）』、イギリスの東洋学者ウィリアム・マースデン（William Marsden,1754-1836）著『スマトラ島の自然および住民に関する記述（*Natürliche und bürgerliche Beschreibung der Insel Sumadra*）』（出版年不明）、デンマークの神学者クリスティアン・バストルム（Christian Bastholm,1740-1819）著『野生状態および粗野状態における人間に関する知識のための歴史的諸報告（*Historische Nachrichten zur Kenntnis des Menschen inseinem wilden und rohen Zustand*）』（出版年不明）、フランスのイエズス会宣教師にしてカナダ探検家のピエール・シャルルヴォア（Pierre François Xavier de Charleyoix, 1682-1761）著『パラグアイ史（*Histoire du Paraguay*）』（出版年不明）、フランスの著述家バンジャマン・コンスタン（Benjamin Constant de Rebeque, 1769-1830）著『宗教について―その源泉・諸形態および諸発展において考察された（*De la religion considérèe dans sa source, ses forms et ses dèveloppements*, Paris, 1825-

31)』、ドイツの東洋学者ペーター・シュトゥール（Peter Feddersen Stuhr,1787-1851）著『東洋の異教的諸民族の宗教組織（*Die Religionssysteme des heidnischen Völker des Orients*）』（出版年不明）、イギリスのアメリカ先住民研究家ジョン・ヘッケウェルダー（John Gottlieb Ernestus Heckewelder,1743-1823）著『アメリカ先住諸民族の歴史・習俗・習慣に関する報告（*Nachricht von der Geschichte, den Sitten und Gebräuchen der indianischen Völkerschaften*）』（出版年不明）。そのほかプルタルコス、ディオドルスなど古典古代の哲学者・著述家も引用ないし参照されているが、こちらは補足的に近い。

フォイエルバッハは、以上の文献をもとに、或いはその一部分を使って『宗教の本質』を仕上げるのだが、その結果、古代メキシコ人たちの「塩の神」とホメロスにおける塩の神性というように、(3)たえずヨーロッパ外の「第一のもの」とヨーロッパ内の「第一のもの」が比べられることになる。そして、異教徒のもとではまず以って自然物それ自体が神となり〈自然物→神〉の関係はそのまま維持されるが、ユダヤ・キリスト教世界ではその関係の転倒が生ずると説く。現実においては「自然は神よりもいっそう先に存在する」のであり、また「もっぱら自然的に事が進む現実においては、模写が原像に続き、形像が事象に続き、思想が対象に続く。しかるに、神学の超自然的奇跡的な領域においては原像が模写に続き、事象が形像に続く（folgt das Original auf die Kopie, die Sache auf das Bild）」。(4)その点をフォイエルバッハは、アメリカ大陸の先住民が尊敬するマニトゥにおいても検討する。果たしてマニトゥは、先住民にとってなにゆえに神であるのか？ 見たり手に取ったり投げ棄てたりできる石ころやカタツムリの殻が端的に神であるからだ。また、時にそれは善い神でもあり時に邪悪な神でもあるのだ。彼らは、自らのマニトゥが邪悪となったから投げ棄てるのではない。邪悪の神の方が、彼らにはむしろ尊崇に相応しい。肝心なことは、邪悪の神がその邪悪性を発揮して先住民を苦しめるという事態が生じないように、その神を尊敬することなのである。この願いが叶えられない場合、先住民はこの邪悪の神たるマニトゥを打つのである。[5] 打つ以上、少なくともその瞬間、相手は自分と同列である。相手も人間並みなのである。フォイエルバッハは南アメリカおよびグリーンランドの先住民に言及しつつ、そのことを強調する。

「人間は根原的には自分を自然から区別しない、したがってまた自然を自分から区別しない。（中略）非文明的な自然人（Der ungebildete Naturmensch）はその上自然的諸物体の中に実際の人間を認める。こうしてオリノコ河畔における先住民たちは太陽・月・星辰を人間と思いこみ—彼らは『太陽・月・星辰はあそこ天上にあって我々と同様に人間である』といっている、—パタゴニア人たちは星辰を『かつての先住民たち』と思いこみ、グリーンランド人たちは太陽・月・星辰を『特殊な機会に天に移された自分たちの先祖』と思いこんでいる。こうして古代のメキシコ人たちはまた、彼らが神々として尊敬した太陽および月はかつては人間であったろうということを信じていた。見よ！こうして、宗教の最も粗野で最も下級な諸種でさえも、『キリスト教の本質』の中で言表された命題、すなわち人間は宗教においてはたんに自分自身に対して関係するにすぎないのであり、人間の神はたんに人間自身の本質にすぎないのであるという命題を、確認している。そして、私がここでいう『宗教の最も粗野で最も下級な諸種』とは、人間が人間から最も遠くはなれておりまた人間に最も似ていない事物、すなわち星辰・もろもろの石・もろもろの木、そうだその上ザリガニの鋏・カタツムリの殻を尊敬するような諸種である。人間がここでそれらのものをなぜ尊敬するのかといえば、それはもっぱら人間はそれらのものの中に自分自身を投入し、それらのものを人間自身のような存在者として考えるからであり、またはそれらのものを少なくとも人間自身のような存在者によって充たされているものとして考えるからである」。[6]

もろもろの石とか樹木、カタツムリの殻、すなわち物自体が聖なるものであって、この聖なるものは物自体と区別されず、したがってそこから引き雎されることはない。これはフェティシズムである。もし引き離し得るとすればもはやフェティシズムでなく、例えばアニミズムであり、或いはまた、マナの発生を通じてのイドラトリへの萌芽ということになる。フェティシズムにおいては、聖なるものは石ころの中に住むのでなく、石ころに付着するのでもなく、石ころそのものなのである。だがそれは、他方で人間と同列である。フォイエルバッハの言葉で表現すれば、フェティシュの有する力は自然的な力であって、けっして超自然的なそれではない。フォイエルバッハの言葉で表現すれば、人間の根原的な神は自然そのものなのである。[7] 物から引き離された力であれば超自然的だが、石ころフェティシュの力は奇跡でもなんでもない。だからこそ、それを発揮してくれない時、フェティシュ信奉者は当のフェティシュを打つのである。人間とフェティシュの違いは、ただ、人間には発揮できない力をフェティシュが持っているということだけである。ド゠ブロスに発するこのフェティシズムの概念は、彼の発見になるのでなく、彼の定義付けによって整然となったものだが、それはフォイエルバッハにおいても似たようなかたちで認められる。では、なぜフォイエルバッハは『宗教の本質』でフェティシズムという術語をすすんで用いないのであろうか。[8]彼はこの語をよくは知らないのだろうか。そのようなことはない。少なくともマイナースを読んだからには、フォイエルバッハはフェティシュとかフェティシズムという語に接している。[9]またフォイエルバッハ自身からして、一八四八年一二月〜四九年三月にかけて、例のハイデルベルグ市での講演で、バストルムとマイナースとを援用しつつ、次のようなフェティシズム言及を行なっている。

「あらゆる対象が人間によってただ神として──または同じことでありますが宗教的に──尊敬されることができるばかりではなくて、実際にもまた神として尊敬されます。この立場がいわゆるフェティシズムであります（Dieser Standpunkt ist der sogenannte Fetischismus）。そこでは人間はあらゆる批判と区別立てとを抜きにして、さてそれが人工的なものであれ自然的なものであれ、また自然の産物であれ人間の産物であれ、あらゆる可能な対象および事物を自分の神々にするのであります。こうして例えばシェラ・レオネの先住民たちは角・ザリガニの鋏・爪・火打ち石・カタツムリの殻・鳥の頭・木の根を自分たちの神々として選び、それらのものを小袋に入れてガラス玉とその他の装飾品とでかざった首につけています」[10]（第二〇講）

この文のあとにバストルムとマイナースからの引用文が続くのだが、フォイエルバッハは、このようにフェティシズムを知っていてもなお、それを自然信仰の普遍的な名称としては用いないのである。彼は依然として、Götzendienst を普遍的な名称として用いる。ただし、この第二〇講では、Götze を明確に二種に区分して次のように述べる。「私たちは、私たちがここで古代の最も文明化した諸民族（ギリシア人・ローマ人）のもとに見いだすものと同じものを、今もなお粗野な諸民族のもとに（bei den rohen Völkern）見いだします。ただし現在の粗野な諸民族の神々および偶像（Götzen）は、ギリシア人たちやローマ人たちの神々および偶像とは異なって、なんらの芸術的熟練の傑作ではありません。こうして例えばオスチャーク人たちは人間の顔をもっている木製の人形を彼らの偶像としてもっています」[11]。この記述はバストルムに依拠したものであって、野生民族の偶像とてすでに幾分加工を施されているのであるが、それでもフォイエルバッハが Götzen を二種に区分していることは、読んで字のごとく、明らかである。

さて、ここで、この第二〇講でようやく、フォイエルバッハがなぜフェティシズムでなく Götzendienst の方にこだわり続けるのかの理由がつまびらかとなる。彼は、先史人ないし野生人の信仰は感覚・感官を支柱にしており、したがって彼らの神は感覚で認知できるものでなければならず、それこそがGötzeなのである。しかるに「キリスト教的宗教は感官を支柱にしているのではなくて」、「言葉——神の言葉——を支柱にしている」のだから、[12]可視のGötzeはキリスト教的宗教には不似合いなのであった。また、像が刻まれない以上、キリスト教には彫刻とか絵画とかの芸術が生まれることはなく、象徴としての像は非キリスト教的なのである。偶像に関する諸見解・解釈をそのように捉えることによって、フォイエルバッハはまず偶像崇拝者を二種に分け、その二種の全体を多神教として括り、これに対してキリスト教を一神教として対置したのである。その際、自然のままの、「低級な感官の対象」を拝む人々だけをフォイエルバッハはポジティヴに表現する。[13]これに対し、同じく像を刻む形式をもつにせよ、ギリシア・ローマの偶像崇拝者は象徴としての偶像を拝むことになる。こちらはすでに、自分よりもすぐれた存在を前提とした信仰である。いま仮に、前者を低次の偶像崇拝と名づけ、後者を高次の偶像崇拝と名づけるならば、マイナースらがフェティシズムという術語のもとに紹介している原初的信仰は、フォイエルバッハにおいては低次の偶像崇拝なのであって、ひょっとすると「我々の意味ではなんら宗教ではないもの」[14]なのである。それに対しアレゴリーが介在するようになったギリシア・ローマ時代の多神教は、フォイエルバッハにおける高次の偶像崇拝に当たるのである。以下に、この高次の偶像崇拝をネガティヴに語るフォイエルバッハを引こう。

「もし有神論者たちが野生人（Wilden）に神学的な外交的区別立てをいい含め、野生人に自分たちは動物そのものを尊敬しているのではなくて、『動物の中で本来、神を尊敬』しているのであるといわせるならば、その時はそれは真実におろかなことである。人々はいったい動物の中で動物の本性または本質性以外の何物を尊敬することができるだろうか？　プルタルコスは『イシスとオシリス（*De Icide et Osiride*）』という彼の著書の中でエジプトの動物崇拝について述べる機会に次のように言っている。『もし最良の哲学者たちが魂をもたない事物の中にさえ神性の形像を見つけたならば、その時は情感する生きた存在者の中には神々の形像がどんなにはるかにいっそう多く探求されるべきであろう！　しかしただ、これらの存在者そのものおよびこれらの事実そのものを尊敬するのではなくて、それらのものを通して、且つそれらのものを介して神的なものを尊敬する人々だけが賞賛されるべきである。（中略）』したがってそれにもかかわらず動物に対する尊敬の根拠は動物そのものの中に横たわっていないのだろうか？　もし神の本質が動物の本性から本質的に区別されているならば、その時は私は神の本質を動物の本性の中で尊敬することができず、また神の本質を動物の本性を介して尊敬することができないだろう。なぜかといえばその時はまた私は動物の本性の中に神のいかなる形像も神とのいかなる類似性をも見いださないからである。（中略）神々を動物的に表象し模写している人は、無意識的に動物そのものを尊敬しているのである。もっともその人は自分の意識および悟性の前ではそのことを拒否している」(15)。

プルタルコスの『イシスとオシリス』を批判的に引用してアレゴリーを拒否する姿勢は、ド＝ブロスと瓜二つである。この引用文を証言に使って、フォイエルバッハの偶像崇拝観には低次と高次、或いはポジティヴとネガティヴの二種が存在するとここで私が強調しても、問題はないであろう。それよりも、議論がこの段階まで進んだのだから、次には、ギリシア・ローマ時代の高次の偶像崇拝とキリスト教との関係を、フォイエルバッハに即してもう少し詰めてみよう。というのも、「宗教の本質に関する講演」の第二〇講には、キリスト教もまた偶像崇拝なり、との命題が導かれているからなのである。先程、キリスト教徒は可視の Götze でなく「言葉」を支柱にしているとのフォイエルバッハの発言を引いたが、そのあとの方で、次なる三段論法が登場し、「言葉」も Götze の一つに含まれることとなる。

「しかしそれにもかかわらずキリスト教の神もまた異教の神と同様に想像力の産物であり形像（ein Bild）であります。しかしその形像はたんに精神的な形像、とらえることができない形像にすぎず、言葉が形像であるのと同じ意味での形像であります。（中略）したがって、もし形像崇拝（Bilderdienst）が偶像崇拝（Götzendienst）であるならば、その時はキリスト教徒たちの精神的な、神に対する崇拝（Gottesdienst）もまた偶像崇拝であるということが出てきます」[16]。

（i）言葉が形像であるのと同様、神の言葉も、そしてまた神も形像である。（ii）形像崇拝はおしなべて偶像崇拝である。（iii）よってキリスト教は偶像崇拝である。このように、フォイエルバッハにおいては、ギリシア・ローマまでの多神教のみならず、キリスト教もまた偶像崇拝とされ、およそ宗教というものはすべてなんらかの偶像を拝む行為とされるのである。そのうち、低次の偶像崇拝はポジティヴなものであり、それを除く偶像崇拝はすべてネガティヴなものとされるのである。その場合、ポジティヴの意味は〈崇拝⇔攻撃〉の「交互」であり[17]、ネガティヴの意味は「転倒」である。また、ポジティヴな方の偶像崇拝は「なんら宗教ではないもの」である。また、ポジティヴな方を崇敬する人々のことをフォイエルバッハは「感性的形像を神すなわち現実的な存在者と思いこむ本来の感性的な偶像崇拝者」[18]と形容している。こうしてみると、フォイエルバッハにとってGötzendienstとは根本においてはポジティヴであることがわかる。人類の宗教的観念は、したがってその深層にポジティヴ・ゲッツェンディーンストがあり、その表層にネガティヴ・ゲッツェンディーンストがあって、両者はあたかも一九世紀フランスの社会哲学者プルードンの「現実の社会」と「公認の社会」のような相関を維持しているのである。フォイエルバッハが、マイナースらを通じてフェティシズムという術語を知りつつも、なお自らの原初的信仰論をゲッツェンディーンストで貫いた理由は、このあたりに存したのである。だが理由はそれだけではない。少なくとも、もう一つある。それはヘーゲルとの関係において見定められる。すなわち、かつてフォイエルバッハがベルリン大学の学生であった頃、同大学哲学教授であったヘーゲルは、「歴史哲学講義」ほかでフェティシュないしイドルを拝む原初的信仰をきわめてネガティヴに表現していた。ただし、ここでいうネガティヴの意味は、本書全体にも妥当する内容、すなわち〈神に対する人間の屈服〉とは違う。ヘーゲルは、歴史哲学講義の中で、フェティシュを信仰するような宗教には依存の関係〈Verhältnis der Abhängigkeit〉はないと説いていた。それがヘーゲルにおけるネガティヴの意味である。このような発想は、フォイエルバッハには断じて許容できないものである。彼は、ヘーゲルに逆らって次のように語る。

「もし私たちが、旅行者が私たちに伝えてくれるところのいわゆる野生人の〈der sogenannten Wilden〉宗教と、文明化した諸民族の宗教との双方を考察するならば、そしてまたもし私たちが直接に且つ誤ることとなしに観察することができる私たち自身の内面をのぞいて見るならば、その時は宗教の適正な且つ包括的な心理学的説明根拠としては依存感または依存意識〈das Abhängigkeits-gefühl oder-bewußtsein〉以外にはどんな心理学的説明根拠をも見いださないでしょう。古代の無神論者たち、ならびにたいへんたくさんの古代および近世の有神論者たちさえ、恐怖〈die Furcht〉を宗教の根拠として宣言しました。しかし恐怖はまさに、依存感情の最も通俗的な現象・最も顕著な現象以外の何物でもないのであります」[19]。

「依存」は、フォイエルバッハの宗教論で根本的な術語である。恐怖とてこの術語から説明されることを、例えばドイツ語の Ehrfurcht〈畏敬〉が Ehre〈尊敬〉と Furcht〈恐怖〉の合成語であることなどを根拠にして力説する[20]。このようにみてくるならば、自然信仰論に関する限り、フォイエルバッハはヘーゲル学徒でなく、むしろシュライエルマッハー学徒なのである。[21]それからまた、ヘーゲルは、フェティシュという語を、自然信仰の独自な一形態を表現するものと捉えたのでなく、アフリカ西岸で流行する一地方的信仰にして、世界各地で古今に見られる偶像《イドル》と同一であると考えていた。その意味では逆に、偶像の方にも独自な一形態とか一概念とかが与えられていたわけでなかった。フェティシュもイドルも、ヘーゲルにとっては人間以下のものでしかない。「宗教は、人間よりも高次のものが存在するという意識とともに始まる（Die Religion beginnt mit dem Bewußtsein, daß es etwas Höheres gebe als Mensch.）」[22]との立場に立つヘーゲルを、フォイエルバッハのゲッツェンディーンスト論がまともに相手にし得るはずがない。ヘーゲルのこのような立場には、低次の偶像崇拝、つまり人間と偶像とが等身大で交互に関係する原初的精神運動など、入り込む余地がないのである。そのようなヘーゲルをフォイエルバッハが許容できる条件は、低次の偶像崇拝を宗教としては否定すること以外にない。だがド＝ブロスと違って、偶像崇拝にポジとネガ双方の概念を含ませたフォイエルバッハには、ヘーゲルに逆ってでも自己の道を進む以外に最良の策はなかったのである。そうであるならば、むしろ積極的な意味の、すなわちポジティヴな意味の偶像崇拝論を完成させることこそ、フォイエルバッハに課せられた任務であったと総括することができる。その中にあってド＝ブロス的フェティシズムは、ポジティヴ・ゲッツェンディーンストの一ヴァリエーションでしかなかったのである。その意味では、彼は、ド＝ブロス的でなくルソー的な自然信仰論者ということができよう。

［註］

（1）Ludwig Freuerbach, Der Untershied der heidnislicen und christlichen Menschenvergötterung, in *Ludwig Feuerbach Gesammelte Werke*〔以下 *LFGW* と略記〕, Bd. 9, Kleinere Schrilten II（1839-1846）,S.414. 船山信一訳『フォイエルバッハ全集』第一五巻、一九八頁。

（2）個別としての神についてフォイエルバッハは、例えば一八四五年にライプツィヒのオットー・ヴィガント（Otto Wigand, 1795-1870）が発行していた季報への寄稿文「『唯一者とその所有』に対する関係におけるキリスト教の本質（*Über das "Wesen der Christentums" in Beziehung auf den "Einzigen und sein Eigentum"*）の中で次のように表現している。「フォイエルバッハにとっては個体が絶対的な存在者―すなわち真の現実的な存在者―である。（中略）宗教の本質は少なくともこの点では、まさに宗教が或る種または或る種から唯一の個体を選び出し、そしてそれを神聖不可侵なものとしてその他の個体に対立させることの中に成立しているのである。この人間・この『唯一者』・この『比較することができない者』・このイエス・キリストが排他的に神である。このかしわ・この場所・この森・この雄牛・この日が神聖なのであって、その他のかしわ・その他の場所・その他の森・その他の雄牛・その他の日が神聖なのではない。そのために宗教を廃棄するということは、その宗教がもっている神聖化された対象または個体と、それと同一な類に属する他の世俗的な個体との同一性を明証すること以外の何物をも意味しない。聖ボニファティウス（Bonifatius, 672?-754）は神的なかしわの木・ガイスマルのかしわの木（雷神ドナルの木）を倒したのであるが、彼はすでにその時、我々の先祖にこの証明を供給したのである」。*Wigand's Vierteljahrsschrift*, 1845, Zweiter Band, Leipzig, 1845, S. 197. 船山訳『キリスト教の本質』下巻、付録、三五三～三五四頁。

（3）フォイエルバッハが述べる古代メキシコ人の「塩の神」とは次のようである。「自然の中で自分を啓示する神的存在者とは、人間に対して神的な存在者として自分を啓示し表現し強制する自然自身以外の何物でもない。古代のメキシコ人たちは自分たちの多くの神々のもとにまた塩の神をもっていた。この〈塩の神〉は私たちに感じやすい仕方で自然一般の神の本質の謎を解いてくれる。塩（岩塩―船山）は我々に、それの経済的・医学的・技術的諸作用の中で、有神論者たちによってたいへん強く賞賛された〈自然の有用性および慈愛深さ〉を表現し、眼および心情に対するそれの諸作用―すなわちそれの色・輝き・透明さ―の中で自然の美を表現し、それの結晶構造および形態の中で自然の調和および規則性を表現し、対立した諸物質からそれの合成の中で、自然における対立した諸元素の一つの全体への結合を表現する。（中略）さてしかし塩の神―それの領域・現存在・啓示・諸作用および諸特性が塩の中にふくまれているような神―とはいったい何であろうか？　それは塩そのもの以外の何物でもない。塩そのものは人間に対して、それの諸特性および諸作用のために、神的な存在者―すなわち慈愛深い存在者・立派な存在者・賞賛と驚嘆とに値する存在者―として現われるのである。ホメロスははっきりと塩を神的と呼んでいる。したがって、ちょうど塩の神がたんに塩の神性または神的性質に関する印象および表現にすぎないと同様に、世界一般または自然一般の神もまたたんに自然の神性に関する印象および表現にすぎない」。L. Feuerbach, Das Wesen der Religion, in *LFGW*, Bd.10, *Kleinere Schriften III*（1846-1850）,S.9f. 船山訳『フォイエルバッハ全集』第一一巻、一〇―一一頁。

（4）*Ibid.*,S.28. 船山訳、同上、三二～三三頁。

（5）神を打つ人間について、フォイエルバッハは、「『宗教の本質』に対する諸補足と諸説明」の中で次のように述べている。「必要の威力の前では神の尊厳性および威力でさえも弱まる。もし異教徒の神々が異教徒を助けないならば、その時は異教徒は自分の明白な（手でとらえることができる）神々そのものを打ちこわし放棄するということは、なんら不思議なことではない。しかもユダヤ教徒やキリスト教徒たちもまた、異教徒たちの神々およびそれらの神々の形像と彫像とが生命も威力ももたないこしらえものとして人間にとって何の助けにもなることができなかったという理由で、異教徒たちの神々およびそれらの神々の形像と彫像とを放棄した」。*Ibid.*, S. 92. 舩山訳、同上、一一九頁。

（6） *Ibid.*, S.30f. 舩山訳、同上、三六〜三七頁。

（7） フォイエルバッハは「『宗教の本質』に対する諸補足と諸説明」の中で、「根原的な神」を次のように定義している。「実存すなわち生活は最高の善であり最高の存在者である、すなわち人間の根原的な神である」。*Ibid.*, S.81. 舩山訳、同上、一〇一頁。

（8）『宗教の本質』では、ほんのわずかに、例えば次の箇所でFetischismusという術語を用いているにすぎない。Gegenstand der Religion ist, wenigstens da, wo sich der Mensch einmal über die unbeschränkte Wahlfreiheit, Ratlosigkeit und Zufälligkeit des eigentlichen Fetischismus erhoben hat, nur oder doch hauptsachlich das, was Gegenstand menschlicher Zwecke und Bedürfnisse ist, *Ibid.*,S.36. 舩山訳、同上、一〇〇頁。

（9） フォイエルバッハはマイナースの著作を引用するに際し、次のようにフェティシュをも引用している。「マイナースは彼の『諸宗教の一般的批判的歴史』の中で諸旅行記から次のようなことを引き合いに出しています。『例えばアフリカや北アジアやアメリカにおけるいっそう粗野な諸民族は河がおそろしい急流または滝をなしているような場所では、とくに河をおそれる。彼らがそのような場所を乗り越えて行く時には、彼らは恩寵または赦罪を乞い求め、胸を打って、怒っている諸神性に対して涜罪のための犠牲を投げかける。海を自分たちのフェティシュとして選んだ（die das Meer zu ihrem Fetische gewahlt haben.）多くの〈先住民の王様〉は、海をたいへんおそれる。そのために彼らは海を見ることさえもあえてしない。まして海に乗り出すようなことはなおさらしない。なぜかといえば彼らは、このおそろしい神性を見れば即座に殺されるだろうと信じているからである」。L. Feuerbach, Vorlesungen über das Wesen der Religion, in *LFGW*, Bd,6. S.39. 舩山訳、同上、二二二〜二二三頁。

（10） *Ibid.*, S. 201. 舩山訳、同上、一五六頁。

（11）*Ibid.*, S. 205. 船山訳、同上、一六三頁。

（12）*Ibid.*, S. 208. 船山訳、同上、一六六～一六七頁。

（13）「異教徒」という表現で、フォイエルバッハは Götzendienst のポジティヴな側面を次のように語る。
「そうです、ちょうど異教徒たちの願望がなんら世界外の、また超世界的な存在者ではなかったのと同様に、彼らの神もまたなんら世界外の、また超世界的な存在ではありませんでした！ 異教徒たちの神々はむしろ世界または世界の本質と同一のものでありました。（中略）異教徒は自分をもっぱら世界または自然の一部分として考えることができました。異教徒はそれ故に、なんら世界から区別され引きはなされた神をもっていませんでした。異教徒にとっては世界が或る神的なすばらしい存在者でありました。またはむしろ自分が考えることができた最高のものであり最も美しいものでありました」。*Ibid.*,S.209. 船山訳、同上、一三五～一三六頁。

（14）L. Feuerbach, Über "Das Wesen der Religion" in Beziehung auf "Feuerbach und die Philosophie. Ein Beitrag zur Kritik beider",von R〔uaolf〕Haym, 1847. Ein Bruchtück, in *LFGW*, Bd.10,S.338. 船山訳「ルドルフ・ハイムあての返答」、『フォイエルバッハ全集』第一一巻、一七〇頁。

（15）L. Feuerbach, Vorlesungen über das Wesen der Religion, *Zusätze und Anmerkungen*, in *LFGW*, Bd.6, S.365f. 船山訳「『宗教の本質に関する講演』に対する諸補遺と諸註解」、『フォイエルバッハ全集』第一一巻、三六六～三六七頁。

（16）*Ibid.*, S. 211. 船山訳、同上、一七〇～一七一頁。

（17）原初的信仰の特徴である「交互」に関連する発言として、フォイエルバッハは次のような講演を行なっている。「自然はなんらの始めももたなければなんらの終わりももっていません。自然におけるすべてのものは交互作用をなしており（Alles in ihr steht in Wechselwirkung）、すべてのものは相対的であり、すべてのものは同時に結果であり原因であり、自然におけるすべてのものは全面的であり相互的であります」。*Ibid.*, S.115. 船山訳『フォイエルバッハ全集』第一二巻、三七頁。

(18) *Ibid.*, S.217. 船山訳、同上、一七九頁。

(19) *Ibid.*, S.32f. 船山訳、同上、二二一〜二二二頁。

(20) *Ibid.*, S.33. 船山訳、同上、二二二頁。

(21) 宗教における「依存」が非ヘーゲル的でシュライエルマッハー的である点は、ハンス・イュルク・ブラウン著、桑山政道訳『フォイエルバッハの宗教哲学―宗教的なものの批判と容認―』新地書房、一九八八年、一三三〜一三四頁では次のように述べられている。「シュライエルマッヘルは依存感情が宗教の基礎を表わしているという主張ではフォイエルバッハの先輩であったが、ヘーゲルはすでにこのシュライエルマッヘルに強く反対を表明していた。フォイエルバッハはこのシュライエルマッヘルの宗教的依存感情を、その普遍的・根原的な性格から常にどこにでも見出される人間の心的な事実に還元した。すなわち、もしこの依存感情が全く自然に依存する人間の本性に属するなら、またこの感情の上に生じ形成される宗教も、自然から説明される人間の自然的態度であろう―と」。

(22) **G. W. F. Hegel**, *Werke in zwanzig Bänden*, **12. Vorlesungen über die Philosophie der Geschichte, Suhrkamp,1970, S.122.** 武市健人訳『歴史哲学』上巻、二〇二頁。因みに、この立場は、例えば自己と共通・同等のものへの崇拝たる祖霊信仰を宗教から除外し、跪拝の対象・客体としての神への信仰のみを宗教とする見解からみれば当然の立場であって、その意味からすれば、ヘーゲルのこの主張は適切なのである。

第七章　神統記

——唯物論が神々の根拠

一八五一年刊『宗教の本質に関する講演』は、この講演を準備した段階ですでに、相当な民族学的研究の発表となるであろうことを、フォイエルバッハ自身は十分認識していた。前章で列挙したいろいろな参考文献がそのことを証明している。それらの文献の題目を一瞥するならば、一八四〇年代までの神学者・哲学者フォイエルバッハが、一八四八年一二月から非キリスト教圏民族学者に転向したかの感がする。ところが、かの講演から数年して、フォイエルバッハはもう一度哲学者に、いや大神学者に戻ったと評価し得るような著作を発表することになる。その著作とは、一八五七年刊の『神統記—古典的・ヘブライ的およびキリスト教的古代の諸文献にしたがって（*Theogonie nach den Quellen des classischen, hebräischen und christlichen Alterthums*）』である。これはライプツィヒのオットー・ヴィガント社から『フォイエルバッハ全集』第九巻として刊行されたもので、一八六六年の改訂増補に際しては『神々の起原—古典的・ヘブライ的およびキリスト教的古代の諸文献にしたがって（*Der Ursprung der Götter nach den Quellen des klassischen, hebräischen und christlichen Alterthums*）』と改題されている。

わが国で『神統記』を初めて訳し、また現在のところその唯一の訳者である舩山信一（フォイエルバッハの会初代会長）の同訳書解説によると、『神統記』（一八五七年）は『キリスト教の本質』（一八四一年）、『宗教の本質に関する講演』（一八五一年）とともに、宗教に関するフォイエルバッハの三部作を構成するものにして、彼の宗教（批判）研究の集大成にあたるものである。討究対象にはユダヤ教とキリスト教が含まれているものの、中心はギリシア宗教であって、「ギリシア神話を人間学として解釈するのが『神統記』におけるフォイエルバッハの意図である」[1]。また、スイスのフォイエルバッハ研究者ブラウンによると、本書は次の重要性をもつ。「神統記では、いまだいかなる哲学者も存在しなかった時に人間の示した宗教的な態度がテーマだと言える。換言すれば、宗教に支えられ宗教から信心を得ている哲学以前の人間の態度が、ここで批判的解釈に付されているのだと言える。世界を解釈するいかなる合理的な努力もまだ行なわれなかった時、すでに神々は存在していたのである。そして神性がこのように現われ信じられる所では、常に人間の欲望が活動していた」[2]。以上のようにも評価される当の著作は、以下の文献の引用とそれをもとにした論理展開で埋め尽くされる。紀元前八世紀末の吟遊詩人ホメロス（*Ὅμηρος*）の『イリアス（*Ἰλιάς*）』と『オデュッセイア（*Ὀδύσσεια*）』、この二篇が他を圧倒している。そのほかほぼ引用順に、クセノフォン（Ξενοφῶν, 430?-354BC?）の『ソクラテスの思い出（*Ἀπομνημονεύματα*）』、『ヒエロン（*Ἱέρων*）』ほか、プラトン（Πλάτων）の『アルキビアデス（*Ἀλκιβιάδης*）』、ユヴェナリス（Iuvenalis）の『諷刺詩（*Saturae*）』、アルテミドロス（Ἀρτεμίδωρος）の『夢判断（*Ὀνειροκριτικά*）』、ヘシオドス（Ἡσίοδος）の『神統記（*Θεογονία*）』と『仕事と日々（*Ἔργα καὶ ἡμέραι*）』、パウサニアス（Παυσανίας）の『ギリシア周遊記（*Ἑλλάδος περιήγησις*）』、マルクス＝アウレリウス＝アントニヌス帝（Marcus Aurelius Antoninus）の『自省録（*Eis heauton*）』、プルタルコス（Πλούταρχος）『哲学者たちの意見について（*De placitis philosophorum*）』ほか、オヴィディウス（Ovidius）の『転身譜（*Metamorphoses*）』、『ポントゥスからの書簡集（*Epistulae ex Ponto*）』ほか、テルトゥリアヌス（Tertullianus）の『ヘルモゲネスを反駁する書（*Liber adversus Hermogenem*）』、アンブロシウス（Ambrosius）の『六日物語（*Hexameron*）』、プリニウス（Plinius）の『博物誌（*Naturalis Historia*）』、ヴェルギリウス（Vergilius）の『アイネイス（*Aenēās*）』、『農業（*Georgica*）』、セネカ（Seneca）の『書簡集（*Epistulae*）』と『アガメムノン（*Agamemnon*）』、エウセビオス（Εὐσέβιος, Eusebios）の『福音の準備（*Praeparatio Evangelica*）』、キケロ（Cicero）の『演説集（*Orationes*）』、『神々の本性について（*De natura deorum*）』、『予言について（*De divinatione*）』、『義務について（*De officiis*）』ほか、エピクテトス（Epiktetos）の『提要（*Emcheiridiom*）』、リヴィウス（Livius）の『ローマ建国史（*Ab urbe condita libri*）』、アポロドロス（Apollodoros）の『図書館（*Bibliotheke*）』、ヘロドトス（Ἡρόδοτος）の『歴史（*ἱστορίαι*）』、ラクタンティウス（Lactantius）の『抜書集（*Epitome*）』、『正義について（*De Justitia*）』、ソフォクレス（Sophokles）の『アンティゴネ（*Antigone*）』、ピンダロス（Pindaros）の『ピュティア（*Pythia*）』、ホラティウス（Horatius）の『頌詩（*Odes*）』、『書簡集（*Epistulae*）』、アイスキュロス（Aischylos）の『ペルシア人たち（*Persai*）』、ディオドルス（Διόδωρος, Diodorus）の『歴史文庫（*Bibliotheca Historica*）』、アウグスティヌス（Augustinus）の『神の国について（*De civitate Dei*）』と続く。

このようにふんだんに古典からの引用を行なったフォイエルバッハは、その中でホメロスを最も重視する。彼によると「ホメロスは『唯物論者（Materialist）』なのである。ホメロスは肉体から区別されているような或る精神・肉体に依存していないような或る精神について何事をも知らない。すなわちホメロスはたんに、肉体の中にある或る精神、身体の諸器官の中にあるまたは身体の諸器官と共にある或る悟性・或る心情或る意志について知っているにすぎないのである」[3]。ホメロスはいつ頃の人物かはっきりしない。『イリアス』と『オデュッセイア』の作者は果たして一人なのかどうかを疑う人もいる。けれども、通説では、ホメロスは上記の二大叙事詩を仕上げた前八世紀ギリシアの盲目の詩人であったとされる。『イリアス』は、トロヤの王子パリスがメネラオスの妻ヘレネを誘惑したことに対しアガメムノンを総大将とするギリシア軍がトロヤを攻略する物語で、『オデュッセイア』は、トロヤ遠征に功をなした英雄オデュッセウスの相次ぐ漂流物語と、その妻ペネロペの貞節の物語である。ところで、叙事詩『イリアス』に出てくるトロヤ戦争（前一二〇〇年頃）では、トロヤを攻撃したギリシア諸共同体連合軍は、男子住民を殺害するだけで、彼らを捕虜にはしていない。一つの共同体が他の共同体を攻撃してその住民を奴隷化するには、それだけ生産力が発展していなければならない。ホメロスの時代―正確には、ホメロスが描いたトロヤ戦争の時代―にはギリシア世界は、いまだ奴隷制に基礎をおく国家の形成は実現していない。その時代までのギリシアはゲノス（氏族 Genos）を単位とし、フラトリア（兄弟団 Phratria）、フュレ（部族 Phyle）と三段階に組織された氏族制社会を形成していた。アテナイには四つのフュレがあり、それが前六世紀のクレイステネスの改革で人為的に一〇フュレに改編された。そのうち、元来の四フュレの時代の精神の名残りをとどめているのがホメロスまでの世界なのである。[4] この世界は、なるほど或る意味では唯物論的である。なぜならば、こうした氏族制社会においてこそ、ド＝ブロスの言うフェティシズムが、またフォイエルバッハの言う「本来の感性的な偶像崇拝」が存在し、そこではみな人間が神を選んでいるからである。フォイエルバッハの『神統記』はまさにこの時代の神と人間との関係を等身大に描こうとした作品である。ブラウンによれば、そのことは畢竟、「フォイエルバッハは眼前に横たわる既成宗教を見て、宗教以前の人間の生のある種の取り戻しを試みたのであった」。[5]

『宗教の本質に関する講演』では、「依存」がとりたてて強調されていたが、『神統記』では「願望（der Wunsch）」が強調される。「人間たちは欲求し努力し希求し意欲し願望する存在である。しかるに神々に人間たちの願望を仕上げまたは終わらせ、完成させ、成就させ、達成させ、実行させ、現実化させる存在である」[6]。そこから一歩進んで、「願望は神々の原初的現象である。願望が発生するところには神々が現われる、そうだ神々が発生する」[7]と表現され、或いは別の表現、「したがって神々は、自分たち自身が神々でありたいという人間たちの願望である」[8]となる。神々とは人間がこうしたい、ああなりたいと抱く願望だという。そうであれば、願望を否定すれば神も否定されることになる。しかし、フォイエルバッハは『神統記』のどこにおいても、願望を否定せよ、などとは述べていない。むしろ、その逆のことを力説している。彼は、かつて『宗教の本質に関する講演』の第二七講で、「願望」にまつわるヤコプ・グリム（Jacob Grimm, 1785-1863）の解釈を紹介したことがある。いわく、「グリムは願望（Wunsch）という言葉が、喜悦・歓喜、またはあらゆる種類の完全性を意味するWunjoから由来しているということを信じています。グリムはそれ故に、一三世紀の多くの詩人たちが願望を人格化し強力な創造的存在者として表現していることを、古代の異教的な用語法の残滓として考察しています。そしてグリムはその際、人々が一三世紀の多くの詩人たちのもとではたいていの場合、願望という名前の代わりに神という名前をおくことができるということを注意しています」[9]。願望＝神とすることにより、フォイエルバッハは神の存在を否定しないのである。むしろ、「人間がやむところで神が始まる。すなわち、能力の終わりが願望の始まりなのである（Wo der Mensch aufhört, da fängt Gott an, d. h. das Ende des Können ist der Anfang des Wunsches.）」[10]というようにして、人間と神との相互補完を行ない、神の存在を積極的に肯定する。ところで、人々が願望を抱く根拠は何か。これは実に単純なことである。生活、生存、およびそれを保障するための諸制度の維持が、その根拠である。願望発生すなわち神発生の根拠は、願望すなわち神それ自身にあるのでなく、日々生存する人間の側にある。そのことを指してフォイエルバッハは、「唯物論が神々の根拠および根原なのである（der Materialismus ist der Grund und Ursprung der Götter.）」[11]と結論づける。

このように神を唯物論的に説明するということがフォイエルバッハにとっていかなる意味をもつかは、すでに述べた通り、神の否定でなく、神の肯定という点にかかわるのである。彼は『神統記』において、『イリアス』を引用することにより、実はホメロスの時代やトロヤ戦争の時代でなく、もっとはるかに古い時代の「自然宗教」の本質を引き出し、これでもってギリシア以後の文明宗教の説明原理を確定せんとしているのである。そのことは特に『神統記』第二五章以降で明白となる。またそこでの主張は、百年の歳月を遡って、『フェティシュ諸神の崇拝』（一七六〇年）を執筆したド＝ブロスのそれと、ほぼ完全に一致するに至ったのである。フォイエルバッハは言う、しかし「自然宗教はまだ、形像と事象または思想との間に区別を設ける悟性の意味での寓意・比喩・形像について何も知らない（aber dieselbe weiß noch nichts von Allegorien, von Gleichnissen und Bildern im Sinne des zwischen Bild und Sache oder Gedanke unterscheidenden Verstandes.）」[12]。この主張は、フェニキア最古の神話叙述者サンコニアトン（Sanchoniaton）を典拠にしてプルタルコスを批判するド＝ブロスの主張と完全に一致する。[13]またフォイエルバッハは言う、「近代の抽象的な有神論の諸表象を古代世界を測るための尺度にし、そしてさて最も根原的な諸表象・最も直接的な諸表象・最も子どもらしい諸表象を迷信的な誤謬として宣言することは、なんという恣意であることだろう！」[14]ド＝ブロスもこれと同様の主張を自著の序文で以下のように行なっている。「現代の老練な神話学者たちは、地上で最もみすぼらしい物をあまりに高尚な方面から観察してきたため、それを深く考察しないか、さもなくばどのように利用したらよいかを心得ていない」[15]。こうしてド＝ブロスとの一致を示しつつ、フォイエルバッハは原初的信仰における神に関しても、事象＝根原 ⇕ 形像＝比喩の図式を採用することで、ド＝ブロス的な解釈を施す。すなわち、ド＝ブロス的フェティシズムにおいてはフェティシュ（神）とその信仰者（人間）とは交互の関係にあり、根原的には後者が前者を創る。これに対しフォイエルバッハ的自然宗教においては、願望（神）とその懐抱者（人間）は同等の本質で結びついている。ド＝ブロスのフェティシュもフォイエルバッハの願望も、ともに根原のもの、第一のもの、事象である。これを両者は神として肯定するのである。しかし、ド＝ブロスにおけるイドル（イドラトリ）、フォイエルバッハにおける宗教（自然宗教と区別された文明期のもの）はともに導出されたもの、副次的なもの、形像である。これを両者は事実と反するものと解釈し、とくにフォイエルバッハにおいては否定の対象とされる。

ただし、ド＝ブロスでは原初的信仰（フェティシズム）と文明宗教（イドラトリ）との間に共通の原理が存在しないのに対し、フォイエルバッハでは原初的信仰（自然宗教）と文明宗教（特にキリスト教）との間に共通の原理が存在する。ド＝ブロスにおいては、いったん人間と神との交互作用が破壊されると、フェティシズムは消滅し―遺制は別―、人間が神を創ったのではなくて神が人間を創り、高尚となった神に対する低俗な人間の一方的跪拝が強制されるという事態、すなわちイドラトリが出現する。ところがフォイエルバッハにおいては、人間と神との関係はもともと同一であるものどうしの内的関係であり、したがっていかなる事態が生じようとも神は人間を超越し得ない。ド＝ブロスにあっては、イドラトリの開始とともに神による人間の支配が始まるのだが、フォイエルバッハの場合は、キリスト教によって代表される「宗教」の開始は、神と人間との関係の「転倒」が始まるだけであって、関係そのものが破壊されたり消滅したりするのではない。神と人間との同一性は人々の宗教意識の深層に留まり、その転倒が表層で現象するのである。端的な同一性のもとにある信仰は、私が前節で名づけた低次の偶像崇拝、ポジティヴ・ゲッツェンディィーンストであり、転倒のもとにある信仰は、私が前節で名づけた高次の偶像崇拝、ネガティヴ・ゲッツェンディーンストである。フォイエルバッハがたんに「宗教」という場合、おおむねそれは後者を指す。

ところで、『神統記』において明白に体系化されることになったこの〈神＝人間の願望＝人間〉、〈神＝自然＝人間〉という構えは、実はすでに一八四一年の『キリスト教の本質』でまえ以って示唆されてあったものである。「依存」（『宗教の本質に関する講演』）とか「願望」（『神統記』）とかがとりたててキーワードとなってはいなかったものの、「第一のもの」・「根原的な神」＝「事象」の強調はすでに示されていた。いわく、

「聖者がもっぱら形像の中で尊敬され、神がもっぱら聖者の中で尊敬されるのは、人々が形像そのものや聖者そのものを尊敬するからである。ちょうどそれと同じように、神がもっぱら人間の肉の中で尊崇されるのは、人間の肉そのものが尊崇されるからである。神が肉になり人間になるのは、すでに根底において人間が神だからである」[16]。

この引用は『キリスト教の本質』の本文でなく、その「説明・注解・引用」部分からのものである。これを訳した船山信一は、その訳者注で次のように指摘している。「彼は『キリスト教の本質』をまだ自分の青年期に属するものとし、一八五七年の『神統記（中略）』を真に大人のものとして最も深く愛着している（カール・グリュン『ルードヴィッヒ・フォイエルバッハ往復書簡および遺稿』第二巻六〇頁—船山）のであるが、『神統記』においてギリシア・ヘブライ・キリスト教古代文献に関して広範にやったことを、『キリスト教の本質』の付録においてキリスト教の全文献に即してやっているのである」[17]。だから、或る意味では、『キリスト教の本質』だけしか読まずとも、フォイエルバッハの原始信仰観は推論的に理解できるのである。その際、キーワードは Götzendienst である。ポジティヴな面とネガティヴな面の二重

の意味をもったこの術語は、そのうちポジティヴな面においてド＝ブロスのフェティシズム論とほぼ一致しているのである。

この書物は一八四一年六月にライプツィヒの書店オットー・ヴィガント社から出版されたのだが、刊行直後、ドイツの或る青年哲学徒がこの著作を手に入れ、それとほぼ同時期にド＝ブロス著作の独訳版をも手に入れ、あい前後してこの二著作を読み、しばらくして自らの著作にFetischismusを用いるようになった。そして、この哲学青年が立派な大人になったとき、彼は自己の思想と切っても切り離せない重大な術語・概念にまで、Fetischismusの内容を深化させていたのである。その哲学青年とは、かのカール・マルクス（Karl Marx, 1818-1883）である。

［註］

（1）舩山信一『フォイエルバッハ全集』第一一巻解題、三八六頁。

（2）ハンス・イュルク・ブラウン著、桑山政道訳『フォイエルバッハの宗教哲学』、一六八頁。なお、本書訳者もまた『神統記』の意義を「訳者あとがき」で次のように述べている。「最後の段階の〈神統記〉の節では、フォイエルバッハは宗教的なものの本質を古代民族の神話のなかに探り、人間の生への『願望』こそが宗教の本質であると見て宗教を肯定的に規定したのである。すなわち古代人の宗教的願望はけっして現世否定を意味したのでなく、むしろこの世の生の積極的な肯定より良き生の享受を願うものであった。かれはここに宗教の真の根原的な意味を認めたのである」。同書、三〇七頁。

（3）L. Feuerbach, *Theogonie*, in *LFGW*, Bd.7, S.36. 舩山訳「神統記」上、『フォイエルバッハ全集』第一二巻、五八～五九頁。

(4)フォイエルバッハはホメロスの叙事詩が有する宗教思想上の意義について次のように述べている。「ホメロスは、根原的であってしかも少なくともホメロス以前のものである自然宗教を歪めたのではなくて、ただその自然宗教の謎を解いただけのことである。ホメロスはまたはただ、ちょうど解かれた謎が解かれなかった謎を歪めたのと同じように、ホメロス以前の自然宗教の謎を歪めただけのことである。なぜかといえばいかなる秘密もそれが解消されると共に、その秘密が認識されていない限りはその秘密の背後に隠れているように見える暗い神秘的な意味が消滅するからである」。L. Feuerbach, *Ibid.*,S.192. 船山訳「神統記」上、『フォイエルバッハ全集』第一四巻、三頁。
(5)ブラウン、前掲書、二〇四頁。
(6)L. Feuerbach, *Theogonie*, S.19. 船山訳「神統記」上、三三頁。
(7)*Ibid.*, S.33. 船山訳、同上、五三頁。
(8)*Ibid.*, S.54. 船山訳、同上、八五～八六頁。なお、フォイエルバッハが願望＝神という設定をなしたとはいえ、ここで述べられる願望はけっして超自然的なものではない。そのことについてフォイエルバッハ自身、『神統記』中で次のように述べている。「願望はたしかに宗教の根原・神々の根拠であり、そして願望そのものは人間から由来する。しかし願望の対象は外的自然から由来し感官から由来する。なぜかといえば人間は根原的にはなんら空虚な願望・超自然主義的な願望・空想的な願望をもたないからである。人間はなんらそのような願望をもたない！　すなわち、人間の感官の対象は、また彼の願望の対象でもあるのである」。*Ibid.*, S.180. 船山訳、同上、二八四頁。また、ブラウンは次のように説明している。「フォイエルバッハによれば、人間はもともと超自然的な願望など持たない。人間の願望は、人間の生存やその生と環境との関係から生じるこの世の具体的で充実した願望であり、人間が自分の生と自分の家族の生存を実際に確保することに関係した願望である」。ブラウン、前掲書、一八〇頁。

（9）L. Feuerbach, Vorlesungen über das Wesen der Religion, in *LFGW*, Bd.6, S.280f. 船山訳「宗教の本質にかんする講演」、『フォイエルバッハ全集』第一一巻、二六六頁

（10）L. Feuerbach, *Theogonie*, S.69. 船山訳「神統記」上、一〇九～一一〇頁。

（11）*Ibid.*, S.92. 船山訳、同上、一四四頁。

（12）*Ibid.*, S.193. 船山訳「神統記」下、五頁。

（13）ド＝ブロスもまた、例えば「聖書の描写からわかることは、それ（エジプトの動物崇拝）は象徴的でも寓意的でもなく、純粋に直接的な動物崇拝である」としている。Charles de Brosses, *Du Culte des Dieux Fétiches, ou Parallèle de l' ancienne Religion de l' Égypte avec la Religion actuelle de Nigritie*, p.97. Christian Brandanus Hermann Pistorius, *Über den Dienst der Fetischengötter, oder Vergleichung der alten Religion Egyptens mit der heutigen Religion Nigritens*, Berlin und Stralsund, 1785, S.69f.

なお、本文中に記したように、フォイエルバッハはエウセビオスの『福音の準備』をも読み知っていたのだから、当然、ビブロスのフィロンによってギリシア語に翻訳されたサンコニアトンの断片をも読んであったと考えてよい。

（14）L. Feuerbach, *Theogonie*, S.123. 船山訳、同上、一七三頁。

（15）De Brosses, *ibid* , pp.11-12. Pistorius, *ibid* , S.6. また、本論中でド＝ブロスは、野生ないし先史の諸民族の「思想様式を推論するに際しては、我々の観念を彼らになすりつけることのないよう、十分に警戒しなければならない」としている（*Ibid.*, p.200, S.150）。また「野生人にプラトンとかデカルトなみの頭脳を添える人々が、はたして賢明な判断者であろうか」とも述べている（*Ibid.*, p.196-197, S.147）。

（16）L. Feuerbach, *Das Wesen des Christentums*, S.520. 船山信一訳『キリスト教の本質』下、三二一～三二三頁。

（17）船山信一『キリスト教の本質』訳者注、船山訳、同上、三七六頁。

Ⅲ Sache（事象）とBild（形像）との関係

第八章　フォイエルバッハの現代性
――Sache（事象）とBild（形像）との関係をめぐって

一　「現代性」の意味によせて

ディドロ研究者の中川久定は、『ディドロの〈現代性〉』（河合ブックレット、一九六八年）の中で、このフランス啓蒙思想家の没二百年を記念することの今日的意味に関連して、彼の著作が現代人にもなお「喜び」を与え、ある種の「規範的な力」をもって現代人に迫ってくると述べている。ディドロをめぐる中川のそのような発言を、私は、いま熱心に研究している思想家、ルートヴィヒ・フェイエルバッハ（一八〇四～七二年）の理解を深めるに際して、そっくりそのまま借用したい。

現代の人々には苦痛しか与えないような思想、もはや規範的な力を喪失してしまった思想といえば、昨今では何よりもまず旧ソ連・東欧のマルクス主義が指摘される。なるほど、ウア・マルクス（マルクス本人）と区別された二〇世紀の諸マルクス主義に対するそのような否定的評価がベルリンの壁崩壊以降急速に強まったのは事実である。

だが、ウア・マルクス思想はなお依然として人々に喜びを与え、或る規範的な力を示してくれることを確信して疑わない現代人は然るべき根拠をもって存在している。いやそれどころか、かつて多くの社会主義者たちがマルクスに乗り越えられた過去の人物と推断していた思想家について、こんにちなお或る種の先代性を備えていると主張する人々が少なからずいる。こちらの主張は、マルクス主義が急速にその勢いを喪失したから強まったのでなく、それ以前においてむしろマルクス主義諸派が左翼思想界で強大だった頃、その多くが党同伐異に汲々としているさまにあきれて持ち出されてきたものであった。だが、こちらの主張の根本的な内実は、マルクス主義の盛衰いかんに拘らず、それ以外の諸思想にも現代人に喜びを与え、或る規範的な力を示してくれるものが少なからず存在している、ということなのである。

そのような思想家の一人として、今回、フォイエルバッハについて語る。彼の思想は、人心荒廃と環境破壊の極みに向かいつつあるこんにちにおいて、自然と人間との結びつき、あるいは「人間の中の自然」といった諸問題を考えるのに、たいへん示唆に富むものである。いまはその一例として、私の関心に即した問題、原始信仰の評価をめぐるフォイエルバッハの〔人間─自然〕観を紹介してみたい。

二　人間の中の自然

フォイエルバッハは、オリエントの諸神について、例えばユダヤ教ではモーセ（前一五〇〇年頃ないし前一三〇〇年頃）以前と以後において、イスラム教（正確にはアラビアの原初的信仰）ではムハンマド（七世紀前半）以前と以後において、或る重大な区別を施している。

フォイエルバッハは、『宗教の本質に関する講演』（一八四八年一二月～四九年三月、一八五一年刊行）

の中で、次のように述べている。「コーランの神は、旧約聖書の神と同様、自然（Natur）または世界（Welt）である。それは偶像のような、人工的で死んでいて、作られた存在ではなく、その反対に実際的な、生きた存在である。しかし、例えばムハンマド以前のアラビア人たちが尊崇した石のごとき、世界の一断片（ein Stück Welt）とか自然の一断片（ein Stück Natur）でなく、分割されない、まるごとの大自然である」[1]。この引用文から推測できることは、ムハンマド以後のアラビア人やモーセ以後のヘブライ人はまるごとの自然を神として尊崇し、それ以前の人々は自然の一断片を神としていた、ということである。

だがフォイエルバッハは、この発言をする八年程前に刊行した『キリスト教の本質』（一八四一年）の中で、ヘブライ人の信仰に関し次のような評価を下していた。「信仰は神の礼拝（モーセ以降の信仰）と偶像崇拝（モーセ以前の信仰）との間の区別以外のどんな区別をも知らない。ただ信仰だけが神に名誉を与える。不信仰は神に相応しいものを神から取り去る。不信仰は神に対する侮辱であり、大逆罪である。異教徒は鬼神（Dämone）を尊崇する。異教徒の神々は悪魔（Teufel）である。（中略）悪魔は神を憎み、なんらの神も存在しないことを欲する。こうした信仰は、偶像崇拝の根底にもまた横たわっているところの善や真（das Gute und Wahre）に対して無理解である。こうして信仰は、自分の神に―すなわち自分自身に―服従しないあらゆるものの中に偶像崇拝を認め、そして偶像崇拝の中にはただ悪魔の仕業を認めるだけなのである」[2]。

こちらの引用文に見られる偶像はポジティヴに解説されている。そこで、以上の二引用文に見られる神・自然・偶像の関係を例えばユダヤ教において整理すると、次のようになる。第一、モーセ以前の族長時代、原ヘブライ人は他のオリエント諸民族に倣って石など自然の一断片を神に選ぶ信仰を抱いていて、そこにはそれなりの善や真が含まれていた。ところが第二に、モーセ以降、まるごとの自然を神とする信仰が勝利を占めると、もはや自然の一断片や人工物を神とする信仰は邪教として排斥され、悪魔扱いされるに至った、ということであろう。

しかしフォイエルバッハには、たとえ断片的であれ自然を神と崇める偶像崇拝は、後世のキリスト教と比べたならけっして邪教でなく、むしろキリスト教の方こそ神＝自然を忘却した観念であるように思えるのである。彼は『宗教の本質』（一八四六年）の中で、次のように述べている。「私の尊敬の対象の品位が高まるとともに私自身の品位が高まるのである。神を太陽や月や星辰を超越した存在者として尊敬している人は、自分自身を太陽や月や星辰の上に高めている人なのである。キリスト教徒たちは、異教徒たちは人間を卑下するといって彼らを非難した。なぜかといえば、人間の下に存在し、かつ、たんに人間によって利用され使用するためにそこに存在したにすぎないような自然に対して、異教徒たちは神的な尊敬を捧げたからである」(3)。

この引用文から解釈できることは、キリスト教徒は人間を自然より一段高い存在と見做している、ということである。あるいは、キリスト教徒は自然を人間の足下に貶めているということでもあろう。キリスト教徒のこのような自然観を、フォイエルバッハは激しく非難する。それに対して、太古の偶像崇拝者の自然観を弁護するのである。そしてまた、前者のごとき堕落せる自然観が生ずる歴史的起点として、フォイエルバッハはモーセの時代に注目する。「たとえ時が経つとともにヤーヴェの概念が個々人の頭の中で広がっていき、そしてヤーヴェの愛が―ちょうど『ヨナ記』の著者にとってのように―人間一般に広げられたとしても、しかもなおこのことはイスラエル教の本質的な性格には属さないことである。父祖たちの神（der Gott der Väter 族長時代の偶像のこと）―最も重要な想い出はこの神に結びついている―または古代の歴史的な神（der alte historische Gott）が依然として常に宗教の基礎である」(4)。

フォイエルバッハは、太古人は自然の一断片を己が神に選んでいたと考えるのだが、そのような内実をもった〔人間―自然〕関係を、私は〔人間の中に入った自然〕とか〔人間の中の自然〕と表現したい。

三　seirim（毛深いもの）とhebel（空しいもの）

原初的信仰についてフォイエルバッハがそのように述べるからには、ここでしばし旧約聖書に立ち入って、その中に父祖たち・族長たちの神がいかように残存しているかを確認してみよう。ただし、モーセ以後相当歳月を過ぎて整えられた旧約聖書には、族長たちが信仰していた神々は、悉くヤーヴェによって非難・攻撃されるかたちで登場してくる。

例えば、レビ記一七―七には、イスラエルの人々が「かつて、淫行を行なったあの山羊の魔神に二度と献げ物をささげてはならない」[5]とある。ここに出てくる「山羊の魔神」は、ラテン語訳旧約聖書（マドリッドで現在発行されているビブリア・ウルガタ）ではdaemonibusとなっている。[6]その意味は「魔神」「悪霊」であろう。さらに、この語をヘブライ語原典（キッテル編『ビブリア・ヘブライカ』）で確認しラテン文字で記すと「セイリム」（seirim）となっている。[7]ゲゼニウスの『ヘブライ・アラム語（・ドイツ語）辞典』にこのヘブライ語の意味を問えば、[8]フォイエルバッハがなにゆえにモーセ以前の、族長たちの神をポジティヴに評価し、モーセ以後の、とくにヘレニズム時代以降のユダヤ教をネガティヴに語ったかということの根拠が判明する。

すなわち、ここに引いたseirimとは、「毛深いもの、山羊」、総じて「有毛の動物」という意味をもつ。レビ記の中でヤーヴェがモーセに伝言している戒めは、ヘブライ語にあっては端的に「動物を崇拝するな」ということである。ここにいう動物神の、族長時代における意味は文字通りのものであり、それ以外のいかなる意味も含んではいなかった。悪霊とか魔神とかは、ヤーヴェに対する諸神の、いわば総称として、のちの時代のユダヤ教徒がオリエントの動物神一般に比喩的にあてはめた派生の意味である。〔あと知恵（afterthought）〕の類である。

ところが、例えばアレキサンドリアのフィロン（前二〇／一〇〜後五〇年頃）の時代ともなると、seirim に含まれる概念は、その本来の意味よりも比喩の方が肥大化し、重要視されるようになり、ついには比喩が一人歩きしてしまう。その先駆的な例として、旧約聖書のエレミア記六〜一九・二〇がある。その中には、預言者エレミア（前七世紀中頃〜前六世紀初）が述べた言葉として、次のものが綴られている。「主よ、私の力、私の砦／苦難が襲うときの逃れ場よ。／あなたのもとに／国々は地の果てから来て言うでしょう。／『我々の先祖が自分のものとしたのは／偽りで、空しく、無益なものであった。／人間が神を造れようか。／そのようなものが神であろうか』と」[9]。

ここに出てくる「偽りで、空しく、無益なもの」をラテン語訳版旧約聖書で確認すると vere mendacium となっている[10]。vere とは「真に」とか「実際通りに」の意味で、mendacium とは「虚偽」とか「錯覚」の意味である。この箇所をさらにヘブライ語版旧約聖書において確認しラテン文字で記すと、「へベル」（hebel）とある。その意味は「空」「空しい」「無きもの」等であり、悪霊の住まう所ということでもある。ところが、この hebel なる語には、上述の一連の意味とは別に、もう一つ「偶像」という意味も備わっている。ゲゼニウス編の『ヘブライ・アラム語（・ドイツ語）辞典』の当該項には、明確に Götzen と記してある[11]。これに対し前述の seirim の項には Ziege（山羊）とか Haarige（毛深いもの）とかいうドイツ語が並んでいるだけである[12]。こうして族長時代の神は、「善なるもの、真なるもの」という元来の内実を削がれ、代わって「空虚」とか「悪霊」とかへと変身させられたのであった。

それればかりではない。フォイエルバッハはユダヤ教から派生したキリスト教を、むしろ積極的に、神の言葉という偶像を信仰する〔負の偶像崇拝〕として非難し、反対に族長時代までの動物神信仰ないし原アラビアの岩石信仰を〔正の偶像崇拝〕として弁護するという構えで、大々的に、生涯を通じてキリスト教批判を貫徹していくのであった。なお、偶像崇拝に関する〔正〕とか〔負〕とかの区別は石塚による。

四 Sache（事象）とBild（形像）

フォイエルバッハのキリスト教批判の根底には、したがって、この宗教に見られる、人間の対自然観があった。たとえ断片のものであれ個物であれ、自然それ自体を尊崇の対象とし、かつ、時にはこれと対等に向き合い、ことによったならその対象を打ち叩くことすら辞さない人々を、フォイエルバッハは先史においてのみならず、彼と同時代の他の地域にも発見する。一九世紀中葉のヨーロッパで盛んとなった民族学的・人類学的研究に注目することで、フォイエルバッハはメキシコやオリノコ河畔、パタゴニア等の中南米先住民の崇拝する神々を識り、北方のグリーンランドやラップランドの先住民に支えられる自然神を識った。そうして『宗教の本質』（一八四六年）で、自然と神との関係について次のように定義することになる。

「ただし現実においてはまさに逆に、自然は神よりもいっそう先に存在する。すなわち具体的なものは抽象的なものよりもいっそう先に存在し、感性的なものは思惟されたものよりもいっそう先に存在している。もっぱら自然的に事が進む現実においては、模写が原像に続き、形像（Bild）が事象（Sache）に続き、思想が対象に続く。しかるに、神学の超自然的奇跡的な領域においては原像が模写に続き、事象が形像に続く」[13]。

こう述べておいて、フォイエルバッハは別の機会すなわち『宗教の本質に関する講演』（一八四八〜四九年に講演し、一八五一年に出版）には、キリスト教に関し、神の言葉は形像であると前提した上で、「もし形像崇拝（Bilderdienst）が偶像崇拝（Götzendienst）であるならば、そのときはキリスト教徒たちの、神に対する精神的な崇拝もまた偶像崇拝である」[14]としている。

フォイエルバッハによれば、モーセ以前・族長時代までの原ヘブライ人やムハンマド以前の原アラビア人、それからいわゆる「未開」のままで一九世紀に至った諸大陸の原初的信仰者たちは事象を崇拝しているが、それ以外あまたのいわゆる「文明人」、とりわけキリスト教徒は形像を崇拝しているということである。

ところで、ここにいう事象とは、根原的には「自然」の謂である。またここにいう形像とは、自然の模写ないし比喩たる「神」の謂である。模写ないし比喩としての神は、ヘブライ語では hebel に相当するであろう。これに対し自然そのものである神は、ヘブライ語では例えば seirim であろう。この二語をフォイエルバッハの文脈において換言すれば、hebel は Bild であり seirim は Sache となる。ところで seirim も hebel も、ギリシアやラテンの文化圏をくぐり抜けると、そろって「偶像」となる。すなわちギリシア語では εἴδωλον（eidolon）、ラテン語では idolum となる。そのうちギリシア語の「エイドーロン」は、私の手元にあるランゲンシャイトの『古代ギリシア・ドイツ語辞典』によれば、Abbild（模写）・Schattenbild（影像）・Traumbild（幻像）・Trugbild（錯覚）そして Götzenbild（偶像）のことだとされる[15]。

そのようなギリシア・ラテン文化を素材にして成立したヨーロッパ文化では、したがって hebel も seirim もともにイドルと訳され、ドイツ語ではゲッツェンの一語で表現されるに至ったのである。しかしそこに二重の意味が含まれていることを、フォイエルバッハは一八四一年刊の『キリスト教の本質』ではやくも見抜き、一八四六年刊の『宗教の本質』、一八五一年刊『キリスト教の本質に関する講演』、そして一八五七年刊の大著『神統記』で、学的に考察しきったのであった。[16]

五　フォイエルバッハ思想の現代性

モーセ以前の原ヘブライ人の seirim 信仰やムハンマド以前の原アラビア人の岩石信仰のことを、フォイエルバッハは「我々の意味では何ら宗教ではないもの」と定義し、「まさにそういうものが最初の宗教であり根原的な宗教である」（「ルドルフ・ハイムへの返答」一八四八年）としている。[17] 人間が自然と直接向き合い、人間が己れの中に自然の一部（seirim）を取り込むということは、フォイエルバッハにとって厳密な意味では宗教ではない。seirim 崇拝としての Götzendienst は宗教でなく、自然と人間との間の対等な関係にして、交互的な運動を指している。「自然は何らの始めももたなければ、何らの終わりももっていない。自然におけるすべてのものは交互作用をなしており、すべてのものは相対的であり、すべてのものは同時に結果であり原因であり、自然におけるすべてのものは全面的であり相互的である」（『宗教の本質に関する講演』）との発想、[18] これはヘーゲルとは次元を異にしたフォイエルバッハならではの自然哲学である。フォイエルバッハがポジティヴな意味で弁護する偶像崇拝＝ Sache への信仰すなわち seirim 信仰は、実は人間と、その人間の中に取り入れられた自然の一部との間の、交互運動のことを意味していたのである。

とはいえ、ここに言う自然の一部は、それを信仰する者には神として出現し、そうであるからには「神であるもの、宗教的尊敬の対象であるものは、何ら事物（Ding）でなく、存在者（Wesen）である」（『宗教の本質に関する講演』）と結論されることになる。[19] 原初的信仰者にとって自然がたんなるDingでなくWesenであることの意味を私なりに敷衍して解釈すれば、原初的信仰者が神に選びとる自然物は外的な物（Ding）でなく、内的な、人間の中に入った、人間の中の存在者（Sache）なのである。

そのような意味での自然―Wesenとなった Ding、すなわち Sache―を、近代人はまったく忘却しているのである。フォイエルバッハは次のように憤慨する、「近代の抽象的な有神論の諸表象を古代世界を測るための尺度にし、そしてさて最も直接的な諸表象、最も子どもらしい諸表象を迷信的な誤謬として宣言することは、なんという恣意であることだろう！」（『神統記』）と。[20] 先史人のseirim信仰は下等な宗教で、文明人の唯一神信仰は高等な宗教だという論理は、フォイエルバッハの採らないものである。むしろ反対に、形像崇拝としてのキリスト教は自然を人間以下に貶める〔転倒の論理〕だとし、『宗教の本質』でこう語る。「人間は諸事物の自然的秩序を転倒する。人間は最も本来的な意味で世界を頭でたたせる。人間はピラミッドの先端をピラミッドの土台にする」。[21]

この種の転倒は、フォイエルバッハが活躍した一九世紀からゆうに百年は経過した現在においても維持されている。当時と現在とで変化したことといえば、かつての hebel, Bild が有神論の神であったのが、いまはその神の座に「無謬」の科学が鎮座していることである。

ギリシア時代にはやくも自然は人間から区別され、人間によって観察され加工される対象となっていたが、ゲルマン・キリスト教的中世においては、自然はもはや人間の支配を受ける対象にまで貶められるに至った。中世キリスト教世界では、〔神―人間〕の関係では神中心だったが、その下位におかれる〔人間―自然〕の関係でははっきりと人間中心主義だったのである。ところがルネサンス期に入ると、この二つの関係のうち上位の、前者の関係は清算され、神はせいぜい人間の頭を飾るシャッポとなった。それに代わって下位の後者の関係のみ俄然強固となった。人間が自然を単独支配するというこの構図こそ、近代科学主義（scientolatria）と対をなす実体なのである。ルネ・デカルトとフランシス・ベーコンを経てこんにちに至って、科学崇拝（シエントラトリ）はその極点に達している。

だがしかし、ルネサンス晩期にドイツのザクセンに出現したマルティン・ルターは、ルネサンス人とは微妙に違った、しかし彼らとは決定的にパラダイムを異にしたかたちで、〔神―人間〕関係の清算を果たした。彼は、神を人間の頭上高くに君臨するものとしては否定したが、神一般を否定したのでなく、これを人間の心の中に入れたのである。この行為はルター以後、hebel としての神を破壊する一九世紀の宗教改革者を生み出すもととなる。

ルターに始まる本来の宗教改革は、カトリック教会という Bild を破壊し、キリスト教の権威＝神を偶像崇拝から解き放った。解き放たれた神は人間の心中に入ったのであった。しかしこの行為は、フォイエルバッハにしてみれば、神の、Bild から Sache への復帰を意味する。ルターが神を人間の中へ入れたという行為は、フォイエルバッハにすれば、実は自然を人間の中に入れたことに相当する。そしてまた、人間の心中に入った自然は Ding でなく Wesen であり、いっそうフォイエルバッハらしく形容するなら Gattungswesen（類的存在者）となったのである。裸の自然、人間と無関係の自然は Ding にすぎないとしても、人間と向き合い、さらには人間の中へ入った自然は人間の本質と一致し、これと同一のものを表現するに至ったのである。

　ここにおいて、フォイエルバッハ思想の現代性は如実のものであることが判明した。彼の思想は、ヨーロッパ近代の曙を告げるルネサンスと宗教改革がともに行なった神中心主義の清算における、後者の完成者の位に立っているのである。前者はシエントラトリを産み出し、神に替えて科学を新たな偶像(hebel)に立てた。〔負の偶像崇拝＝イドラトリ〕の更新である。しかし後者はついにフォイエルバッハにおいて〔正の偶像崇拝＝フェティシズム〕を復活させ、神をseirimに復帰させることによって宗教の終焉を導いたのであった。そのあとに残された仕事―つまり我々現代人の任務―は、この世にいま一つ醜態をさらしているhebel, Billたる科学をも、seirim, Sacheに転化させることである。我々に託されたこの偶像破壊の行為は、モーセ以降の文明社会に絶えず要求され続けてきた或る種規範的な力を備えたものであり、hebelの破壊は人々に喜びを与えてくれるものである。

　かように、フォイエルバッハ思想の現代性は如実なのである。

[註]

(1) Ludwig Feuerbach, Vorlesungen über das Wesen der religion, in *Ludwig Feuerbach Gesammelte Werke*〔以下*LFGW*と略記〕, Bd.6, hg. v. W. Schuffenhauer, Berlin, 1969, S.357.
(2) L. Feuerbach, *Das Wesen des Christentums*, Reclam, Stuttgart, 1974, SS.380-81. *LFGW* Bd.5, S.423.
(3) L. Feuerbach, Das Wesen des Religion, in *LFGW*, Bd.10, S.120.
(4) L. Feuerbach, *Das Wesen des Christentums*, *LFGW* Bd.5, S.217.
(5) 新共同訳・聖書、日本聖書協会、一九八九年、一八九頁。
(6) *Biblia Sacra iuxta Vulgatam Celementiam*, Madrid 1977. Leviticus 17-7.

（7）R. Kittel（hg.）, *Biblia Hebraica Stuttgartensia*,1906（1937, 51）.

（8）*Wilhelm Gesenius' Hebräisches und Arämisches Handwörterbuch über das Alte Testament*, Berlin, 1962, S.173.

（9）新共同訳・聖書、一二〇八頁。

（10）*Biblia Sacra iuxta Vulgatam Celementiam*, Ieremias 16-19, 20.

（11）*Wilhelm Gesenius' Hebräisches und Arämisches Haendwörterbuch*, S.173.

（12）*Ibid.*, S.789.

（13）L. Feuerbach, Das Wesen des Religion, in *LFGW*, Bd.10, S.28.

（14）L. Feuerbach, Vorlesungen über das Wesen der religion, in *LFGW*, Bd.6, S.211.

（15）Vgl, *Langenscheidts Taschenwörterbuch. Altgriechisch-Deutsch/Deutsch-Altgriechisch* , 1990.

（16）詳しくは以下に記す拙著を参照。『フェティシズムの思想圏―ド＝ブロス・フォイエルバッハ・マルクス』世界書院、一九九一年。『フェティシズムの信仰圏―神仏虐待のフォークロア』世界書院、一九九三年。

（17）L. Feuerbach, Das Wesen des Religion, in *LFGW*, Bd.10, S.338.

（18）L. Feuerbach, Vorlesungen über das Wesen der religion, in *LFGW*, Bd.6, S.115.

（19）L. Feuerbach, Vorlesungen über das Wesen der religion, in *LFGW*, Bd.6, S.62.

（20）L. Feuerbach, *Theogonie*, in *LFGW*, Bd.7, S.293.

（21）L. Feuerbach, Das Wesen des Religion, in *LFGW*, Bd.10, S.55.

第九章　唯物論（materialism）の語原は母（mater）である

一　訳語「唯物論」への疑念　――はじめに――

先般（一九九八年三月二二日）、専修大学神田校舎でフォイエルバッハの会が開かれた。この研究交流会では、儀同保がフォイエルバッハと唯物論という問題設定で、また神田順司がヘーゲル主義時代のフォイエルバッハという枠組みで報告した。第一報告者の儀同は一九二六年生まれで独学の徒であり、司法試験もそのようにして合格し、ながらく弁護士をして来た。その儀同は報告で進化論、とくに人類の脳の発達について詳しい解説を行ない、例えば、我々の思考や判断などは夥しい数の脳細胞の組合せによって生まれるのではないか、という予見を示した。

発表後の討論で儀同は、「唯物論」という術語に言及し、これはきわめてまずい訳語であると指摘した。その見解に対して第二報告者の神田は、ドイツではそうした言葉の多くは生活に根ざしていたのに日本語に訳されると生活から切断され意味を狭められたり歪められたりしている、と述べた。一九七〇年に大学生となった神田は、儀同と対照的に大学等の研究機関で歴史学と哲学を修得し、慶応大学に就職後ドイツで四年間ヘーゲルおよびヘーゲル左派の研究に勤しんで来た。日本語でよりもドイツ語で論文を執筆する機会の多い神田は、「唯物論」の訳語に関する儀同の見解に十分な重みをもって賛同したのである。

交流会の席上、唯物論について造詣の深い研究者たちが様々な意見を語った。城塚登、山中隆次、河上睦子、服部健二、澤野徹ほかである。例えば、「唯物論」の訳語は、すでに用いられていた「唯心論」という訳語に対応するようにして使われたのではないか、最初の訳者は堺利彦あたりか、等々。その折り私は、「唯物論」の原語に含まれるもともとの意味に関連させて、materialism には mater すなわち「母」がいる、と発言した。日本でも「母なる大地」と言ったりするように、物事のおおもと、あらゆるものが生まれ出る根本としての物質的基盤は「母」ないしその神格「母神」に関連づけられることが多い。materialism という語もその一つに違いない、というのが私の見解である。そこで、materialism に含まれる mater について、以下で私見を述べてみることにする。

二　最新刊の『哲学・思想事典』に読まれる記事から

フォイエルバッハの会が開催される数日前、岩波書店から新刊『哲学・思想事典』が、青木書店から新刊『マルクス・カテゴリー事典』が送られてきた。高価な書物だがともに項目執筆者である私への献本である。執筆したのはほんの僅かの項目にすぎないのに申し訳ないが、またたいへんありがたい。さっそく研究に役立てて活用したい。

まず岩波書店の『哲学・思想事典』を開いて佐々木力の担当になる「唯物論（materialism）」の項目を読んだ。冒頭に定義が記されている。「事物の観念ないし精神ではなく、その根底にあると考えられる素材的なものを重視するものの見方」[1]。それに続く記述はインド、西洋にわかれ、後者はさらに哲学的唯物論とマルクス主義的唯物論に細分されている。その中で佐々木は、西洋の materialism の語原として明確にこう記述している。「母、源などを意味するラテン語の mater に淵源する、質料、素材、根原、物質などの意味をもつ materies ないし materia に由来する」。「唯物論」の語原に関する佐々木の解説は的を射ていて、十分満足できる。

それに対して青木書店の『マルクス・カテゴリー事典』にある田畑稔執筆の項目「唯物論」は、語原に関する説明をしていない。[2] こちらは「唯物論」一般についてでなく、マルクス思想のカテゴリーに焦点を合わせた記述なので、語原に言及しなかったのだろう。しかし、マルクスは晩年になってモーガン・バッハオーフェン・ラボック等を通じて先史の「母権」「母」を読み知り、社会的事物や制度、観念の根本としての mater を捉えることになるのである。したがって、私はマルクスの唯物論ないし唯物史観を理解する上にも、materialism の語原としての mater は是非とも検討すべきと考える。

私がそのような問題に関心をもったきっかけは、元熊本女子大学教授で恩師の故布村一夫（一九一二～九三）との対話である。布村は、一九八〇年代から九〇年代初にかけての晩年に、熊本市から東京にでてきてはよく私を新宿の喫茶店に誘った。そして私にマンツーマンでたくさんの講義を授けた。毎回特にテーマを立てていたわけではないものの、その講義の一つに「唯物論」があった。九〇年代に入ったばかりのあるとき、布村は私に概略こう話した。バッハオーフェンの探り当てた「母権」はギリシアが都市国家になる前の、先史氏族社会の原理だったが、その原理は物質的なのであって、のちのプラトンが言い出した観念的なものとは違う。その意味で唯物論は先史ギリシアの母権あるいは母性と深く関係していて、またラテン語起原の materialism にはちゃんと母 mater がいる。そのうち君なりに本格的に調べてみたまえ。

この教えに対して、私は今までほとんど何も調査研究してこなかった。けれども、先日フォイエルバッハの会で、さしたる根拠を示さないまま、ふと materialism の中には母 mater がいると発言してしまった。思想史研究者のはしくれとして、これのみで済ますのはよろしくない。恩師との約束も反古にしたままだ。力及ばずともなにがしかの議論は提起せねばならない。そこで、とりあえず、以下の二点に関して解説してみたい。一点目、唯物論はギリシア人に先行して地中海沿岸で活躍したアジア系諸民族、例えばペラスゴイ人やフェニキア人の生活原理にして謂わば「母主義」だったこと、そして二点目、観念論あるいは唯心論はフェニキア人などの後に地中海を支配しだしたギリシア人とかローマ人の生活原理にして謂わば「父主義」だったこと。力点はむろん、第一点目におかれる。

三　唯物論はフェニキアから、観念論はギリシアから

佐々木は、古代ギリシアで最初の唯物論者をミレトス学派のタレス（前六二四頃～前五四六頃）としている。それは通説であって、現在のところ間違いではない。しかしタレスの活躍した小アジアの都市ミレトスはエーゲ海に面してはいるものの地理的にはアジアに属する。ギリシア人の一派イオニア人が住み着いてはいたものの、その地は元来アジアであった。前五世紀ミレトスの南方ハリカリナソスに生まれたヘロドトスは、ギリシア人に土地を占領されてしまったミレトス付近の先住民および周辺の異民族について、こう語っている。

「さてこれらのイオニア諸都市の内、ミレトスはペルシアと協定を結んでいたから、脅威を感ずるこ

とはなく、また島に住む者にも怯える理由は何もなかった。当時はまだフェニキア人はペルシアに従属しておらず、ペルシア自体は海軍国ではなかったからである。（中略）イオニア人中最も高貴な血統を誇る一団があるが、彼らは移住の際女を連れてゆかなかったので、彼らの手によって両親を失ったカリアの女を妻としたのであった」(3)。

ここに記されている「フェニキア人」はミレトスの周辺異民族で、「カリアの女」とはミレトス付近の先住民である。またミレトスのギリシア人は、小アジア内陸全体を支配するアジア最大の陸の王者ペルシア人と同盟を結んでいた。このように、ミレトスのギリシア人たちは血統の上ではカリア人と混血し、政治の上ではペルシア人と同盟し、経済の上ではフェニキア人と利益を分け合っていたのである。そのようなギリシア人であれば、生活原理や思考様式をアジア諸民族と共有していたと考えて、不自然なことは一つもない。それにもかかわらず、タレスらイオニア学派ないしミレトス学派の唯物論的な自然哲学をヨーロッパの哲学・思想の出発点とするのは、はなはだ奇妙なことである。

私は、唯物論的世界観は、ギリシア人（ヨーロッパ人）としてのタレスに始まるのでなく、エーゲ海人としてのタレスへと発展的に継承されたカリア的ないしフェニキア的世界観、総じてアジア的な世界観だと考える。一九世紀ドイツの哲学者フォイエルバッハはこう言っている。「唯物論が神々の根拠および根原である」(4)。この発言は、エウセビオスが収集してくれたおかげで今日にまで伝えられたフェニキア神話を読んでみた私には、ごく自然に納得できる。神ないし神性の始元（mater）は物質（materies）なのである。

カエサレアのキリスト教会史家エウセビオス（二六〇頃〜三三九頃）がいろいろな逸文・断章を編集してつくった著作『福音の準備』には、古フェニキアの著述家サンコニアトン（前一三世紀頃?）の著述が含まれている。エウセビオスの解説にしたがってそれを読むと、宇宙の始元は「雲と風とをともなった暗闇の大気、いやむしろ曇った大気の突風、およびエレボスのごとき暗闇の、濁ったカオスであったと想像している。（中略）風がそれ自身の両親に魅せられると、混合が起こり、その交わりは欲求と呼ばれた。これが万物生成の開始であった」。さらにサンコニアトンによれば、風たちの交わりからモト（Mot）すなわち泥（mud）が生まれ、それが破裂して光、太陽、月、星が生成した。また、風コルピアスとその妻バーウとから「いわゆる死すべき人間たるアイオーンとプロトゴノスが生まれた」(5)。

こうして先史のフェニキアでは、まず最初に自然物が文字通り自然に生成したのである。そこに神は介在しない。天地開闢である。神はむしろ自然に備わるものの一断片を素材（mater）にして人間がつくる。自然界にはこうして自然と人間と、その人間がつくった神が共存することになるのだった。フェニキア人の生活原理は唯物論だった。ただし彼らの世界は、ただ物だけの世界でなく、さまざまな神や神性を次々と産み出す世界であって、唯物的な生活を信条とするフェニキア人であればこそ、たくさんの神々を崇拝したのだった。

ところで、紀元後にエウセビオスが採集したフェニキア神話は、もはやフェニキア語で書かれたものでなく、ギリシア語に翻訳されたものだった。周知のようにギリシア人はフェニキア人居住地を征服していく。アレクサンドロス軍はその作業を完成する。その結果、フェニキア人の歴史は地中海史から抹殺されるか、過去は極度に歪曲されることになった。その過程で、フェニキア神話の主語と述語が転倒する。つくったものがつくられたものに、つくられたものがつくったものに、ひっくり返ったのである。フェニキアでは人間だった者がギリシアでは神に祀られる。あるいは、もともとフェニキアやカリアに発生したものだったのが、反対にギリシアに発生して周囲に伝播したことにされてしまう。

ギリシア人は神観念を含め、先行民族の創り出した文物制度を己が発祥と偽り、己が発案になるものを人類最古のものと詐称した。その一つがプラトン哲学である。岩波書店の『哲学・思想事典』の「観念」の項目（冨田恭彦執筆）を読めば、プラトン的イデアは「感覚的なものと明確に区別された可想的存在であり、事物の本質そのもの」である。そして「宇宙の製作者（デミウルゴス）は、イデアを範型として、この世界を構築したという」(6)。このプラトン哲学の原理であるイデア論は、フェニキア神話の原理であるモト論と真っ向から対立する。

ギリシア神話にみられる諸神の大半はアジア各地から寄せ集められたものである。例えばゼウスはリビアから、というふうに。その際、ギリシア人はこんな作り話で事実をひっくり返す。ある時ゼウスらオリンポス諸神は対立する巨人神たちに追われてナイル流域に至り、しばらく雄羊など動物の姿に身を変えて迫害を逃れた。そのため、ゼウスらがふたたびギリシアに戻った後に北アフリカ沿岸にゼウス信仰が広まった(7)。けれども、ゼウス信仰の起原はギリシアになくリビアないしエジプトにあるのであって、ゼウス神は不可視の霊的観念とかイデア的概念でなく、可視の雄羊そのものとかモト（mot）的自然だったのである。

観念論と似た立場に唯心論（spiritualism）がある。これは上記『哲学・思想事典』の「唯心論」の項目（松永澄夫執筆）によれば一七世紀になって使われはじめた語である。したがって、唯心論をも観念論同様、すぐさまフェニキア原理の転倒と言い切ったのでは正確でない。しかし、ギリシア人の神観念の根底には明らかに精霊、霊魂（デーモン）としての spirit は存在した。よって、いま spirit をギリシア人のデーモン観念に限定するならば、ギリシア人の唯心論はフェニキア人の唯物論の転倒か、その派生である。私は、長きにわたって原初的信仰としてのフェティシズムを研究している。〔価値転倒の社会哲学〕の研究である。そのかぎりでの発言ではあるが、唯物論はけっして神観念を排除しない。まして否定しない。人々はむしろ、唯物論という生活原理を通して自らが産み出した諸観念で生活をゆたかにしてきたのである。

概念をもっと明確にしよう。すなわち、フェニキア的原理においては、唯物論と対立する意味での観念論は存在しないし、観念論と対立する意味での唯物論もまた、存在しないと言える。

四　唯物論は母主義から、観念論は父主義から

マタニティー・ドレスとはおなかの大きい女性が着用する衣服で、通例は妊婦服などと称される。「マタニティー（maternity）」とは、むろん「母（mater）」に由来する。このドレスを着ている母親（になる予定の女性）の多くは腹帯をしめているが、そのメーカーはかつて犬印と相場がきまっていた。多産で知られる犬は洋の東西を問わず安産の神になってきたのである。そこから派生して、犬はまた母をあらわす。一九世紀のローマ法学者にしてギリシア神話学者のバッハオーフェンは著作『母権論』において、犬を母ないし女性に関連させて、次のように述べている。

「犬は、あらゆる受胎を喜ぶ、ヘテーリッシュな大地の象徴である。（中略）犬は、犬のような流儀で自由に交接するエチオピアのヘテーリッシュな女性にまったく相応しい象徴なのである」[8]。

ここに記された「ヘテーリッシュ」という語は古代ギリシアの「遊女、娼婦（ヘテーレ）」の形容詞化したものである。一八六一年にシュトゥットガルトで『母権論』を刊行した頃、バッハオーフェンは未だ先史社会における女性と男性の自由な性的関係＝婚姻形態をつかみきれていなかった。一夫多妻で

あれ一夫一妻であれギリシア・ローマの家父長制都市国家においてはじめて存在することになる娼婦は、先史の母権的氏族社会には存在しなかった。性的におおらかな先史のソキエタス（政治権力・父権発生以前の社会）においては、女性は男たちとの間でまずはプロミスキティーという無規律婚における開放的な性関係を享受し、ついでトーテム的ないしデー・メーテール的な母権あるいは母方オジ権のもとでやはり開放的な性関係を享受していたのである。(9)

モーガン著『古代社会』（一八七七年）を識る前の、プロミスキティーという先史初発の男女関係を教わる前のバッハオーフェンには、たしかに未だ克服すべき様々なハードルはあった。しかし彼は、ラテン語でいう mater つまり母については、じつに明快に、それを material すなわち物質、素材に結びつけていたのだった。「起原の知識なくして、歴史的な知見はけっして内的帰結に到達しえない」と主張するバッハオーフェンによれば、母権・母性はそもそもシュトフリヒ（物質的）であり、テルーリシュ（泥土的）、クトーニシュ（地下的）であった。(10)

そのような母権はドイツ語で Mutterrecht と綴る。バッハオーフェンの創始したこの術語を、ドイツ語からラテン語に翻訳するとどうなるか。だれも試したことはないが、私は断言する。それは、matriarchy となるか、それに準ずるであろう。また、その術語をギリシア語に翻訳するとどうなるか。Δημήτηρ（Demeter）となるか、それに準ずるであろう。後者の「デー・メーテール」はデとメーテールが複合した語で、「地母」とでも訳せようか。要するに古代ギリシアの女神である。これはアッティカ地方エレウーシスの主神であるとされるが、元来はアジアのどこかで崇拝されていた穀物の神、大地の神である。原始農耕社会において崇拝された自然神にして物質（大地および地中から芽ぶくもの）そのものである。バッハオーフェンは古フェニキアの著述家サンコニアトン（Sanchoniaton）を引用しつつ、こう語る。

「このフェニキア人著述家が物的な対象の崇拝についてどのように説明しているか、みるがいい。その一節はきわめて重要で、至当で、明瞭である。『原初の人間は、地に芽を出すもの〈les germes de la terre〉を聖なる存在者とみなした。彼らは、それを神としてすこぶる高く評価し、崇拝した。（云々）』」[11]。

こうして検討してくると、唯物論（materialism）は森羅万象の根原を物質としての母と見る立場、いうなれば母主義（materialism, maternitas）に由来していると考えてよいであろう。それに対して、プラトンに典型的な観念論（idealism）は森羅万象の根原を精神（spirit）ないしイデアと見る立場、いうなれば父主義（paternalism, paternitas）に由来しているとしてよかろう。paternalismという語は、現在は医学用語で「父親温情主義」と訳されている。医師が父親で患者が子どもという医療上の態度である。パターナリズムはいまやインフォームド・コンセントという医師患者対等の対話主義にとってかえられつつある[12]。

ギリシア神話には、母なくして父一人で子を産む場面がみられる。クロノスに切り取られたウラノスの男根から流れだした精液から女神アフロディテーが生まれる、等々。また、ギリシア神話では女の神よりも男の神の方が優位に立っている。ひどく浮気なゼウスにたいして、妻のヘラは操をかたくまもる。ヘラのローマ名ユノに発するジューン・ブライド（六月の花嫁）は新郎（男性）に対する新婦（女性）の忍従・敗北を意味しているのだが、それにもかかわらず、いまでも六月に結婚したがる女性が後を断たない。女は男よりも劣っている、との説は観念（idea, spirit）であって、物的根拠（mater）をもたない。

唯物論（materialism）の語原は母（mater）であることは、以上の説明ではっきりしたのではあるまいか。

［註］

（1）廣松渉ほか編『岩波哲学・思想事典』岩波書店、一九九八年、一六一六頁。
（2）マルクス・カテゴリー事典編集委員会編『マルクス・カテゴリー事典』青木書店、一九九八年、五三〇頁以下参照。
（3）ヘロドトス、松平千秋訳『歴史』（巻一の一四二〜一四六）、第一分冊、岩波文庫、一一二〜一一五頁。
（4）Ludwig.Feuerbach, *Theogonie*, in: *Ludwig Feuerbach Gesammelte Werke*, Bd.7, Berlin S.92.
（5）Eusebius, tr. by E. Hamilton Gifford, *Preparation for Gospel*, in 2Vols., I, Michigan, 1981. p.37-39.
（6）廣松渉ほか編『岩波哲学・思想事典』、二九二頁。ついでに、上記『マルクス・カテゴリー事典』で私が執筆した項目「神話」や「フェティシズム」をも読んでほしい。
（7）オヴィディウス、中村善也訳『変身物語』第一分冊、岩波文庫、一九三〜一九四頁参照。
（8）J.J.Bachofen, *Das Mutterrecht*, Bd.1. Basel, 1948. Nr.7, S.106f.
（9）石塚正英「性道徳のフェティシズム―近親婚タブー発生に関する諸学説を手がかりに―」、『新女性史研究』第二号、一九九七年（同『フェティシズム―通奏低音』社会評論社、二〇一四年、所収）、参照。
（10）J. J. Bachofen, *ibid.*, S16. また石塚正英「母権とフェティシズム」、布村一夫・光永洋子・犬童美子・石原通子・石塚正英共著『母権論解読』世界書院、一九九二年、参照。
（11）J. J. Bachofen, *ibid.*, S83f.
（12）私は先ごろ、「母権社会では母たちがPaterであり」と主張するに至った。詳しくは本書第四章を参照。

第十章　身体論を軸としたフォイエルバッハ思想

一　身体論から説き起こしてフォイエルバッハにおよぶ

身体論は、ヨーロッパにおいては主にルネ・デカルト（一五九六〜一六五〇年）の心身二元論を出発点として議論が構築されてきた。このデカルトの二元論に対決する系譜の末裔には、今世紀になってドイツのエトムント・フッサール（一八五九〜一九三八年）やマルティン・ハイデッガー（一八八九〜一九七六年）、フランスのアンリ・ベルクソン（一八五九〜一九四一年）やモーリス・メルロ＝ポンティ（一九〇八〜六一年）ほかが出現する。世界内存在としての身体、身体における主客両義的性格等々。また、理性を軸とするヘーゲルに対決して「感性の知」を対置するルートヴィヒ・フォイエルバッハ（一八〇四〜七二年）が重視した〈人間＝身体的存在〉議論がいまや再評価のテーブルにある。

次に、倫理学の主題としての「身体」がクローズアップされている。たとえば、古代ギリシア世界では奴隷相手なら人殺しも倫理の対象にならなかっただろう。ミシェル・フーコーによれば、ギリシア語で「身体を意味する語、ソーマ（soma）は、富や財貨を意味するし、そこから一つの身体を『我がものにする』ことと富の所有との間には等価である可能性が生ずる」。その際、霊魂（プネウマ、プシュケー）

が主であり、身体（ソーマ、サルクス）は従なのである。[1] しかし時代はうつり、〈支配‐被支配〉関係から の解放（emancipation）は〈霊魂‐身体〉、〈家父長‐妻子・奴隷〉から〈領主‐農奴〉→〈資本‐賃労働〉へと移行し、ついに〈人間‐自然〉にまで至っている。そこに環境倫理という概念が登場してきたのだ。そのすべての関係に身体が関連している。現代はことに身体内環境ないし環境としての身体が問題になっている。さらには、自我の崩壊に関連する議論として、遺伝子研究の現段階に発せられるようになった〔人間個人＝遺伝子の運び屋〕の意味を問うことも焦眉かと思われる。いわば科学技術の専制支配（technocentrism）といった表現がピッタリする現象が生起しているのである。

私は、ここ二〇年ほど、次の項目を検討課題ないし検討目的にして研究を続行している。

①近代～二〇世紀における身体観・身体概念の変容過程を整理する。とりわけ、プラトン以来ヨーロッパに伝統的な心身二元論、あるいはデモクリトスやエピクロスを先駆とし啓蒙時代に流行した人間機械論、一九世紀ドイツの哲学者フォイエルバッハが唱えた〈感性の知〉を軸とした〈身体的存在としての人間〉、二〇世紀前半の現象学者フッサールが力説した〈身体を介しての他我（アルター・エゴ）〉など、そうした議論は様々な身体観念を生み出した。そして、ついに二〇世紀後半にいたって、取り替え可能な身体、つまりコミュニケーションの主体としての身体と、これを円滑に行なうため取り替えられていく身体、客体に格下げされる身体という発想に逢着した。

②その変容に影響を与えた要因を、医療をはじめ様々な領域でのイノベーションに注目しつつ追究する。その極め付けはコンピュータあるいはＡＩの開発・革新だ。これを通じて、コンピュータ・ＡＩは身体の補助器具でなく、かぎりなく身体それ自身に近くなってきた。あるいは逆に、マウスの骨髄細胞を培養して心臓の筋肉細胞に分化させる技術なども開発され、四肢や臓器がかぎりなく身体（かけがい

ないもの）から道具（取り替え可能なもの）へと格下げされている。

③二一世紀に相応しい身体観とは何か、それを検討する。新たな発想は、もはや自分だけの身体、私的所有の対象としての身体でなく、絶えず主客の入れ替わる状況下で他者とコミュニケートしていく身体、これを所与の事実とうけとめるところから生まれるだろう。時に判断の軸は自己の脳にでなく外部の環境にあるとみる立場、ギブソン以来のアフォーダンス理論で取り上げられた立場が意味をもつだろう。

今回は上記のテーマ中、①に関連するものとしてフォイエルバッハ思想を検討し、また彼との比較において意味のある二〇世紀の思想家――フッサール・ハイデッガーなど――に言及し、最後にマルクスとの関係に言及してみることにする。

二　フォイエルバッハの自然的・感性的身体観

一九世紀ドイツの哲学者フォイエルバッハは、キリスト教の聖者信仰に例をとって、生身の人間ないし感性的な身体を高く評価する。「聖者がもっぱら形像の中で尊敬され、神がもっぱら聖者の中で尊敬されるのは、人々が形像そのものや聖者そのものを尊敬するからである。ちょうどそれと同じように、神がもっぱら人間の肉の中で尊崇されるのは、人間の肉そのものが尊崇されるからである。神が肉になり人間になるのは、すでに根底において人間が神であるからである」(2)。

フォイエルバッハは「肉」としての人間を称える。この傾向は、一九世紀前半のフランスですでにサン＝シモン派が示していた。さらには、そのサン＝シモン派に影響されたドイツの文学者集団、ゲオルク・

ビューヒナーほかの青年ドイツ派がこの傾向を促進させていた。いわゆる「肉体の復権」である。[3]

一九世紀前半におけるこうした傾向を背景にして、フォイエルバッハは、「我と汝」双方にとっての身体を考える。我にとって我の身体は我の感覚・知覚の主体であり、我の欲求や願望の発信源である。しかし汝にとって我の身体は汝の感覚・知覚の対象であり、汝の欲求や願望の向かう先である。しかし、そこで我の身体と他者の身体は対立するのでない。我と向かい合ったもう一人の我、つまり他我（alter-egoアルター・エゴ）の意味をもつ。我と汝という二つの個別が〔我と他我という対を単位とする単人〕に転化している。その転化を実現しているのが生身の身体、我の身体、汝の身体である。そのような意味で、フォイエルバッハの捉える人間は、身体的存在なのである。[4]

ところで、フォイエルバッハにおける汝には、当然ながら、自然が入る。身体は自然そのものである。すでに言及してあるが、ギリシア語で身体をソーマ（σῶμα）、あるいはサルクス（σαρξ）という。しかし身体としての自然は、一種の存在者（Wesen）である。社会的関係に入っていない、裸の自然はたんなる物在（Ding）にすぎないが、我＝汝の関係にある自然は存在者である。

さらにフォイエルバッハは、先史時代や辺境地帯の人々によって神に選定された自然を"Sache"という語で表現し、これを神の原像と理解する。いわく、「現実においてはまさに逆に、自然は神よりもいっそう先に存在する。すなわち具体的なものは抽象的なものよりもいっそう先に存在し、感性的なものは思惟されたものよりもいっそう先に存在している。もっぱら自然的に事が進む現実においては、模写が原像に続き、形像（Bild）が事象（Sache）に続き、思惟が対象に続く。しかるに、神学の超自然的奇跡的な領域においては原像が模写に続き、事象が形像に続く」。[5] ここに記された"Sache"は、いわゆる自然神のことであるが、もともと"Wesen"（自然）であって、その意味からすると人間＝身体と一緒である。

我―汝の関係である。

このようにしてフォイエルバッハは、例えばキルケゴール（一八一三～五五年）の「単独者（enkelte, このデンマーク語を英語に訳せばindividual）」でなく、「我と汝」を基本とする類的存在としての人間、石塚の造語で表現するならば〔単人〕を讃えた。ゴットフリート・ライプニッツを読んだときに知ったはずのラテン語彙を用いて、フォイエルバッハは、他者の中に自己を見通す論理「他我（alter-ego）」の論理を前面に出したのである。(6)

またフォイエルバッハは、キリスト教の神をも否定して、もっぱら人間たちだけからなる共同・共生を意欲する。彼にとって、例えば「神は愛である」とのフレーズは、「愛は神的である」というように、主語と述語を転倒して語るべきであった。あるいはまた、神を自然か、さもなくば人間それ自体に置き換えるべきなのである。フォイエルバッハにとって、我と汝の関係は、人と人のみならず、人と自然、自然と自然の関係でもあった。

しかし、フォイエルバッハの人間観・身体観は一九世紀には受け入れられなかった。この世紀から二〇世紀にかけては、むしろセーレン・キェルケゴールのキリスト教的構えから始まってドイツの哲学者フリードリヒ・ニーチェ（一八四四～一九〇〇年）の無神論的ニヒリズム的構えに至る、実存的人間観が流行することとなった。

三　フッサールとの比較

さて、フォイエルバッハの身体論をいっそう明瞭に把握するため、以下においては参考までに二〇世紀における身体論を概観することにしたい。その例として、エトムント・フッサールを取り上げる。モラビア生まれのユダヤ系ドイツ人フッサールによると、人はキネステーゼと称する一種の運動感覚でもって外界ないし対象物を知覚する。[7]その際、人の身体は物的にして心的であり、ある人にとって別の人は、とりあえずは物体である。しかし、何かある条件が加わると、他者はたんなる物体とは違うものになる。彼は、一九二九年に執筆し一九三一年にフランス語訳で出版したものの生前にドイツ語では出版されなかった著作『デカルト的省察』、その「第五省察」で、次のように述べる。

「我（エゴ）としての私に固有なもの、すなわち、私の具体的な存在とは、純粋に私自身のうちでかつ私自身にとって、閉じられた固有性をもった『モナド』であるが、それは、あらゆる志向性を含むと同様に、異なる（フレムト）ものに向けられた志向性をも初めから含んでいる。……このように特徴づけられた志向性において、新しい存在の意味が構成されるが、それは、自分に固有なものをもった私のモナド的な我（エゴ）を超え出るものである。そこでは、一つの我（エゴ）が、自我（das Ich）自身としてではなく、私に固有な自我である私の『モナド』のうちに姿を映すものとして構成される。しかし、この第二の我（エゴ）は、端的にそこに存在し、本来的にそれ自身が与えられているというのではなく、それは他我（アルター・エゴ）として構成されているのだ。その際、この他我（アルター・エゴ）という表現の一契機として示唆されている我（エゴ）は、自分に固有なものをもった自我そのものである。『他者（アンデレ）』というのは､その構成的な意味からして私自身を指示しており､他者は私自身の反映（姿を映したもの）である」[8]。

ここに登場する「アルター・エゴ」は、フォイエルバッハもキーワードに用いている。ともに、物的なままの身体ではないにせよ、これを基礎的な部位にもちつつ議論を構築している。フォイエルバッハの場合は類的存在、フッサールの場合は、間主観的存在としての人間＝身体である。(9) ちなみに、両者の概念の一致不一致は、いまのところ明確には語れない。

四　ハイデッガー、ベルクソンとの比較

フォイエルバッハとの比較の意味における二〇世紀身体論の第二例として、マルティン・ハイデッガーをみる。彼は言う。

「一般に、知覚するとは知覚されたるものへ知覚しつつ関係することである。この関係を受け取るものは、その都度同一的な自己としての『心』である。……我々が認知を行うのは、我々が見たり聞いたりするからではなく、我々の心が関係的であり、領域の関係であるからである。……とにかく、心があるからこそ器官というようなものもありうる。……また心があるからこそ、身体的なものが器官的なものに分節せられることが可能となる。このようにしてのみ物体は身体となりうる。身体は心において始めてありうるのであって、逆に心が身体のうちにあるのではない。眼や耳が知覚するのではない。身体性の挿入は特定の仕方で身体的である」(10)。

ハイデッガーにとって身体とは、けっして裸の自然＝物体としての肉体なのではない。身体は、心とそれを取り巻く世界の内にある自然、その両者をとりなす結節点である。自然もまた、世界内に存在しているのであって、世界が自然内に存在するのではない。世界内存在（In-der-Welt-Sein）である人間にとって、自然は、身体を介することによって、やはり世界内存在となるのである。「人間は一般に自然ではない。身体性ということも人間にとっては始めから自然とは別物である。……自然は人間が現存在として常に

それに関係する世界の内にあるという在り方から始めて捉えられる。即ち、世界のうちで始めて自然は開示せられるのである」[11]。

また、ハイデッガーは、身体を含む「モノ」一般について、カントを引き合いに出して、こう言う。「カントにおいて、物を問うことは直観作用と思惟作用を問うこと、すなわち人間について問うことである。物とは何であるか、という問いは、人間とは誰であるか、という問いである。このことは、物が人間の作り物になるということを意味する」[12]。この議論は、ハイデッガーが著作『物への問い』でモノを広狭二義に区分けする持論の参考として出てくる。狭義には五感で認知できるもの、広義には世界の内で生起するモノ、ないし出来事である。そうであるならば、ハイデッガーの捉える身体は広義の意味になるであろう。しかし、たんなる精神＝非モノではなく、あくまでも世界内に存在するモノとしての身体である。フォイエルバッハの術語でいうと、このモノ＝身体は、"Ding"でなく"Wesen"である。そのモノが神になれば、それはそれで"Sache"ということになる。

次に、ほんの付け足しのような引用に過ぎないが、二〇世紀における身体論の第三例アンリ・ベルクソンを取り上げる。彼は言う。

「実さい新しい科学の生んだはじめての成果は事象を量と質に折半して、前者を身体の、後者を霊魂の付《つけ》に記入することであった。古代人は質と量のあいだにも、霊魂と身体のあいだにもそのような障壁を設けなかった。古代人にとっては数学の概念はほかの概念なみの、それらと縁の深い概念であり、イデヤのピラミッド中にごく自然に嵌りこむものであった。当時は身体も幾何学的延長によって定義されなければ、霊魂も意識によって定義されなかった。アリストテレスのばあい、生物体のエンテレケイヤとしてのpsyche（霊魂）が私たちの『霊魂』ほどに精神的でないとすれば、それはアリストテレスの

soma（身体）がすでにイデヤをしみ込ませていて私たちの『身体』ほどに物体的でないからである。つまり両項の分裂はまだ取返しがつかなくはなかったのである。それが取返しのつかぬものになった」[13]。

ベルクソンがここで言っている「両項の分裂はまだ取返しがつかなくはなかった」次元の事象は、フォイエルバッハの術語においては存在者（Wesen）としての物在（Ding）である事象（Sache）のことである。あるいは、〔我―汝〕の関係にあって人間と向き合う他我（alter ego）としての事象である。

五　マルクスとの比較

最後に、カール・マルクスとの比較を試みておこう。唯物史観の創始者として二〇世紀に多大な影響を与えたマルクスの人間観は、一言で表現するならばこうなる。人間の本性は存在に裏打ちされた行為にある。人が何であるかは、その人が何を生産しているかによって決まる。その際、行為＝実践＝交通は、人間の本質と実存の区別を否応なく解消する。

マルクスは、ヘーゲル哲学研究における先輩格であるフォイエルバッハを批判する文書「フォイエルバッハ・テーゼ」（第三テーゼ）において、次のように述べる。「人間（Menschen）は環境（Umstände）と教育の所産であり、したがって変えられた人間は別な環境と改められた教育との所産であるという唯物論的教説は、環境はまさに人間によってこそ変えられ教育者は自身が教育されねばならないことを忘れている」[14]。この引用は、人間存在は自然と人間との関係性において特徴づけられることを述べたものと解釈できる。そうした関係性において生存する人間と身体は、したがって、たんなる物質ではない。いわんや、たんなる精神ではない。

右に引用した文書の別の箇所においてこうも述べている。「(フォイエルバッハの唯物論を含めた)これまでのすべての唯物論の主要な欠陥は、次の点にある。すなわち、対象、現実性、感性が、ただ客観のまたは直観の形式のもとでだけでとらえられて、感性的人間的活動、つまり実践として、主体的にとらえられていない、ということである」[15]。

マルクスにおいて、身体は人と自然、人と人との相互交通をとおして産み出される。前者は自然的身体で、後者は社会的身体である。よって、もし人と自然の関係＝交通が崩れると、自然的身体は崩れる。人と人の関係＝交通が崩れると、やはり社会的身体は崩れる。そればかりか、前者の身体がくずれると後者の身体も崩れ、その逆もあり得るのであって、要するに双方の身体は〔一身同体〕なのである。

ただし、マルクスにおいては、自然の中に、けっして霊的観念や神的観念は介入しない。そこがフォイエルバッハと決定的に相違する点である。フォイエルバッハは、自然と人間の関係をフェティシズムで捉える。なるほどたしかに、「フェティシズム(Fetischismus)」なる語は、フォイエルバッハ思想の規範的な概念や術語には含まれない。その概念について述べるとき、彼はよく「ゲッツェンディーンスト(Götzendienst)」という術語を使用する。その内容は、こうである。先史時代や野生地域に存在する人間は、自然を人間と同様の存在者として捉え、ときには人間にはかなわない能力をもつ神として捉える。意志や行為の動因や決定軸は人間の側にあるのでなく、自然の側にあるとみなす。あるいは、意志や行為をすべからく自然と相談の上で決定する。行為の決定因は自らの脳＝身体にあるのでなく、むしろ外部＝自然にある。こうした転倒した見方――知覚心理学者ギブソンによればアフォーダンス――でもって、先史人や野生人は日常生活を営んでいる。

このような生き方をマルクスとて、認めないわけではない。人と自然との交通は、まさに好例である。

しかし、マルクスは、自然（生産物）と神を等値することを認めないし、人と自然との交互作用（生産）を人と神との交互作用（儀礼）と等値しない。そのような観念をもつ人間たちを、マルクスは人間になる以前の動物的存在として描く。「この自然は人間たちにとって、当初は全く疎遠な、全能で不可侵な威力として立ち現れ、人間はといえばそういう自然に対して純粋に動物的に関係するのであって〈自然は人間に〉人間はまるで家畜のように自然に畏服する。こうして純粋に動物的な自然意識（自然宗教）――そして他面では、四囲の諸個人との〈必然的な〉結合関係に入らざるをえない必然性の意識、人間は社会の中で生活しているのだということについての〈社会的〉意識の端初。この端初は、この段階の社会生活そのものがそうであることに照応して、〈家畜的〉動物的であるそれは単なる群棲意識たるにすぎず、そして、この段階では、人間が羊から区別されるのは、彼の意識が本能に代わっていること、換言すれば、彼の本能が意識的な本能であることによってのみである」[16]。

そこがフォイエルバッハと違うのである。フォイエルバッハが自然宗教――彼の用語では自然信仰――に関して捉えるフェティシュな神観念においては、未加工の自然も神＝存在者であり、加工された自然（生産物）も神＝存在者であり、加工に用いる用具もまた、神的ないし人間的である。日本ではよく行われてきた針供養などは、フェティシズムの観念に相応しい用具観である。フォイエルバッハにすれば、自然信仰よりもむしろキリスト教の方こそ家畜的・動物的なのである。

ところで、二一世紀に相応しい身体観を展望する私には、先史に成立した非宗教的神観念（フェティシズム）および古代に成立した宗教的神観念、近代に成立した人権概念などと同様、様々な時代や地域に成立した身体観もみなバーチャルな概念・観念であるように思われる。この結論は、一九八〇年代から私が探究し続けてきたフェティシズム論の視座でみると、はっきりする[17]。

［註］

（1）フーコー、神崎繁訳「快楽の夢——アルテミドーロスの『夢判断』をめぐって」、蓮實重彦・渡辺守章監修『ミシェル・フーコー思考集成』第九巻、筑摩書房、二〇〇一年、三六五頁。

（2）L. Feuerbach, *Das Wesen des Christentums*, Reclam, Stuttgart, 1974, S. 520, フォイエルバッハ、船山信一訳『キリスト教の本質』第二分冊、岩波文庫、三二二～三二三頁。

（3）サン＝シモン派や青年ドイツ派における「肉体の復権」思想については、石塚正英『三月前期の急進主義』長崎出版、一九八三年、特に七〇頁以降を参照。なお、ヨーロッパ思想界において肉を称える人々はほかにもたくさんいる。マルキ・ド・サド、フリードリヒ・ニーチェなどはその代表である。例えば、ニーチェは次のように言う。「肉体への信仰は魂への信仰よりも基礎的なものである。後者は、肉体の非科学的な観察に潜むアポリアから発生したものである。（なにかが肉体を離れるというのだ。夢が真理であるとする信仰——）」、ニーチェ、三島憲一訳「遺された断想（一八八五年秋～八七年秋）」『ニーチェ全集』第二期第九巻、白水社、一九八四年、一五三頁。

（4）フォイエルバッハの「他我（アルター・エゴ）」概念については、川本隆「フォイエルバッハの他者論の可能性——『ライプニッツ論』における alter ego をめぐって」、『社会思想史研究』第二五号、二〇〇一年九月発行、北樹出版、参照。

（5）L. Feuerbach, Das Wesen der Religion, in; *Ludwig Feuerbach Gesammelte Werke*, Bd., 10, S.28. 船山信一訳「宗教の本質」、『フォイエルバッハ全集』第一一巻、福村書店、一九七三年，三二一～三二三頁。

（6）「他我（alter ego）」の論理については、例えば、川本隆「フォイエルバッハの『ライプニッツ論』における物質——「混乱した表象」の発展的意義」、『東洋大学大学院紀要』第三五集、一九九九年三月、参照。

(7)「キネステーゼ」について、田島節夫は次のように説明している。「キネステーゼとは運動感覚の意味であるが、生理学などの対象ではなく、直接に把握されるものであり、一九〇六年の講義『物と空間』以来の概念である。それは『私は行う Ich tue 』という形で生起し、『私はできる Ich kann 』ということの基礎をなしている。こうして私はあらゆる自然を経験することができるばかりではない。この自然に含まれる私自身の身体をも、自分の知覚器官の対象とすることができる」。田島節夫『フッサール』講談社、一九八一年、三二九頁。

(8)フッサール、浜渦辰二訳『デカルト的省察』岩波文庫、二〇〇一年、一六九～一七〇頁。

(9)フッサールのこうした間主観的存在ないし間主体性について、港道隆はモーリス・メルロ＝ポンティとの関連で次のように指摘している。「間主体性の要は、主体―他者の可能性をいかに保証できるかにあるといってよい。フッサールとサルトルの行なった同種の試みは、メルロ＝ポンティの目には不充分なものに映った。フッサールは、『デカルト的省察』において、有名な〈自己移入〉による他者―主体構成論を展開した。これは、〝私〟の前に現われる物体（ケルパー）を、〝私〟の身体経験をそこに投入して身体（ライプ）として構成し、続いて自我としての経験を次々に投入して自分に似た者として他我を間接的に構成するというものである。主体―他者の存在はたしかに〝超越論的次元〟で問題になるのだとはいえ、これでは超越論的主体、すなわち構成するものが構成されることになり、専ら構成するだけの〝私〟と異なり、他者は主体性を失ってしまう」。廣松渉・港道隆『メルロ＝ポンティ』岩波書店、一九八三年、四七～四八頁。

(10)ハイデッガー、木場深定訳『真理の本質について・プラトンの真理論』、付録「『テアイテトス』における虚偽論――一九三一・三二年の講義に拠る――」から、『ハイデッガー選集』第一一巻、理想社、一九七九年、一〇四～一〇五頁。

(11) ハイデッガー、同上、一二九〜一三〇頁。

(12) ハイデッガー、木場深定・近藤功訳『物への問い』、選集、第二七巻、一九七九年、三一二頁。なお、この引用中でハイデッガーが「人間」に関する自己の議論をカントに結びつけている点に関連して、「人間」に関する議論をカントとデカルトに結びつけているフーコーの議論をここで読むのは、意味のあるところである。「一七八四年に啓蒙とは何かという問いを発した時、カントが言わんとしたのは、たった今進行しつつあることは何なのか、われわれの身に何が起ころうとしているのか、この世界、この時代、我々が生きているまさにこの瞬間は、いったい何であるのか、ということであった。言葉をかえて言えば、我々は何者なのか——啓蒙思想家として、啓蒙の一環として。これをデカルトの問いと較べてみるがよい。私は誰か。ただ一人にして、普遍的で、非歴史的なこの私は。デカルトにとって『私』は、いつ、どこの、誰でもかまわないのだろうか。／しかしカントはもっと別のことを追求している。我々は何者なのか——歴史の特定の瞬間において。カントの問いは、私たちと私たちの現状の両方を衝いているように思われる」。ミシェル・フーコー、渥海和久訳「主体と権力」、蓮實重彦・渡辺守章監修『ミシェル・フーコー思考集成』第九巻、二〇〇一年、一九〜二〇頁。フーコーのこの議論を読むと、私には、ハイデッガーはカントの後継者であるように思えてならない。

(13) ベルクソン、真方敬道訳『創造的進化』岩波文庫、一九七九年、原書は一九〇七年刊行。四〇七〜四〇八頁。

(14) *Marx·Engels·Werke*, Bd.,3, S.533. 邦訳全集、第三巻、大月書店、五九二頁。

(15) *Marx·Engels·Werke*, Bd.,3, S.533. 邦訳全集、第三巻、大月書店、五九二頁。

(16) Marx·Engels, *Die Deutsche Ideologie*, *hg.v.*, W. Hiromatsu, Tokyo, 1974, S.28. 邦訳、河出書房新社、一九七四年、二八頁。

(17) 私のフェティシズム論は、一八世紀フランスの比較宗教学者シャルル・ド＝ブロスに依拠して構築した理論である。ド＝ブロスは、フェティシズムを宗教としてではなく、宗教発生以前の心身運動として考察した。その後、コントは社会学に活用し、マルクスは経済学に活用した。さらには、フロイトは精神分析学に応用した。それらの事例を参考にしつつ、私はフェティシズムを歴史理論「フェティシズム史学」として再構成している。詳しくは、以下の拙著を参照のこと。『フェティシズムの思想圏』（世界書院、一九九一年）、『フェティシズムの信仰圏』（世界書院、一九九三年）、『信仰・儀礼・神仏虐待』（世界書院、一九九五年）、『「白雪姫」とフェティシュ信仰』（理想社、一九九五年）、『フェティシズム論のブティック』（やすい・ゆたかとの共著、論創社、一九九九年）、『歴史知とフェティシズム』（理想社、二〇〇〇年）、『ピエ・フェティシズム』（廣済堂出版、二〇〇二年）、『歴史知と学問論』（社会評論社、二〇〇七年）、『フェティシズム―通奏低音』（社会評論社、二〇一四年）、『歴史知と多様化史観―関係論的』（社会評論社、二〇一四年）、『価値転倒の社会哲学―ド＝ブロスを基点に』（社会評論社、二〇二〇年）。

Ⅳ　フェティシスト・フォイエルバッハの偶像破壊

第十一章　聖書の神話的解釈とフェティシズム
――シュトラウスを論じてフォイエルバッハに及ぶ

一　問題提起

ヘーゲル学派分裂の端緒をつくったダーフィット・フリードリヒ・シュトラウス（一八〇八～七八年）の大著『イエスの生涯』（テュービンゲン、一八三五年）の日本語版が、世界書院から一九九四年に出版された。生方卓・柴田隆行・石川三義と私の共訳で、「まえがき」と「緒論（第一～一二節）」、つまり本論全体のエッセンスが刊行された。[1]本邦初なのだが、この『イエスの生涯』冒頭部分を、いまから九〇年以上以前に翻訳しかけた人物がいる。羽仁五郎（一九〇一～八三年）である。

第一次世界大戦後の一九二一年、羽仁（二六年結婚までは森姓）はハイデルベルク大学へ行き、「そこで糸井靖之、大内兵衛、三木清などの若きライオンたちに毎日のようにもみぬかれ、日本の歴史を研究しようと決心し」た。[2]そして日本に帰ってきて「津田左右吉の〝古事記日本書紀の研究〟をよんだとき、ぼくはこの書がダヴィド・フリドリヒ・ストラウスの〝イエス伝〟ににていることにおどろいた。（中略）おもえば、このときぼくの学問の方向が決定されたのである」。[3]

津田とか日本神話とかは措くとして、羽仁はドイツでよほどシュトラウスに感化を被ったらしい。一九五〇年に羽仁はこう述べている。「記紀を聖典として妄信するという超越主義または狂信、これに対して、記紀を虚偽として批判する合理主義、この対立する二つの立場を克服して、記紀を伝承と見てその意義を明らかにすること、ここに津田左右吉における日本の古典批判の進歩があった。そして、それは、福音書ヤソ伝についての超自然主義的信奉の立場と合理主義的批判の立場との対立を克服して、福音書ヤソ伝の本質を伝承として解明したシュトラウスの業績に、くらべられることのできるものであった」(4)。

羽仁が『イエスの生涯』冒頭部分を訳していたことを、私は羽仁五郎文庫開設記念展（於　藤沢市総合市民図書館、一九八六年一〇月〜一一月）を訪れて自筆訳文（未発表）をガラス越しに閲覧した研究者布村一夫から教えられ、この記念展を準備した研究者山嶺健二から教えられた。右に引用した羽仁の文章を読む限り、彼はシュトラウスの福音書解釈の立場をしっかりとおさえている。シュトラウスの立場は、超自然主義でもなく合理主義でもなく、神話的解釈法である。羽仁はそのことを『イエスの生涯』から読み知ったのだった。

福音書の神話的解釈法、これこそがシュトラウスをいま議論の俎上に載せたい私の、最大の注目ごとである。シュトラウスは、一八三五年の大著において、激しくキリスト教批判を行なう。けれどもその目的は、旧来の聖書解釈法、すなわち超自然的および合理主義的諸解釈を批判するということである。聖書を神話とみる立場すなわちシュトラウスの立場からすれば、聖書において物語られた内容は絶対的真理なのであった。そのような考えのシュトラウスに依拠すれば、神話はポジティヴであり、神話は古代のみならずのちの時代にも語られ続けるものである。ではここに言う〝神話の積極性〟とはいかなる内容のものか、それを以下で検討してみることにしたい。

その際私は、その積極性を人間精神の土台のところで支えている原初的にして根原的な心的構造であるフェティシズムを引き合いに出す。こちらはシュトラウスでなくフォイエルバッハのキリスト教批判に関連している。

二　神話的解釈のシュトラウス的転回

シュトラウスは、『イエスの生涯』において、まずは聖書の超自然的解釈法を次のように批判する。この立場は聖書に記されている叙述をそのまま肯定的に受け入れる。旧約・新約に綴られた奇跡は、すべてそのまま超自然的に生じた。神の意志として、文字通りのあり様で生じたのである。次に、聖書の合理主義的解釈法をこう説明する。聖書に記されている字句は、そのまま書かれたとおりに解釈してはならない。例えば、モーセの為した奇跡はそれが記述された頃の政治的支配者や僧侶が自分に都合のよいようにわざと仕組んだ手品、ペテンだと主張するライマールスを聖書の自然主義的解釈者とすれば、アイヒホルンやパウルスに代表される合理主義的解釈者は、聖書を覆っている超自然的な装いは欺瞞にあらずして、旧約も新約も、そこに記された内容は出来事の目撃者によって正確に記録された証言だという。ただ、目撃者が未熟で幼稚な段階の人類だったため、例えばイエスの湖上歩行は神に由来する疑いえない事実として記録されたのである。けれども、アイヒホルンらからみれば、イエスが実行した奇跡はすべて合理的に説明がつくのである。

以上の諸解釈に対して、シュトラウスは、たとえばホルストに代表される神話的解釈を弁護する。ホルストによれば、キリスト教は人々の内的信仰であって、それは各々の心中に触れるものではあっても外的に表出するものではない。とはいえキリストに従う人々は、その信仰を外的に表出し、他者や子孫に伝達しなければならない。そのとき、内的核心を外的事物・現象によって表現する契機が存在し、内的核心は、民衆から民衆へと、外的事物をとおして、神態と神言によって受け継がれることになる、これが物語であり、その形式は神話的となる。

従来の、このような神話的聖書解釈に対して、シュトラウスは、少なくとも以下の三点の変更をなす。①従来の神話的解釈法は、イエスの幼少期等物語の一部分についてのみ妥当とされてきたのだが、それは物語全体に妥当する。②従来は物語の核心を神そのものの精神としてきたが、核心は民衆の共同体の精神、その物語の舞台となっている場所や時代を生きた民衆の精神である。③従来、神は無限とされてきたが、神は、自然および人間精神という有限なものを引きずっている。神（無限）は人間（有限）を自己の外化として定立している。その二者のあいだには、神から人間へのコースで啓示が、また人間から神へのコースで信仰が、相互交渉的に存在している。その際、神と人間とを結びつける神人キリストは、個人でなく、類である。

そのように、一方では従来の聖書解釈法への批判を通じて、他方ではいっとき直接師から教えを受けることのできたヘーゲル宗教哲学への批判を通じて、シュトラウスは独自の聖書解釈法とキリスト論を提起したのである。その際シュトラウスが聖書解釈法において究極の批判対象としたのは、教父オリゲネス（Origenes Adamantius, c.184-c.253）である。シュトラウスはいう。

「総じて、オリゲネスは自分の人間学的三分法に従って、聖書に三重の意味を与えていた。肉体的意味に対応する字句通りの意味、魂的意味に対応する道徳的意味、霊的意味に対応する神秘的意味がそれである。しかも通常彼は三つの意味のすべてを並列させるが、それでも個々の場合について言えば、字句通りでの把握はいかなる意味をも与えるものではなく、あるいは逆の意味しか与えないとされ、こうして読者はますます決定的に神秘的な内実を発見するよう仕向けられることになる。(中略)彼に従えば、多くのことが字句通りに把握されると、それはキリスト教の崩壊に役立ちかねないことになる。それを主張するために、彼は、文字は殺すが精神は生かすという箴言を、字句通りの聖書解釈と寓意的な聖書解釈との区別に関連づけるのである」[5]。

シュトラウスは、一方ではホルストを部分的に支持するかたちで、聖書の比喩的解釈法を継承しているが、他方では、上述引用文のようにオリゲネスを批判するかたちで、聖書の比喩的解釈法を批判している。この、一見すると矛盾のように思われるシュトラウスの構えを分析すれば、シュトラウスの言う〝神話の積極性〟は見えてくる。それで、次にはオリゲネスについて少々考えてみることにしよう。

三　オリゲネスの比喩的解釈法

オリゲネスは、神ははたして物体的なものか、それとも物体とは異なる霊的なものなのか、という問いを発する。そしてこう答える。「神は何らかの物体であるとか、物体の内に存在すると考えてはならず、純一な(simplex)知的存在であり、自らの存在にいかなる添加をも許さない御者であると考えるべきである。神はすぐれた部分と劣った部分を自らのうちに有しているなどと考えてはならない」[6]。けれども、旧約・新約には、ときとして神にふさわしくない記述が神に対して施されている。そこで「我々は、旧約聖書においても、新約聖書においても、神の怒りについて書かれたことを読む時、そこで言われていることを文字通りに解釈せず、それに関する霊的な理解を探求している。それは、神にふさわしい理解を見いだすためである。（中略）我々は、〔聖書の〕そのような話を文字通りに解釈するのではない。むしろ、エゼキエルが、その話を『たとえ』と呼ぶことで示したように、その『たとえ』の内部に潜んでいる意味を探求しているのである」(7)。

オリゲネスによると、聖書中でときおり不可能事・不可解事にぶつかることで、文字通りの理解を回避しうる。けれども「ユダヤ人は心のかたくなさの故に、また自ら知恵ある者と見られたがっていることから、救い主について予言されていた事柄は文字通りの意味で理解されねばならぬと思いこみ、我々の救い主を信じなかった。（中略）予言で述べられている狼等は四つ足の動物の狼等のことであると考えていた」(8)。

オリゲネスの比喩的解釈法は彼の独創ではない。この解釈法は、例えば紀元前一世紀後半から後一世紀前半にかけてアレクサンドリアで活躍したユダヤ教徒フィロンがまず以って採用したものである。ユダヤ教（思想）をギリシア哲学（プラトン）で説明し、結果として両者を調和させたフィロンは、後者をもって聖書の比喩的解釈を徹底させた。また、紀元後一～二世紀ローマ時代に活躍したギリシア人プルタルコスは、フィロン同様プラトン思想に立脚し、エジプトの動物諸神をギリシア精神のアレゴリーと解釈した。オリゲネスは、あるいはユダヤ教に対するフィロンの、あるいはエジプト宗教に対するプルタルコスの立場と共通するものをキリスト教に対して示したということである。

オリゲネスにとって、聖書の物語を比喩的に解釈するということは、それを霊的に解釈することを意味する。もろもろの隠された霊的な、聖なる事柄は、それを人々に理解させるために結びつけられた外的事物や表象とは、直接的な関係をけっして持っていない。例えば、マタイによる福音書四―八に「悪魔はイエスを非常に高い山に連れて行き（云々）」とあるが、これはけっして歴史的事実として取ることはできない。[9]こうしてオリゲネスにおいては、比喩的解釈法によって、文字通りの聖書物語は限りなく神的本質、神的精神から遠ざかっていくのであった。けれども、そのような解釈法は、シュトラウスには断じて看過しえないものだった。同じく比喩的という方法になじんでいたとはいえ、シュトラウスにとっては、語られたストーリーが、記述された文字が、神的本質、神的精神に深く関係しているからである。北欧神話についてフォルケ・ストレムがいう言葉――「ゲルマンと同様、ギリシア、ローマの信仰にあって、ある種の鳥たちは、神々の使者および予言者的な随伴者であるばかりか、実際に神そのものの表象でもある、とみなされていた」[10]――は、ユダヤ神話においても妥当すると、シュトラウスはおそらくそう考えるであろう。では次に、シュトラウスの神話的解釈法の説明に入ろう。

四　シュトラウスにおける「文字」

シュトラウスについて語るのに、私は哲学者大井正をぬきにはできない。一九七五年と翌七六年、大井は矢継ぎ早に以下のシュトラウス論を公にした。「シュトラウス著『イエスの生涯』における神話と教条」、「二つの聖書批判と二つの受難」、「ヘーゲル学派の分裂、その発端について」、「D・F・シュトラウスのなかのヘーゲル」。これらの論文群を大井は、『ヘーゲル学派とキリスト教』（未来社、一九八五年）の一冊にまとめた。この大井のシュトラウス解説は、いまの私にとって最良の導きの書である。主にこれを参照しながら、くだんの解釈法を解説していこう。

シュトラウスは、オリゲネスの比喩的解釈法を解説するとき、「文字は殺すが精神は生かす」の一節を用いる。この言葉はオリゲネスが自著『諸原理について』でまずもって用いており、その箇所には「二コリ：三・六」と注記されている。そうすると、この言葉の出自は、文献で確認するかぎりパウロに求められることになる。コリント後書（コリントの信徒への手紙二）三・六をみると、「神は私たちに、新しい契約に仕える資格、文字ではなく霊に使える資格を与えてくださいました。文字は殺しますが、霊は生かします」と読まれる。「文字は殺しますが、霊は生かします」の部分をラテン語訳聖書で確認すると、littera enim occidit, Spiritus autem vivificat となっている。[11] またドイツ語訳聖書で確認すると、denn der Buchstabe tötet, der Geist aber macht lebendig となっている。[12] そしてさらに、この部分をシュトラウス『イエスの生涯』ドイツ語原文中にあたると der Buchstabe tötet, aber der Geist macht lebendig とある。[13] ここでしつこく横文字を並べたのには理由がある。パウロはこの文章で、殺す対象や生かす対象を明記していない。「文字」も「霊」も主語であって目的語ではない。私は、当初「文字」も「霊」も目的語のように思い込んでいた。比喩的解釈法に立つオリゲネス的見地からすれば、文字を殺して霊を生かすのが正しい読み方だ、というように思い込んでいたのである。思い込みはおそろしいもので、シュトラウス翻訳に際し上述のドイツ語文を目で見つつも、そのように読んでいた。いや、これは主語だぞ、と共訳者の生方卓に指摘されたのは大いなる救いであった。

パウロは、文字はいったい何を殺し、霊はいったい何を生かすと考えたのか。同じ事をオリゲネスはどう考え、シュトラウスはどう考えたのか。パウロをここかしこに引用しつつ自説を展開するオリゲネスにすれば、パウロと自己とは区別なく、一様に、殺されるのも生かされるのも神を礼拝しようとする民であり神との契約に入ろうとする民である。殺される者は次のようなことをする。「さて、言わば、理解を得るのに必要な労をいとい、聖書の文字の表面のみに注目し、自分の快楽と欲望にもっぱらふける人々は、文字だけを学ぶ者であって（云々）」[14]。オリゲネスのいう「文字」とは「石に刻まれた文字」（コリント後書、三・七）であり、一言で述べればモーセの律法である。また、オリゲネスのいう「霊」とは、「見えない神の姿」（コロサイ、一・一五）であり、一言で述べればキリストの言葉である。オリゲネスにあっては、文字＝律法はけっして神の真なる姿ではなく、文字通りの聖書解釈では神を信仰できない。文字は、これを信仰する人々を殺してしまう。「もし、文字の直接的な意味のみにとどまるなら、この箇所（新約中のマタイ一三・一〇、一三やマルコ四・一一～一二に記されている『復讐する』とか『罰する』とかのような神の情）は、旧約聖書の中で彼ら（異端者）が非難している箇所に劣らないほど、避難すべきものと思われるであろう」[15]。文字は、そのままで受け入れてはならない。文字は、信仰にとってマイナスのはたらきをする。イスラエルの歴史に登場する出来事や現象は「もろもろの隠された聖なる事柄の形象（formae）及び表象（figurae）と考えるべきである」[16]。オリゲネスは、物語の文字、字義すなわち旧約にこだわらず、その中に宿っている精神、霊すなわち新約に向かえ、とするのだった。

さて、ではわがシュトラウスにおいて、文字とは何か、霊とは何か。また、殺される者、生かされる者は何か。大井正の解説に依拠するならば、さしあたり次のことははっきりしている[17]。『イエスの生涯』を書くにあたり、シュトラウスもまた、オリゲネスにならって「文字、字義（Buchstabe）」に対する批判から入る。だが、オリゲネスにおいて文字は旧態依然たる異端者ないしはユダヤ教徒の信仰対象として退けられたのに対し、シュトラウスにおいてはそうされない。シュトラウスにすれば、文字の背後にあるものは「絶対的真理」であって、この真理を明らかにするには、文字にも意味があるとしなければならない。いかに荒唐無稽にみえようとも原ユダヤ教徒や原キリスト教徒のもとで成立した物語は、口踊（Sangenbilding）という自然的ないき方で形成されたもので、これは神話なのである。従来人々は、「神話を寓話、意図的な虚構、恣意的な捏造と混同してしまい、神話を人間精神の最初の活動の必然的な担い手として認識しなかった」[18]。シュトラウスは、なるほど記述されたままの物語を史実的真実とは考えない。その点では、超自然的解釈を批判する意味も含めて、文字の死を宣言している。けれども、他方で文字は、いかに不自然な、奇跡的なことがらを表現していようと、これは民衆の精神、共同体の精神、教団の精神を包み込む外被であるから、文字はそのまま、ありていに受け入れてはじめて内実を理解しうるということになる。

オリゲネスにおいては、文字の背後にあるものは神的誠心だが、シュトラウスにおいて文字の背後にあるものは民衆（Volk）の精神、共同体（Gemeinde）の精神である。そうであるなら、シュトラウスにおいては、民衆の、共同体の、いや人類の精神は絶対的真理と一致することになる。このあたりの議論に関連する文章を大井から引こう。

「シュトラウスによれば、神と人間とは即自的には一つであり、そして畏敬（宗教）とは、人間の側から神への運動、すなわち神と人間との統一についての意識化である。神と人間との統一は、宗教において人間に明らかとなり、人間において意識と現実性に到達する。そして、神が人間であるという真理を宗教としてもつまでに人間が成熟したときには、もとより宗教こそが真理を俗人の（gemein）意識にあらわす形式なのだから、あの神人統一という真理は、感性的現実性（sinnliche Gewissheit）という仕方で、つまり俗人にも理解できる仕方で現われてくる。そして、眼前にあわれる神としてとらえられるある人間個体が登場するのだと」[19]。

大井のこの文章を私なりに解釈すれば、文字＝神話と霊＝神的精神とを取り結ぶ交点にキリストは立っているのである。さらには、キリストなる語もユダヤ世界から受け継いだ文字＝神話の文脈に位置しており、その内実＝神的精神は「おびただしく多くの個人」[20]の共同精神なのである。こうして、シュトラウスによって神は殺されたに等しいこととなった。文字を寓意的に、比喩的に解しているかぎり、神は存在する。けれども、文字を神話的に解するや、そこに神が入り込む余地はなくなった。いやそればかりか、文字の背後に潜むとされる霊についても、これは古代の平凡な民衆の無意識を成素とする共同精神だとされることにより、そこにも神の入り込む余地はなくなったのである。つまり、シュトラウスの神話的解釈法においては、文字によって民衆は生かされても、文字によって神は殺される可能性を含んでいるのだった。

ところで、神話とは民衆の口踊によって語り継がれる物語である。したがって、文字に記録される以前、神話は、これを語り継ぐ人々の時代精神に大きく影響を受け、ここかしこに変更や添加が施された。舞台をオリエントの多神教世界や先ギリシア、古ゲルマンの世界に移せば、ある時代ある地域の民族は、飛ぶ鳥を神とみなし、その鳥は人の言葉を話した。その際、オリゲネス的――ここではプルタルコス的としたほうがより適切――比喩的解釈では、こうなる。高等な人間が下等の動物を神と崇拝するわけがない。これにはきっと隠された訳がある。鳥の背後に人間よりいっそう高等な存在や本質が潜んでいるのだ。鳥はそれを包み込む依代か象徴、ないし偶像かである。これに対しシュトラウス的神話的解釈では、こうなる。動物を神と崇拝する人々は、その神獣・神鳥およびそれらの生活に自らの生活や共同意識を投影させ、自らが生み成す歴史を、あたかもその神獣の世界で繰り広げられる物語として語り継ぐ。よって、ときには動物や植物が、あるいは岩や山までもが人間的存在者とされるのである。これは擬人化ではない。したがって、オリゲネス的ないしプルタルコス的立場と違い、シュトラウス的立場では霊＝精神におとらず文字＝神話が重要な意味をもってくるのである。しかしシュトラウスは、文字ないしそのもととなった神態・神言には、これ以上立ち入らない。けれども、シュトラウスの神話的解釈の妥当性をもっと深くつっこんで考察するには、ダイレクトに神態・神言の分析を行なわねばならない。そのことについては、シュトラウスにでなくフォイエルバッハに注目して議論してみようと思う。

五　神話のフェティシズム的性格

研究者フォルケ・ストレムによると、デーン人ヴァイキングはワタリガラスを神すなわちオーディンとしていた。[21] またコティー・バーラントによると、アメリカ北西部沿岸の先住民神話には「天上の人、太陽、月、カラスとして知られているトリックスター＝創造者を別にすれば、神性をもつものの明白な痕跡を見出すことはできない。物語のなかの性格の多くは、全部が動物ではないが、全部が人間でもないトーテムの生物である」[22]。イングランドを襲撃したヴァイキングもアメリカで狩猟生活をおくり続ける先住民も、動物（ここではカラス）を神としているが、これを超える絶対的存在者＝絶対神のごときものは崇拝されていない。先史民族や野生民族のもとに存在する神は、なんら超越的でなく、不可視でもない。たとえ霊的な本質を有しているにしても多くは可視の姿で信仰者と接する。その点に関しては、シュトラウスと同時代のドイツ人哲学者ルートヴィヒ・フォイエルバッハが一八四六年に含蓄ある論究を行なっている。いわく、「自然の中で自分を啓示する神的存在者とは、人間に対して神的存在者として自分を啓示し表現し強制する自然自身以外の何物でもない」[23]。「自然の実存は、有神論が妄想しているのとはちがって、神の実存に基づいているのではない。そうではなくて逆に、神の実存またはむしろ神の実存に対する信仰はもっぱら自然の実存に基づいているのである！」[24]

フォイエルバッハの野生的信仰観・原初的信仰理論に立つと、アメリカ先住諸民族のもとで語り継がれる神話に登場する者たちは、動物神であれ人間の姿をした神であれ、その多くは血と肉を備えている。あるいは地上の生物・無生物と不可分に結びついた存在者である。しかも、それらの神々は、ときに信仰者たちの強制を被る。「……必要の威力の前では神の尊厳性および威力でさえも弱まる。もし異教徒の神々が異教徒を助けないならば、そのときは異教徒は自分の明白な(手でとらえることができる)神々そのものを打ちこわし放棄するということは、なんら不思議なことではない」[25]。

一六世紀に入って、スペインのコンキスタドレスたちがカリブ海に迫ったとき、キューバ島の先住民たちは自分たちの流儀にのっとって、スペイン人の神々を投げ棄てた。一五一一年のこと、スペイン人の攻撃を逃れてエスパニョーラ島からキューバ島に渡った先住民の指導者アトゥエイは、スペイン人が異常に黄金を欲しがるのをみて、あれは外国人の神に違いないと判断した。「キリスト教徒たちがこの島へやってくるのはおまえたちが聞いて知ってのとおりだ」と先住民に訴える彼は、キリスト教徒が残虐行為にでる理由として「彼らには、崇めこよなく愛している神がいる」からで、「私たちにもその神を崇めさせるためなのだ」と説明した。そこでアトゥエイは、先住民たちに命じて黄金を一つ籠に集めさせ、それを手に取り、こう叫んだ。「これがキリスト教徒たちの神だ。この籠の前でアレイト(つまり、舞と踊り)をしようではないか。そうすれば、たぶんこの神は大喜びして、私たちに悪事を働かないようキリスト教徒たちに命じるだろう」。アトゥエイとその従者たちはへとへとになるまでその神の前でアレイトを続け、最後にアトゥエイはこう告げた。「さて、いずれにせよ、このような物を持っていたら、キリスト教徒たちは奪おうとして私たちは殺されるに違いない。だから、川へ棄ててしまおう」。こうしてキリスト教徒の神である黄金はキューバの先住民によって打ち棄てられた[26]。

上述の出来事は、スペイン人による中南米先住民虐殺の惨状を当時のスペイン国王カルロス一世に報告した司教バルトロメ・デ・ラス・カサス（Bartolomé de las Casas, 1486-1566）著『インディアスの破壊についての簡潔な報告』（一五五二年）に記されている。フォイエルバッハは、アメリカ大陸の先住民が崇拝する物的対象を、「マニトゥ」として論究している。ラス・カサスがキューバ島で観察した先住民の祭儀は、もろもろの生物・無生物を自らの神＝マニトゥに選び取り、ときにこれを打ち叩くというものであったが、フォイエルバッハはそのような原初的信仰を「我々の意味ではなんら宗教ではないもの――まさにそういうものが最初の宗教であり根原的な宗教である」[27]とし、きわめてポジティヴに評価する。

ところで、あれこれのマニトゥが登場するアメリカ先住民の神話は、その物語自身に最大の意味・内実があるのであって、その背後とか天空とかに別の意味や内実が潜んでいるのではない。神話は、それが語られ始めたときには、物語それ自体ですべてであった。言葉を話す鳥や人間を産む獣、それらの神々は比喩でもなければ象徴でもなく、端的に具象のものであった。そのような具象神崇拝を、啓蒙期フランスの哲学者シャルル・ド＝ブロス（一七〇九～七七年）は「フェティシスム」と名づけ、ゆるやかに定義づけした。[28]

アメリカ大陸のみならず、エジプトの神話もシリアの神話もギリシアの神話も、みなそれらが物語られた原初には、具象神＝フェティシュとその信仰者の相互的世界を舞台としていた。しかし、やがて具象神にはいっそう崇高な抽象神が対置され、前者は後者の形代ないし犠牲獣とされるようになった。その過程で神話の舞台は地上から天空へと昇華し、天空の存在者は地上の人間たちに対し超自然の力を発揮するようになった。そのように神話内容が潤色され、それが文字で表現されるようになると、物語はここに固定され、文字で表された内容と、のちにこれを読み知り解釈を与えようとする人々の意識との間に落差が生じた。そこでいっそう大切にされたのは、言うまでもなく後世の人々の意識であり、文字の方は〝たとえ〟の位置に貶められたのだった。

けれども、ユダヤ神話にせよフェニキア神話にせよ、それらがもし文字として固定されなければ、物語それ自体ですべてをいきいきと表現していて、その背後や言外に何か文字で表現されたこととまったく別個のことがらを持ち出す必要はなかっただろう。そのことは、アメリカ先住民のトーテミズムがよく示している。けれども、よし文字として固定されたとして、そこに綴られた内容は、それが成立した頃の人々、それを語り継いでいた頃の人々にとっては素朴な真実であり事実であった。そこにこそシュトラウスの採用する、聖書物語の神話的解釈法の有意味性・有効性が存在するといえるのである。神話というかたちで現代に遺し伝えられた古代人の精神、それを〝たとえ〟だとか〝偽り〟だとかするのでなく、ある特定の地域や時代の精神・共同的意識とするシュトラウスであればこそ、若い日の羽仁五郎はこれに多大な影響をうけ、自らの学的方向をこれによって決定づけたのである。

「ハイデルベルクで、ぼくは糸井靖之や大内兵衛が経済学に新しいみちを発見しようとして死にものぐるいになって勉強しているのを見た。ぼくは三木清とともに哲学においても新しいみちが発見されなければならないことを知った。ぼくは、哲学から歴史を学んだ。そして、一九二四年、日本に帰ってきたとき、ぼくは日本および東洋の歴史を研究しなければならないと考えた。こうして、ヨオロッパから帰ってきたぼくが、日本の歴史を研究しようとして最初に呼んだのが津田左右吉の〝神代史の研究〟また〝古事記および日本書紀の研究〟であった」(29)。

津田左右吉の歴史学の最大の業績は天皇制伝説を根本的に粉砕したことにあった。この点において、彼の学問が日本においてもった意義には、シュトラウスのイエス伝説批判がヨーロッパにおいてもった

意義にもくらべることのできるものがあったのである。(30)

［註］

（1）この訳書は、前以って発表された以下の試訳の増補改訂版である。D・シュトラウス研究会訳「初版『イエスの生涯』」①～③、『社会思想史の窓』第八四、八六、九九号、一九九一年五、七月、一九九二年八月。

（2-3）羽仁五郎「つださうきちの学問」、『図書』（岩波書店）第一四九号、一九六二年一月、二頁。

（4）羽仁五郎「つださうきち博士」、『図書』第七号、一九五〇年五月、四頁。

（5）D・シュトラウス研究会訳「初版『イエスの生涯』」①、『社会思想史の窓』第八四号、一一～一二頁。（生方卓・柴田隆行・石塚正英・石川三義訳『イエスの生涯・緒論』世界書院、一九九四年、一一頁。）

（6）オリゲネス、小高毅訳『諸原理について』創文社、一九七八年、五六頁。

（7）同上、一四二、一四四頁。

（8）同上、二八五頁。

（9）同上、二九七頁参照。なお、日本語訳聖書からの引用は、いちいち注記しないが、以下のものを参照している。『聖書・新共同訳』日本聖書協会、一九八九年。

（10）フォルケ・ストレム、菅原邦城訳『古代北欧の宗教と神話』人文書院、一九八二年、一二七頁。

（11）*Biblia Sacra iuxta Vulgatam Clementinam, Nava Editio, Biblia Vulgata, Biblioteca de Autores Cristianos, de La Editorial Catolica,* S. A. Madrid 1977.2 AD Corinthios 3-6.

（12）*Die Bibel,* Vollstandige Deutsche Ausgabe, Verlag Herder Freiburg im Breisgau 1965, 2. Korintherbrief 3-6.

（13）D. F. Strauss, *Das Leben Jesu,* Erster Band, Tübingen, Verlag von C. F. Osiander 1835, S.7.

（14）オリゲネス、前掲書、一八九頁。
（15）同上、二一八頁。
（16）同上、二八七頁。
（17）大井　正『ヘーゲル学派とキリスト教』未来社、一九八五年、一〇三〜一〇五頁。
（18）D. F. Strauss, *ibid.*, S.29. D・シュトラウス研究会訳「初版『イエスの生涯』」②、『社会思想史の窓』第八六号、六頁。（『イエスの生涯・緒論』、三四頁。）
（19）大井　正、前掲書、五六頁。
（20）同上、五七〜六〇頁。
（21）フォルケ・ストレム、前掲書、一一六頁。
（22）コティー・バーランド、松田幸雄訳『アメリカ・インディアン神話』青土社、一九九〇年、五〇〜五一頁。
（23－24）L. Feuerbach, Das Wesen der Religion, in *Ludwig Feuerbach Gesammelte Werke*, Bd. 10. Kleinere Schriften III（1846-1850）, Akademie-Verlag Berlin, 1984, S.9, S.12, S.92. 船山信一訳「宗教の本質」、『フォイエルバッハ全集』第一一巻、福村書店、一九七三年、一〇頁、一二頁、一一九頁。
（26）ラス・カサス、染田秀藤訳『インディアスの破壊についての簡潔な報告』岩波文庫、一九九二年（初刷一九七六年）、四〇〜四二頁。なお、この個所はマルクスが『ライン新聞』（一八四二年）で用いた「キューバの野生人」のたとえの大もとの典拠である。しかし、そのことをマルクスは知らなかった。なお、ラス・カサスのこのスペイン人告発文書の一部は、その後エレラ編『カスティリア領西インド史概説』（一六〇一〜一六一五年）に収まり、後者の記述（抄）をこんどはド＝ブロスが『フェティシュ諸神の崇拝』（一七六〇年）に収めたのだった。
（27）L. Feuerubach, Über "Das Wesen der Religion" in Beziehung auf " Feuerbach und die Philosophie. Ein

Beitrag zur Kritik beider", von R[udolf] Haym, 1847, Ein Bruchstück, in *Ludwig Feuerbach Gesammelte Werke*, Bd.10. S.338. 船山信一訳「ルドルフ・ハイムあての返答」、『フォイエルバッハ全集』第一一巻、一七〇頁。

（28）ド＝ブロスのフェティシズムおよびこれとフォイエルバッハの原初的信仰の関連性については、まずは以下の拙著で縷説した。①『フェティシズムの思想圏―ド＝ブロス・フォイエルバッハ・マルクス』世界書院、一九九一年、②『フェティシズムの信仰圏―神仏虐待のフォークロア』世界書院、一九九三年、③『歴史知とフェティシズム―信仰・歴史・民俗』理想社、二〇〇〇年、④『フェティシズム―通奏低音』社会評論社、二〇一四年。大半は、本書に再録されている。

（29）羽仁五郎「つださうきち博士」、『図書』第七号、二頁。

（30）羽仁五郎「つださうきちの学問」、『図書』第一四九号、二頁。

第十二章　キリスト教の中の原初的信仰
――マルクスを論じてフォイエルバッハに及ぶ

はじめに

ときは一八四七年一一月三〇日、場所はロンドンでのこと。一時イギリス滞在中の若きカール＝マルクスは同市に存在したドイツ人労働者協会で或る演説を行ない、その中でキリスト教における食人習と遺骨信仰に言及した。ヘーゲル左派のキリスト教批判を念頭におきつつ、「これまで研究されてこなかったのはキリスト教の実際的宗教儀式である」と発言し、その趣旨を以下のように説明した。(1)

「ご存じのごとく、キリスト教における最高の価値は人身御供である。さてダウマーは最近出版されたある作品の中で、キリスト教徒がじっさいに人間を虐殺し、聖餐式で人間の肉を食い、人間の血を飲んだことを実証している。(中略) 人身御供は神聖なものであって、実際に存在したのである」。

この演説を行なった翌月、マルクスはブリュッセルのドイツ人労働者協会で、あの有名な講演「賃労働と資本」を行なっている。こちらのブリュッセル講演の内容はよく知られている。だが、ロンドンでの演説についてはマルクス研究者のあいだでもほとんど問題にされていない。この演説内容(議事録)

が一九一九年になってようやくはじめてライプツィヒで公表されたことも、それに影響しているだろう。

マルクスはロンドンでなぜあのような演説を行なったのだろうか。発言の中に出てくるダウマー著作『キリスト教古代の秘密』は一八四七年にハンブルグで刊行されたばかりだった。読んでみて、なにはさておき、それをロンドン在住のドイツ人労働者に紹介したかった可能性は十分にある。なぜなら、一八四四年秋から四六年末までロンドンに滞在した労働者革命家ヴィルヘルム・ヴァイトリングが、周囲のドイツ人労働者に対しイエスの言葉で革命宣伝を強化していたからである。(2) ドイツ人労働者たちをキリスト教的な扇動から引き離さねば、と考えたための演説だったのではなかろうか。

ところで本章では、マルクスのロンドン演説がどのような根拠と経緯で行なわれたか、それが当時の労働者運動にいかなる影響を及ぼしたか、といったことは問題にしない。ここでは、演説に含まれる発言「人身御供は神聖なものであって、実際に存在したのである」に注目したい。そして、マルクスはここでキリスト教の本質にかかわる重大な発言を為したにもかかわらず、その発言内容を以後自覚的に反省しなかったため、唯物論の立場からはついに有効にキリスト教批判を為しえなかった点を論じてみたい。その際、唯物論の立場からはむしろルートヴィヒ・フォイエルバッハこそが有効にキリスト教批判を為しえた点を指摘してみたい。

一　キリスト教徒の遺骨信仰と食人習

古代キリスト教信仰に深く関連する場にカタコンベがある。これは、キリスト教徒がローマ帝国の迫害を被っている時代に彼らが秘かに礼拝を行なった場所で、地下の墓地を利用したものもあったという。

そこで注意すべきことは、彼らは場所に困ってしかたなく墓地を利用したのでなく、墓地こそ礼拝に相応しい聖域だったということである。

迫害の時代がとうに過ぎ去っても、キリスト教徒はカタコンべないし墓地から離れようとはしなかった。とくにイタリアでは現在でも、無数の髑髏で飾られた礼拝堂でキリスト教徒が祈りを捧げている。アッシジの修道院は、修道会を創始した聖フランチェスコ（一一八一頃～一二二六年）の遺体を埋葬した地に建てられた。カタコンべの上や聖者の墓地の上にはよく教会が建てられてきた。あるいはまたアーヘンの教会には、同地を首都にして政治を行なったフランク国王にしてローマ皇帝のカール大帝（王位七六八～八一四年、帝位八〇〇～八一四）が千年以上もの永きにわたって眠っている。かように、キリスト教徒は聖者・信者の遺骨をこよなく信仰してきたのであった。

キリスト教徒とは何か？　それは、ブッダの遺骨＝舎利を崇拝する仏教徒と同様、聖者の遺骨を崇拝する原初的信仰者のことなのである。キリスト教徒は姿なき神イエスを崇拝する者という観念は、古代世界ではむろん中世カトリック世界でも実に不自然なものであった。とくに下層社会ではながくキリスト教が浸透する以前の神々が信仰されていたし、キリスト教に改宗してからでも、それに地域の民間信仰をうまく適応させていた。遺骨信仰はその代表例である。

そのほか、四旬節（Lent）に先立って数日間行なわれる謝肉祭（Carnival）は明らかにプレ・キリスト教時代の信仰儀礼を引き摺ったものである。毎年春になると日が少しずつ長くなる（lengthen、古代アングロ・サクソン語でlenctene）。その変化に由来する四旬節は、農耕儀礼の名残である。さらには、ラテン語の肉（caro, carnatitas）に由来する謝肉祭＝カーニヴァルは、イエスと一二使徒たちによる最後の晩餐にその片鱗が遺された、信徒たちによる神の共食に遠い起原を有している。

ジェームズ・フレイザーの『金枝篇』によれば、古代諸民族やアジア・アフリカの諸民族のもとでは、神とみなされた動物や人間の肉体を食する習慣がある。(3) またフレイザーによれば、古代メキシコや古代インドのアーリア人社会では神の肉体としてパンを食べる風習があった。

「古代メキシコ人はキリスト教宣教師の到着以前に既に化体説の神学教理に充分通じていて、それを自分達の神の宗教祭儀においてそれを行っていたことが分かる。彼らは祭司達がパンを浄めて、それを自分達の神の身体そのものに変えることができ、その浄められたパンを分かち食べた人々はすべて神の身体の一部を自分の中にとり入れることによって神との霊的な交わりに入るものと信じた。化体説の教理、すなわち呪術でパンを肉に変えることは、キリスト教の流布どころか、その発生のずっと以前から、古代インドのアーリア民族にも馴染み深いものだった」(4)。

古代アーリア民族の社会に存在した風習がそれ以外の古代諸民族にも存在したと考えても、さして見当違いではなかろう。まして、そのことを彷彿とさせる儀礼が記録された経典をもっている民族については、当該の風習がかつて実行されていたと推定して問題はない。それが、西アジアに生まれたキリスト教には妥当するのである。最後の晩餐において、イエスは一二使徒を前にして、こう言う。「私の肉を食べ、私の血を飲む者は、いつも私の内におり、私もまたいつもその人の内にいる」（ヨハネ六の五六）。

神の子イエスが肉を備えることを「インカルナティオ（incarnatio）」という。その肉をこんどは信徒が自身に備えるのが聖餐なのである。先史のオリエントにおいては、カーニヴァルは文字どおりに行なわれた。たぶん、人間の肉を神が食べ、神の肉を人間が食べ、それでワンセットの儀礼が執り行われていたのであろう。その風習はなかなか中断できない。生活条件としての儀礼は生存に深く関連しているので、そのような生活様式が存続しているかぎり、中断できないのである。まして、それが聖なる儀礼とあれば中断するいわれもない。こうして、神の身体を食べる儀礼はイエスの共同体（communitas）にまで存続したのである。

二　キリスト教の本質をつかまなかったマルクス

一八四七年一一月、ロンドン滞在中のカール・マルクスは、キリスト教に関して驚くべき発言を行なった。ダウマーの新著はそうとうマルクスを揺すぶったとみえる。マルクスは、ダウマーにならって、キリスト教徒が「人身御供」の一環として実際に食人を為していたと結論したのである。キリスト教徒の食人についてその史実を認め、それをキリスト教に相応しい価値だと評価した発言は、なるほど以後彼の言葉としては繰り返されない。しかし、このロンドン演説では隠しようのないほど明白に評価を下したのであった。マルクスは例の演説の後半で、さらに以下の言葉を続けている。

「人身御供は神聖なものであって、実際に存在したのである。プロテスタンティズムはそれをただ精神上の人間に移しかえ、問題をいくらか和らげただけである。それゆえ、プロテスタントの中には他のいかなる宗派よりも気違いじみた人間が多い。ダウマーの著作に述べられているこうした話により、キリスト教は最後の一撃をくらった」(5)。

ほんとうであろうか。ほんとうにマルクスの言うとおり、キリスト教＝カトリック教は人身御供＝食人を最高の価値とみなしていただろうか。否である。アレゴリーで特徴づけられるヘレニズム思想を吸収して成立したローマ・カトリック教会は、中世を通じて、十字架上でのイエスの死をもって一切の人身御供＝犠牲を最終的に終了したことにするべく、躍起になってきたのである。教父オリゲネス的に考えれば、最後の晩餐でのイエスの言葉は一種の譬え＝アレゴリーであって、聖書に綴られた文字はけっしてそのまま生じたことと信じてはならないのであった。(6) なぜ躍起になったか。理由は実に簡単である。聖書に記された信徒たちによるイエスの肉体の共食は、プレ・キリスト教すなわち古代オリエントの自然信仰に起原を有するものにして、キリスト教はその古代的信仰と袂を分かつことで自己を確立したからである。それに対して、中世になってキリスト教に改宗したヨーロッパ諸民族は、民間信仰・農耕儀礼のレベルでは原初的信仰を廃棄せず、依然として動植物への儀礼として神殺しとその共食を実践しており、聖遺骨信仰もさかんに行なっていたからである。

マルクスは、中世キリスト教の中に息づくオリエント起原の自然信仰（起原）およびゲルマン・ケルト起原の自然信仰（習合）を、あやまって中世キリスト教＝ローマ・カトリック教義の本質と解釈してしまったのである。のちにフレイザーが十分な実例でもって私たちに示してくれたように、中世ヨーロッパの農耕社会にはゲルマン・ケルト起原の野生的信仰儀礼が日々営まれていた。

中世ヨーロッパの農耕社会では、イエスの磔刑像よりもマリア像の方が信仰されたが、その訳は後者の像は古代ケルト諸民族の信仰する大地母神・女神と容易に習合しえたからである。そのケルト女神は、キリストの祖母聖アンナとほぼ同名の「アナ」ないし「ダナ」であった。(7) 習合は順調であった。ただし、ローマ教会が考えたような、アンナを経由させたマリア（カトリック）へのアナ（ケルト）の習合でなく、その逆の形態の習合が進行していったのである。

そのような習合との関連で中世カトリック教会が頭を悩ませた教義に、マリア昇天がある。イエスは神自身でもあるとのアタナシウス説からして、イエスは自ら霊魂＝神の姿にもどって昇天したが、マリアは神の子を受胎したものの、自身は人間であった。だから、マリアの昇天は肉体を備えたままということになる。しかし、神聖受胎の体験をもつキリストの母、テオトコス・マリアを、そのように俗なる姿で昇天させるわけにはいかない。けれども、民間信仰の世界ではマリアは肉体を備えたまま昇天しているのだった。その解釈を「マリアの被昇天」という。それは、「マリアがその魂だけではなく、その肉体も腐敗解体することなくそのまま昇天して天国に入った、という教義で、これが明確に定義されたのは一九五〇年になってからだ。しかし、このようなイメージは民間信仰として既に古く五世紀頃から存在し、カトリック教会も非公式にこれを是認し、七世紀からは八月一五日をその祝日として祝ってきた」(8)。

マルクスは、一八四七年一一月の演説で、いとも容易くキリスト教徒の人身御供を肯定し、しかもそれをプロテスタントの本質にも関連させた。だがそれによってマルクスは、神殺しと神の共食で特徴づけられるイエス信仰と、不可視・不可侵の超越神で特徴づけられるキリスト信仰は歴史的に別物であることを、知ってか知らずか、ごまかしたのであった。演説の対象が下層のドイツ人労働者であるとはいえ、同じ階層を対象にした翌月の講演「賃労働と資本」と比較して、あまりに相違してはいないだろうか。「ダウマーの著作に述べられているこうした話により、キリスト教は最後の一撃をくらった」などと、キリスト教の本質を見間違えた見解を、マルクスはいったいどうして発言したのだろう。「ダウマーの著作に述べられているこうした話」というのはキリスト教の本質とは程遠く、並みのキリスト教徒にはてんで相手にされない。「最後の一撃」になるどころの話ではない。イエスの犠牲をもってあらゆる犠牲の終焉とみなす教義にこそキリスト教の本質が潜んでいるのである。一八四七年段階のマルクスは、キリスト教の本質をあきらかに見抜けていなかったのである。

三　キリスト教の本質をつかんだフォイエルバッハ

食人習（anthropophagy, cannibalism）をめぐる原初的諸信仰とキリスト教との重層的・習合的な関連性を若いマルクスが説明できないでいた一八四〇年代後半、すでにその関連性を基本的には洞察しえていたドイツ人哲学者がいる。それはルートヴィヒ・フォイエルバッハである。彼は、一八四四年発表の論説「異教における人間の神化とキリスト教における人間の神化との区別」において、原初的諸信仰とキリスト教との重層的・習合的な関連性について以下のように論じていた。

「私が光の中で神を崇敬するのは、もっぱら光自身が私にとって最も立派な存在者、最強の存在者として現われるからである。もちろん後に反省の中で、人間がすでに光を超越し、光の神性または太陽の神性を疑う場合には、人間は神学の中で、第一のものを第二のものにし、根原的な神を導出された神にする、すなわち事象（Sache）をたんなる形像（Bild）にする。しかし民族の単純な宗教的感覚は神学的な反省が行なうこの区別立てを至るところでかつ常に廃棄する。民族は常にふたたび根原的な神に復帰する。すなわち民族はふたたび形像を、それが根原的にそれであったところのもの、すなわち事象にする」(9)。

ここに出てくる「反省」は、キリスト教の成立を示し、「神学」はキリスト教を指す。また、「第一のもの」、「事象」、「根原的な神」は自然信仰＝原初的信仰を指し、「第二のもの」、「形像」、「導出された神」はキリスト教を指す。ここで、キリスト教の本質はあきらかに原初的信仰の本質と峻別されている。同じ論文においてフォイエルバッハはさらに、上記の「反省」の一つとして、神殺しを遠因にして成立した犠牲＝人身御供の廃棄を以下のように語っている。

「人間キリストはあらゆる人間犠牲の終わりである。なぜかと言えば人間キリストの犠牲死は一度で究極的に起こったからである。すなわち、人間キリストがあらゆる人間犠牲の終わりであるのは、キリストの犠牲が個別的な場合の意義、したがって繰り返されるべき場合、猿真似されるべき場合の意義をもっているのではなくて、一般的な意義をもっているからである。ちょうど人間キリストがこのようにあらゆる人間犠牲の終わりであるのと同じように、人間キリストはまた人間のあらゆる神化の終わりでもある。なぜなら、この人間はあらゆる人間たちにとっての神であり、あらゆる人間たちの名における神、あらゆる人間たちの利益のための神だからである」[10]。

フォイエルバッハに従えば、ヘブライズムの信仰世界において人間犠牲の儀礼はキリスト教の成立とともに廃絶を宣言されたのである。あるいは、キリスト殺しすなわち神殺しの更新はキリスト教神学の確立を通して清算されたのであった。だが、前節のマリア信仰に見られるように、中世を通じて下層のキリスト教徒はケルト的ないしゲルマン的な原初的信仰をなかなか清算しなかったのであり、その点では神殺しの儀礼は以後も継続したのである。その事実を知っていたからこそフォイエルバッハは、「民族は常にふたたび根原的な神に復帰する。すなわち民族はふたたび形像を、それが根原的にそれであったところのもの、すなわち事象にする」と断言しえたのだった。

フォイエルバッハに見えていた事実が、なぜマルクスには見えなかったのだろうか。その理由は、この両人のあいだでそもそも自然と歴史・社会とを見る目が違っていたからである。謂うなれば、パラダイムを異にしていたのである。

ところで、長年にわたってマルクスの読書ノートを調査してきた私は、一つの例外を除いて、公刊されたマルクス著作にはけっして表明されなかった或る問題意識が読書ノートには暗示されている点を発見した。それは、キリスト教と違う先史＝古代の原初的信仰に対するマルクスの積極的な評価に関わるものである。

マルクスは青年期の一八四二年に、シャルル・ド＝ブロスの匿名著作『フェティシュ諸神の崇拝』（一七六〇年）を読んで読書ノートを執った。その中で彼は、文明宗教が成立する以前の原初的信仰であるフェティシズム、神を攻撃する儀礼で特徴づけられるフェティシズムを摘要した。それから、死ぬる直前の一八八二年になってジョン・ラボックの著作『文明の起原と人類の原始状態』（一八七〇年）を読み読書ノートを執った。そのラボック読書においてふたたび先史・古代世界に発する信仰であるフェティシズムをとらえ、宗教一般と明確に区別されるフェティシズム、神に屈伏する宗教でなく神を攻撃する信仰形態を積極的に摘要したのである。

まず若いマルクスは、儀礼として神を攻撃する原初的信仰に関して一八四二年に記したド＝ブロス著作『フェティシュ諸神の崇拝』摘要中で次のような文章を筆記した。

「キューバの野生人は、黄金をスペイン人のフェティシュとみなした。彼らはそれのために祝祭を催し、その周りで踊り、歌い、しかるのちそれを海中に投じた、それを遠ざけるために」(11)。

ついで老マルクスは、儀礼として神を攻撃する原初的信仰に関して一八八二年春に記したラボック著作『文明の起原と人類の原始状態』摘要中で次のように積極的な評価を与えた。

「（偶像を）フェティシュと混同してはならない」「フェティシズムは神への攻撃であって、イドラトリ（偶像崇拝）は神への屈伏なのである」(12)。

じつに不思議なことであるが、四〇年の歳月を隔てて若きマルクスと老マルクスが執った以上二種の読書ノートだけは、原初的信仰＝フェティシズムを宗教一般から区別してポジティヴに観察する立場で記されているのである。それからまた、ほんの一度だけではあるがその立場を『ライン新聞』に連載した記事の中で公式に表明したのである。以下にその一例を引用してみる。

「いわゆる特権者の慣習は法にそむく慣習を意味している。この特権者の慣習が生まれたのはいつかといえば、それは人類の歴史が自然史の一部をなし、そして、エジプトの伝説に明らかなように、すべての神々が自分の身を隠して動物の姿をまとっていた時代のことである。人類は一定の動物種属にばらばらに分かれて現われた。そしてこれら動物種相互の関係は平等ではなく不平等であり、この不平等は法律によって固定されたものであった。世界の状態が不自由に陥ると、不自由の法が必要となる。というのは、人間の法は自由の定在であるのに対し、動物の法は不自由の定在だからである。ごく広い意味での封建制度は精神的な動物の国であり、区分された人間の世界である。この世界は、みずから区別する人類の世界に対立するものであって、後者においてはたとえ不平等があるかにみえても、実はそれは平等が織りなす色模様にほかならない。未発達な封建制度の国やカースト制度の国では、人間は文字どおりカーストに分割されており、偉大なる聖なるもの、すなわち聖なる人間の高貴な、自由に相互に交流しあう構成分子が、切りさかれ、叩き切られ、強制的に引き裂かれているところであるから、これらの国ではまた動物崇拝、すなわち本来的での動物宗教が存在する」(13)。

思うにマルクスは、若い頃偶然に近い形でフェティシズム（神を攻撃する原初的信仰）を読み知ったが本格的な研究には着手せず、むしろその当時の彼はキリスト教（神にひれ伏す本来の宗教）に対する哲学的批判が最重要だったのだろう。けれどもマルクスは、『資本論』第一巻刊行後開始した古代社会研究・古典民族学研究の一環として原初的信仰への関心を強めた。その過程で彼はマウラー、コヴァレフスキー、モーガンを読み継いでいく。そして最晩年の一八八二年秋、ラボック著作を読むに至ってようやくキリスト教＝本来の宗教とは明確に異なる原初的信仰、「偉大なる聖なるもの」の本質を申し分なく捉えるに至ったのであろう。(14)

おわりに

本章では、最初にキリスト教と原初的信仰についての若いマルクスの無理解を指摘し、フォイエルバッハの卓見を対比的に紹介した。しかるのち、最晩年のマルクスが原初的信仰への接近を為した際、キリスト教と原初的信仰との本質的相違を捉えるに至ったことを紹介した。それで、いったいどちらの捉え方が本来の、ないし完成されたマルクス思想であると言えるであろうか。私は、その問いは、問いそのものが意味を持たないと思っている。すなわち、たとい思想界に新紀元をもたらすほどの大哲学者・思想家であろうとも、自己矛盾と自己否定に満ちた学問研究と思索の道を生涯歩むことは当然のことである。

人によっては「経哲草稿」で、あるいは「ドイツ・イデオロギー」でマルクスはマルクスになったと判断する。また、人によっては『資本論』でマルクスはマルクスになったと判断する。しかし私は、それらいずれの判断についても、最晩年のマルクスが着手した先史・人類学研究の問題意識まで射程に入れた上で今後じっくり再評価してみたい。その際戒めとして念頭におくべきことは、実際のところマルクスは生涯さまざまな思想的自己矛盾の中を果敢に突き進んだのであって、ある時期からは一つの立場を矛盾なく貫徹したなどと考えてはならない点である。それからまた、なるほどマルクスは二〇世紀に登場する一つの根本的な時代思潮を築くのに貢献したが、それは、彼自身が一九世紀の時代思潮に決定的に影響され続けたことを無視する根拠にはならないということである。その思いは、先ごろ古稀を迎え、研究生活五〇年を刻印することになった私には、痛感される。[15]

ちなみに、マルクスによって激しく非難されたヴァイトリングの思想には反キリスト教にして親イエスの観念すなわち原初的信仰の地下水が流れこんでいる点を、ここで付け加えておきたい。[16]

〔註〕

（1）マルクス、増谷英樹訳「一八四七年一一月三〇日の在ロンドン・ドイツ人労働者教育協会でのマルクスの演説の議事録」、『社会主義史・労働運動史アルヒーフ』第八年次、ライプツィヒ、一九一九年、にはじめて発表、『マルクス・エンゲルス全集』補巻1、大月書店、一九八〇年、五二一～五二三頁。

（2）ロンドンにおけるヴァイトリングの活動については以下の文献を参照。石塚正英『三月前期の急進主義――青年ヘーゲル派と義人同盟に関する社会思想史的研究』長崎出版、一九八三年。

なお、マルクスは一八五〇年になってふたたびダウマーの別の著作『新世紀の宗教。箴言の組合せによる基礎づけの試み』（全二巻、ハンブルク、一八五〇年）に関連して、以下のように言及した。「『自然と女性は人間や男性とは違って真の神性である。……自然的なものに対する人間的なもの、女性的なものに対する男性的なものの帰依は、真の、ただ一つ正しい服従と自己疎外であり、最高の、いな唯一の美徳であり敬虔さである』第二巻、二五七頁。ここで見るように、思弁的な宗教創始者の浅薄な無知は極めて明確な臆病に転化する。ダウマー氏はあまりにも間近に近づいて彼を脅かす歴史的悲劇を避けて、自称自然に、すなわち、農民の愚鈍な牧歌に逃げ込む。そして、自分自身のめめしい諦めを覆い隠すために女性崇拝を説いている。／もっとも、ダウマー氏の自然崇拝は独特なものである。彼はキリスト教に比べてすら反動的な行動をとることに成功した。彼はキリスト教以前の古い自然宗教を近代化された形で復活させようと試みている」。『マルクス・エンゲルス全集』第七巻、一九七一年、二〇八頁。この批評には、未だモーガンやバッハオーフェンに出会う前の、先史社会の古典民族学的実際を知らないマルクスの、自然崇拝や女性崇拝についての見当違いが含まれている。

マルクスはさらに『資本論』第一巻（一八六七年）でも、以下のようにしてダウマーに言及した。「彼ら（ローマの貴族）が平民債務者に前貸しした貨幣は、債務者の生活手段をとおして、債務者の血と肉に化した。だから、この「肉と血」は「彼らの貨幣」だった。それだからこそ、シャイロック的な十銅表の法律！　貴族である債権者たちがときおりティベル河の対岸で債務者の肉を煮て祝宴を張ったというランゲの仮説は、キリストの聖晩餐についてのダウマーの仮説といっしょに、そのままにしておこう」。『マルクス・エンゲルス全集』第二三巻のa、一九六五年、三七八頁。この付言からは、ダウマーの説を否定する意図は読みとれない。

（3）Cf, James George Frazer, Spirits of the Corn and of the Wild, in *The Golden Bough, A Study of Magic and Religion*, Part V. vol.II, Macmillan, 1990. 神成利男訳・石塚正英監修『金枝篇』第七巻、国書刊行会、二〇一七年、参照。

（4）J. G. Frazer, *ibid.*, p. 89. 『金枝篇』第七巻、六八頁。

（5）マルクス、前掲論文、五二二～五二三頁。

（6）教父オリゲネスの「比喩」については、本書の前章を参照。

（7）山内　淳「ケルト女神考――聖アンナ伝説」『學鐙』第九四巻、第三号、一九九七年三月、三〇頁以下参照。

（8）岡野圭一 Heinrich「クレークリンゲンの『マリア祭壇』―ゴティックの彫刻」『専修大学人文科学

研究所月報』第一七二号、一九九六年、三頁。
（9）*Ludwig Feuerbach Gesammelte Werke*〔以下 *LFGW* と略記〕, Bd.9, S.414. フォイエルバッハ、船山信一訳『フォイエルバッハ全集』第一五巻、福村出版、一九七四年、一九八頁。
（10）*LFGW*, Bd.9, S.414. フォイエルバッハ、同上、二〇五頁。
（11）マルクス、石塚正英訳「フェティシズム・ノート」、石塚正英『フェティシズムの思想圏――ド＝ブロス・フォイエルバッハ・マルクス』世界書院、一九九一年、三〇五頁。
（12）マルクス、石塚正英訳「ラボック・ノート」（抄）、石塚正英『フェティシズムの思想圏』、一七六～一七八頁。
（13）マルクス、石塚正英訳『ライン新聞』第二九八号、一八四二年一〇月二五日付（抄）、石塚正英『フェティシズムの思想圏』、一四一頁。
（14）その点についての立ち入った考察については、上記の石塚正英『フェティシズムの思想圏』を参照。
（15）半世紀にわたる我が研究生活を記念して、二〇一九年一一月に以下の拙著を刊行した。石塚正英『学問の使命と知の行動圏域』社会評論社。
（16）石塚正英『革命職人ヴァイトリング―コミューンからアソシエーションへ』社会評論社、二〇一六年、参照。

第十三章　フォイエルバッハの唯物論的宗教論
――神は儀礼から生まれた

一　大地母神信仰と唯物論の関係――materialism の語原から探る

キリスト教批判で著名な一九世紀ドイツの哲学者ルートヴィヒ・フォイエルバッハは、先史・古代や非ヨーロッパ・辺境地域の住民のもとに観察される自然信仰については寛容な態度をとった。その姿勢は、ケースによっては寛容の態度というより礼賛の態度と称しても差し支えないものであった。

フォイエルバッハは〔我と汝〕の哲学者である。〔我と汝〕には、人と人のほか、人と自然も含まれる。〔我と汝〕にはさらに、〈自然人＝自然としての人〉と〈自然神＝神としての自然〉も含まれる。その際、上記の対項はいずれもみな同じことを別様に表現しているだけのことである。他者が人であれ自然であれ、その中に自己を見通す論理をフォイエルバッハは「他我（alter ego）」の論理で説明する。(1)

その〔我と汝〕の哲学ないし〔他我〕の論理においてフォイエルバッハは、宗教の起原ないし神観念の成立を唯物論ないし身体論で説明する。本章ではそのあたりの事情を簡潔に考察する。

＊　＊

先史時代のゲルマン社会とその精神・世界観を知るのに役立つ史料に、タキトゥスの『ゲルマニア』（紀元後一世紀の記録）やカエサルの『ガリア戦記』（紀元前一世紀の記録）がある。また、ゲルマン神話もおおいに役立つ。なるべく古い時代を探るには、ゲルマン神話が適している。ライナー・テッツナー著『ゲルマン神話』によると、ゲルマン世界のそもそもの始めは、以下のようである。

「そもそものはじめには北の方は寒く暗鬱であり、南の方は暑く明るく、その間にはギンヌンガガプという名の深い峡谷をつくっていた。こうした太古の創世期には空も大地もなく、また神々も草木というようなものさえなかった。北の一面の氷に覆われた地帯はニフルヘイムとよばれ、寒さも厳しく一面に霧がたちこめていた。（中略）しかしムスペルスヘイムとよばれる南の地では、火焔が燃え上がっていた。――そのために人はそこには踏み留まることは出来ないであろう。――そこからは源の峡谷に向かって火焔が飛び散っており、温暖な気候をもたらしていた。熱気を含んだ風が氷や霜を解かし、それでしゅうしゅうという氷の解けて滴る音がして飛沫を上げていた。そしてその滴り落ちる水滴は火焔の送る力により生命力を得た。そのようにしてユミルという名の原始生物が生まれ、男女の人間がともに産声を上げた」[2]。

ゲルマン神話によると、そもそもの始め、天（空）も地（大地）もなかった。だが、よく読んでみると、そうした区別がなかっただけで、命名しがたき混沌、世界はあった。それを、普通は「カオス（chaos）」と称する。この言葉はギリシアのヘシオドス『神統記』に由来する。「まず原初にカオスが生じた。さて次に胸幅広い大地（Gaia）、雪を戴くオリュンポスの頂きに宮居する八百万の神々の常久に揺ぎない御座なる大地と路広の大地の奥底にある曖々たるタルタロス、さらに不死の神々のうちでも並びなく美しいエロスが生じたもうた」[3]。

ヘシオドスによれば、世界の始原はカオス、ガイア、エロスの順に、この三者によって開かれた。ギリシア神話とゲルマン神話でともに共通しているのは、産みの母のようななにか、つまりカオスがあるということである。しかし、そのカオスから最初に生まれるものは、ゲルマン神話においては「ユミルという名の原始生物」と「男女の人間」である。これは意味深長である。なぜなら、ギリシア神話ではカオスから人間は生まれず、まずもってカオスに似たような母的存在のガイア＝大地とエロス女神、つまり神々が生まれているからである。とはいえ、ガイアなど、神的存在ではあっても実に物質的で、大地それ自体を指してもいる。

「物質」という漢語のヨーロッパ語は matter とか substance である。ともにラテン語起原であり、前者は materia, materies、後者は substantia に由来する。そのうち materia は、さらに mater に由来する。mater とは、「根原、母」を意味する。そしてさらに、ラテン語 mater の基になったか、同一の起原をもつ兄弟語と推測される単語として、フェニキア語の mot がある。紀元前一三世紀頃に書きとめられたと推測されるサンコニアトン断章（フェニキア神話）によると、宇宙の始原は「雲と風をともなった暗闇の大気」「暗闇の濁ったカオス」であったが、やがて風たちが両親に魅せられて交わりを持つと、そこからモト（mot）すなわち泥（mud）が生まれ、それが破裂して光、太陽、月、星が生成した。また風コルピアスとその妻バーウとから「いわゆる死すべき人間たるアイオーンとプロトゴノスとが生まれた」(4)。

この段階において、いまだ神々は存在しない。やがて神々が存在するようになるが、それらはむしろ森羅万象に備わる自然の断片を素材（mater）にして人間がつくりだしていた。サンコニアトン断章から推測される先史フェニキアの自然界には、こうして自然と人間と、その人間がつくった神が共存したことになる。フェニキア人の生活原理は mater 主義すなわち唯物論（materialism）だった。

ただし、彼らの世界は、ただ物だけの世界でなく、様々な神や神性を次々と産み出す世界であって、唯物的な生活を信条とするフェニキア人であればこそ、たくさんの神々を崇拝した。要するに、materialism が神々の親なのである。その際、materialism とは、現在であれば唯物論と訳すのが順当であるが、先史の用語法をもってすれば、「根原主義」とか「母原理」とかと訳せる。そう訳せば、これはカオスと同類の言葉とも解釈できよう。(5)

二　先史地中海の母神信仰――マルタ島母神信仰の実例から探る

ところでまた、ラテン語の mater はギリシア語の De Meter（デーメーテール母神）とも深く関連している。ギリシア神話では、デーメーテールは農業、穀物の神である。この女神は、大地母神ガイアとその息子ウラノスの母息子婚から生まれたクロノスとレアの、その二神の兄妹婚によって生まれた。ギリシアの神々の多くは、こうして近親婚で生まれる。二世代続いた近親婚の結果生まれたデーメーテールは、彼女もまた兄のゼウスとの間に三世代目の近親婚を行ない、愛娘コーレー（またの名をペルセポネー）を産む。

しかし、これらの近親婚物語はすべて、〔ミュトス＝神話〕からの逸脱である。まだポリスを形成することのないホメロス以前の人々、先ギリシアのペラスゴイ時代の人々が語りだした〔ミュトス＝語られるがままの物語〕からの逸脱である。物語は、語られるがままに残存している限りでこそミュトスなのである。ミュトスにおいては、神々は近親婚の関係にはない。けれども、幾つかのミュトスが合わさり文字で記録されるようになると、記録者（その多くは支配者かその代理人）によって〔ロゴス＝理性の狡知〉の介入をみることになる。そのとき、ロゴスは神々の近親婚――古代ギリシアではガイアとウラノスの母息子婚やゼウスとデーメーテールの兄妹婚などが有名――を創作し出したのであった。(6)

デーメーテールは、最初エジプトか黒海のかなたかで崇拝されていた頃は、なによりもまず穀物の神であっただろう。接頭語の「デー」は、ガイアの語原「ゲー」と同じであり、大地を意味する。「デー」はまた、大地から芽吹く「穂」をも意味する。「メーテール」は「母（mater）」ないし「物質（materia）」を意味する。デーメーテールとは、ようするに大地母神、穀物の母神なのである。(7)

〔デーメーテール＝大地母神、穀物の母神〕という理解は、地中海海域の先史社会で自然的成り行きとして語り継がれてきた物語である。それはミュトスである。それ以外のこと、たとえばデーメーテールは誰それの子だとか誰それの妻だとかは、〔野生（ミュトス）〕への〔文明（ロゴス）〕の介入をみた結果をさらけ出している。

デーメーテールは、黒海から地中海沿岸地域にかけて未だ母権制的農耕社会が優勢であった先史の頃に、アジア系諸民族に崇拝された母神である。それは、穀物や岩石など、可視の自然物である。その今日的残存を、我々は、たとえば地中海中央部に浮かぶマルタ島の先史巨石神殿と、そこで出土した母神像において確認できる。

先史巨石文化を今にとどめるマルタ島が文献史上に姿をあらわすのはいつ頃のことか？　マルタ島は、紀元前一〇〜九世紀頃、古代ギリシア最大の叙事詩に幾つか素材を提供している。あの有名なホメロスの『オデュッセイ』には、マルタ島に寄り添うゴゾ島の女神カリュプソーが登場する。第一書によると、女神カリュプソー（その意味は「覆われたる、秘密の女神」）はオーギュギェー島に住むが、その島は、マルタ・ゴゾ海域では昔からゴゾ島と言い伝えられている。ゴゾ島北部ラムラ湾岸にはこの女神が住んでいたとされる「カリュプソーの洞窟（Calypso's Cave）」がある。第五書によると、カリュプソーはオーギュギェー島に上陸したオデュッセウスをしばらく捕え置いたらしい。[8]

また、新約聖書には、パウロとの関係でマルタ島が話題になる。『使徒行伝』第二八には、エルサレムからローマに向かって地中海を航海するパウロ一行の難破に関連して次のように記されている。「私たちが助かったとき、この島がマルタ島と呼ばれていることが分かった。島の住民は大変親切にしてくれた。降る雨と寒さをしのぐためにたき火をたいて、私たち一同をもてなしてくれたのである」。[9]

シチリア島の南に浮かぶマルタとゴゾの小島――二島あわせて淡路島の半分ほどの面積――には、エジプトのピラミッドやウルのジッグラト、イギリスのストーンヘンジよりも古い幾つかの巨石遺跡があって、数々の母神像ないし女神像が出土している。ところが、それらには大半が顔というか頸というか、要するに頭部がない。造った当初はあったがあとで欠けた、というのではない。最初から頭部を持たない石像なのである。造形と出土状況をもっと正確に表現すると、この地の母神像は頭部とそれを差し込む穴をもつ胴体とが各々別個に造られたのだが、遺跡からは胴体のみ出土して頭部は出土しなかったのである。おそらく、頭部はぞんざいに扱われたので遺跡に残存しなかったのであろう。

その遺跡とは、すべて神殿跡である。これはユネスコの世界遺産に指定され保護されているものの、二〇〇一年四月に何者かによってその一つイムナイドラ巨石神殿が一部破壊されてしまった。先史共同体の農耕儀礼における中心的存在であったと思われるこの遺跡は、臀部と乳房がデフォルメされた母神の姿をしていて、顔というか頭というか、とにかく頸から上は貧弱なのである。どうも、先史マルタの住人たちは大地としての母ないし女を崇拝していたようである。その際、顔などは二の次でよかった模様である。[10]

先史マルタ人は要するに、顔やそこに浮き上がる象徴的精神、魂の息吹にでなく、身体やそこに刻印される全体的感性、大地の鼓動に聖なるものを見いだしたといえる。神と人との一体化を全身で実現していたのである。だから、例えばマルタ島には仮面などは出土していない。動物の頭部は出土しているが、これは残欠であって、仮面として造られたものではない。彼らにとって存在の証となるものは身体それ自体であって、その一部としての顔や表情ではなかった。

しかし、先史共同体としてのマルタ人の時代が終わり、やがてこの島にフェニキア人、とりわけ象徴信仰で特徴づけられるギリシア人やローマ人が上陸してくるようになると、顔や頭部（頭脳）に対する子宮や乳房（身体）の優位は崩れることになる。その時、かつて母神の身体であった巨石遺跡はいともたやすく打ち棄てられるか破壊されるかした。ヴァギナの位置にあったストーンヘンジは倒され石材として不特定の住居建材に再利用された。名も無き先史の母神信仰は、ゼウス神等文明の家父長的神霊信仰に置き換えられていった。

名はすなわち顔であり表情（個性）である。先史にそのようなものは必要ない。先史の母神は、ただ大地をさす言葉、たとえばラテン語で根原をさす言葉の〔マーテル（mater）〕で呼ばれただけであった。そのような先史地中海の母神信仰は、今となっては固有名詞化してしまったギリシアの女神〔デーメーテール（Demeter）〕にその余韻を残すのみである。そしてまた、そのデーメーテールと習合したローマ人の大地母神（Tellus Mater）である〔ケレース（Ceres）〕にその余韻を残すのみである。

ところで、フォイエルバッハの唯物論的宗教論は、そのデーメーテール的神観念、ロゴス（精神・神霊）としてでなくミュトス（身体・物質）としての神々の物語が織りなす神観念・宗教観念と共通する。

ちなみに、民俗学者のジェームズ・フレイザーは、大著『金枝篇』の中で、マルタ島に存在した伝統的な民俗儀礼に関して、次のように紹介している。「マルタ島では通常、陽気な祭りの最終日に女達がカーニヴァルの死を弔うならわしがある。頭から爪先まで黒い外套に身を包んだ女達が、藁や干草を詰めて葉やオレンジで飾った亜麻製の屍体像を持って街の通りを練り歩く。運んでいく時に、彼女達は哀悼歌をうたい、一節ごとに立ち止まっては、職業的な泣き女のように号泣する。この慣習は一七三七年頃になくなった」[11]。この文章は、マルタ島ではかつて女性たちが主役となって挙行される儀礼の存在した証言とも言える。母神信仰となんらかの係りがあるものと推測される。二〇〇〇年と翌年に調査した折、私は黒い伝統衣装に身を包んだゴネラと称する婦人像（Maltese Lady Ghonnella）を手にしたが、それも母神信仰となんらかの係りがあるものと推測される。

三　フォイエルバッハの唯物論的宗教論――ホメロス言及から探る

フォイエルバッハは、著作『キリスト教の本質』（一八四一年）中で、ポリス形成以前のギリシア人が崇拝していたと思われる神々について、ホメロスを素材にして以下のように叙述している。「ホメロスの神々はちょうど人間と同じように肉体を持っている。しかしホメロスの神々が持っている肉体は、人間の肉体が持っている制限と負担とを捨て去っている肉体である」[12]。この引用文で注目したいのは、むろん後半でなく前半である。

フォイエルバッハはまた、『宗教の本質』（一八四六年）中でも、ホメロスに言及しながら、次のように語っている。「古代のメキシコ人たちは、自分たちの多くの神々のもとに塩の神をも持っていた。この塩の神は私たちに感じやすい仕方で自然一般の神の本質の謎を解いてくれる。（中略）ホメロスははっきりと塩を神と呼んでいる」[13]。

ホメロスの叙事詩に登場する神々中には、上記の塩に代表される自然物がある。また、風雨のような自然現象もある。そうした自然の断片や動き、鼓動はいかにして、どのような事態を契機として神的地位につくのであろうか。まず指摘できるのは、直接契機は自然物それ自体にはない点である。人々の生命維持に役立つ、といった動機は直接的な契機ではない。直接的な契機は儀礼の挙行である。「ただ儀礼（Kultus）だけが、ある宗教または神のあらわな本質なのである。感官の中に流れ込む力をもっているもの――ただそういうものだけが真の現実的存在者という意味を要求することができるのである」[14]。

先史人＝野生人にとって、儀礼は生存・生活すべての源泉である。儀礼を挙行するには、儀礼の対象であるナニモノかを必要とする。ただし、そのナニモノかを、部外者・外からの観察者――文明人――が「神」と呼ぶからといって、文明の神と等値するのには慎重でありたい。先史と文明との間で、人々の抱く神観念には、往々、質的相違があるからである。また、そのナニモノかを「呪物」とか「庶物」、「護符」とかと呼ぶのには、もっと慎重でありたい。

なぜ慎重であらねばならないか、その問題を、ここでは一九世紀カナダ生まれイギリスの研究者グラント・アレンの著作『神観念の進化』第一五章「供犠と聖餐」[15]で検討しておこう。

アレンは、人類とその社会の始原を、先史の限りなく古い時期に設定する。例えば一九世紀イギリスの人類学者エドワード・タイラーは、人類社会の始原に肉体と切り離された霊魂の存在を前提とするアニミズムの時代をもってくるのだが、アレンはそのような霊肉二分以前の始原にカニバリズム（人肉共食）の時代をもってくるのである。聖なるものは霊的でなく肉体的であり、信徒はそれを直接食べることで自らも聖なるものに一致する。アレンは、人類とその社会の始原に無宗教の状態をおいたのである。

肉体としての神を信徒たちが食べてしまう儀礼は、新約聖書にも記されている。「私の肉を食べ、私の血を飲む者は、いつも私の内におり、私もまたいつもその人の内にいる」（ヨハネ、六の五六）。また、初期キリスト教徒が礼拝にもちいた地下墓地カタコンベは、彼らが霊以上に死体＝肉体を信仰＝愛好するのに最適だったことを物語る。以下に、アレンの実証的カニバリズム論を引用する。

「私見によれば、種族によってはその草創期において自らの両親、ないし彼らの一部分を食べた。それは、彼らの祖先の聖なる魂を自身の体内に吸収するためであった。その後、農業との関連で人為的に神を作ることが日常的慣習となるに及んで、人々は両親の場合と似た理由で、神ないしその一部分を食べることとなった。しかし彼らは同様に、穀物やヤム芋、米を聖餐的に食べるようになった。神人両性的な生贄〔動物神〕が人神の代替とされるに及んで、彼らはそれを食べるようになった。さらに彼らは、練り物で人間や動物の像を作り、これらを神でこしらえたものと見なし、同じく供犠し聖餐的に食べた。それから彼らは神の血を、南部地方では葡萄酒として、北部地方ではビールとして、インドではソーマ酒として飲んだのだった。もしこれら一連の推測が大枠で正しければ、全体として〔キリスト教の〕聖餐は食人的食神祭の残存に基づいているのである。

多くの場合、ポトラジ（Potraj）祭のように、儀礼執行祭司は神的生贄の血を飲むが、平信徒たちの方はその肉体を食べることのみ許される。それは顕著な事実である」[16]。

カニバリズムのような先史的な儀礼を、我々ははたして宗教と呼べるであろうか？　呼ぶのには躊躇いを感じる。それらの儀礼は宗教の発端をなすことはあっても、宗教それ自体とはいえない。フォイエルバッハに従えば、先史人や辺境民族の儀礼は「我々の意味では何ら宗教でないもの」であり、「まさにそういうものが最初の宗教であり、根原的な宗教なのである」[17]。

儀礼は、まえもって神を前提にするのでなく、その後に神を創り出す行為である。たとえば、先史時代のケルト人やゲルマン人は、風に声を投げかけてこれを神となし、樹木の周りをグルグル回ってこれを神となした。先史時代の地中海人は、マルタ島などで母神の格好をした神殿をたて、ヴァギナの門から神体＝子宮にはいって発声と動作の儀礼を挙行した。その際、声をかける所作＝発声を、ギリシア語ではレゴメノン（神語的唱踊）と称し、グルグル回る所作＝動作をドローメノン（神態的所作）と称する。この二つで一つの行為が、本来の儀礼である。この儀礼を通じて、単なるモノ（Ding）が人間と同等の存在（Wesen）になる。こうして、可視の物体や自然現象（Ding）が神（Wesen）の座につくのである。

そのことを、フォイエルバッハは十分理解していたので、「神であるもの、宗教的尊敬の対象であるものは、何ら事物（Ding）ではなくて存在者（Wesen）である」[18]と述べることができた。また、こうも述べることができた。「あらゆる対象が人間によってただ神として、または同じことだが、宗教的に尊敬され得るだけでなく、実際にも神として尊敬される。この立場がいわゆるフェティシズムである。そこでは人間はあらゆる批判と区別立てとを抜きにして、人工物であれ自然物であれ可能なかぎりすべての対象・事物を己れの神にするのだ」[19]。

さきほど、儀礼を挙行するには儀礼の対象であるナニモノかを必要とする、とし、そのナニモノかを「神」とか「呪物」、「庶物」、「護符」とかと呼ぶのは慎重でありたい、と記した。では、なんと呼べばいいか。その回答が示された。上記のフォイエルバッハ引用に出ている。「フェティシズム」における儀礼の対象である「フェティシュ（Fetisch）」がそれである。先史人・辺境人が儀礼によって産み出したモノ、それはフェティシュであった。

フェティシュとは何か、フェティシュと呪物、フェティシュと神とはどこがどう違うのか？　フェティシュは儀礼によって崇拝の対象に創り出されるまでは単なるモノ（Ding）にすぎない。しかし、創り出されれば、崇拝の直接的対象である。儀礼の道具＝呪具・呪物ではない。儀礼の対象である。あたかも神のごとくである。そうであるから、フォイエルバッハは言う。「神は神化された自然以外の何物でもなく、たんに名前の方から見て自然から区別されるにすぎず、しかも本質の方から見て自然から区別されるのではない」[20]。

そこでフォイエルバッハは、ホメロスに言及しつつ、宗教の唯物論的起原に注目することになる。「ホメロスは『唯物論者』である。ホメロスは肉体から区別されるような精神、肉体に依存していない精神について何事も知らない。すなわちホメロスは、たんに、肉体の中にある精神、身体の諸器官の中あるいはそれらとともにある悟性、心情、意志について知っているにすぎない」[21]。「観念論は神々の根拠および根原ではない。神々の根拠および根原は観念論ではけっしてない！　唯物論が神々の根拠および根原なのである」[22]。

肉体と精神に関するこうした発言を、フォイエルバッハはすでに一八四六年の論文「肉体と霊魂、肉と精神の二元論に抗して」で明確に述べていた。「人間を肉体と霊魂とに分離すること、すなわち人間を感性的な存在者と非感性的な存在者とへ分離することは、たんに理論的な分離にすぎない。我々は実践において、すなわち生活において、この分離を否認している」[23]。

本章の冒頭で、私は次のように記した。――フォイエルバッハは〔我と汝〕の哲学者である。〔我と汝〕には、人と人のほか、人と自然も含まれる。〔我と汝〕にはさらに、〔自然人＝自然としての人〕と〔自然神＝神としての自然〕も含まれる。この指摘に関連させて上記本論の議論を整理するならば、フォイエルバッハは、けっきょく、フェティシュ信徒を我、フェティシュを汝ないし〔他我〕とする〔我と汝〉の哲学、ないし〈他我〉の論理を展開しているといえる。あるいはまたフォイエルバッハは、まずは神観念の成立を、モノとモノとの関係を存在者と存在者との関係に転じる契機たる儀礼において説明し、結果として、宗教の起原を唯物論で説明しているのである。神々の根拠を唯物論で説明したいために儀礼に着目したのではない。本来的にはなんら宗教でない儀礼に着目した結果、神以外の根拠ないし宗教の起原を唯物論で説明することになったのである。私にすれば、フォイエルバッハの唯物論的宗教論は、〈mythos＝先史フェニキア史料に遺る、語られるがままの物語〉、〈mater＝先史マルタ島に築かれたような、物質としての神〉、その二つを一身に体現するデーメーテール母神に象徴されるのである。

＊　＊

唯物論が神々の根拠および根原である時代は、なにも先史や辺境地帯においてだけではない。二一世紀のこんにち、我々文明人はせっせと神々や聖なる存在を物理的・物質的ないし制度的につくり続けている。一九世紀にマルクスが着目して以来の商品・貨幣は言わずもがなのこととして、フランス革命以来の政治的社会的スローガンである人権、とりわけ地球規模での二一世紀的人権概念もまさに聖なる存在である。人々が自らの生命を地球よりも重くかけがえないものとし、人権のことを生まれながら人に備わる権利であると宣言するとき、そのコンテキストにおいて人権は紛れもなく神にも等しき聖なる概念である。あるいはまた、被保護者が保護者に保護の権限を与えている点は、フェティシュ神とそっくりである。[24] 上記の二つの事例中、商品・貨幣はややネガティブな響きをもち、人権はポジティブな印象を受ける。

ところで、一九世紀にあって〈キリスト教＝文明・近代〉を批判し〈自然宗教＝非文明・非近代〉に寛容・礼讃の態度を示したフォイエルバッハに従うならば、二一世紀に見出したい事例はポジティブなものがよい。そのようなポジティブな事例としては、〈自然も原告〉をスローガンにして資本主義の脅威に挑戦する環境倫理の自然観が好ましい。このグループの発想によると、生物・無生物の自然すべてに、人間に備わる権利がある。自然は自然のままで、人間に備わる権利を有するのである。[25] 一見アニミズムの復興のように感じるが、私はその発想にフォイエルバッハの〈他我〉的自然観・身体観、唯物論的宗教観を見通すのである。[26]

［註］

（1）フォイエルバッハの〈他我〉論理に関して、詳しくは以下の論文を参照。石塚正英「身体論を軸としたフォイエルバッハ思想」、『情況』二〇〇二年八月・九月合併号（本書第十章）。なお、イギリスの民俗学者ジェームズ・フレイザーは、『金枝篇　呪術と宗教の研究』において、西アフリカはゴールドコースト奥地の先住民の信仰儀礼に関連して、〈alter ego〉に言及している。「各人は、一種の他我（alter ego）にあたる何らかの動物をもっていて、それをけっして殺したり食べたりしない。それは、自身の友人か兄弟かにあたる一動物である」。James Frazer, *The Golden Bough - A Study in Magic and Religion, Aftermath*, Mcmillan London, 1990, p.472.　なお、この箇所は国書刊行会の『金枝篇　呪術と宗教の研究』（全一〇巻＋別巻）では未だ刊行するに至っていない。

（2）ライナー・テッツナー著、手嶋竹司訳『ゲルマン神話』上、青土社、一九九八年、一〇～一一頁。

（3）ヘシオドス、廣川洋一訳『神統記』一一六から一二〇行、岩波文庫、一九八四年、二一～二二頁。

（4）Eusebius, tr. by E. Hamilton, Gifford, *Preparation for Gospel*, in 2Vols., I, Baker Book House Grand Rapids, Michigan, 1981.（Reprodaction of the 1903 edition issued by the Clarendon Press Oxford）, pp.37-40. 石塚正英『フェ

ティシズムの信仰圏』世界書院、一九九三年、八二〜八三頁。

(5)翻訳語「唯物論(materialism)」の原語の意味について、以下の解説を参照。石塚正英・柴田隆行監修『哲学・思想翻訳語事典』、論創社、二〇〇三年(二〇一八年増補二刷)、「唯物論」(石塚正英・執筆)の項目。

(6)神話(ミュトス)と理性(ロゴス)の関係について、私の構えと類似した議論をした人物として、一九世紀前半のダーフィト・シュトラウス、二〇世紀前半のカール・ヤスパースがいる。

まず、シュトラウスは次のように言っている。「(アレキサンドリアに)何人かの先駆者が輩出したのちに、とくにフィロンが出て、聖書の通俗的な意味ともっと深い意味とを区別する見解を作り上げたのであるが、そのうち通俗的な意味の方を、彼はけっして全部排除してしまおうとはせず、たいがいは両者を並行的に存続させた。とはいえ多くの場合、彼は字句どおりの意味と歴史的な把握を完全に無視して、物語られたことを理念の形象的叙述としてのみ妥当させたのである。このことがとりわけ当てはまるのは、神にふさわしくないように見える筆づかい、つまり神的存在に関して唯物論と擬人観に行きつくように見える特徴が、聖書のうちに見いだせる場合である」。David Strauss, *Das Leben Jesu*, 1er Band, Wissenschaftliche Buchgesellschaft Darmstadt, 1969, S.5. 生方卓・柴田隆行・石塚正英・石川三義訳『イエスの生涯・緒論』世界書院、一九九四年、九〜一〇頁。

ヤスパースは次のように言っている。「神話時代はその平穏と自己理解(Selbstverständlichkeit)の中に終わりを告げた。ギリシアやインド、中国の哲学者たちそしてブッダ、彼らはその決定的な洞察において、また予言者たちは神観念(Gottesgedanke)において、それぞれ非神話的だった。……神話は言葉の素材となり、言葉は、神話が元来保持していたのとはまったく異なる告知をし、神話を寓話(Gleichnis)にしてしまった。神話が跡形もなく破壊されるや、ただちに新たな様式で神話を創造する過渡期に入り、神話は新たな深みから把握し直され、型直しされた」。Karl Jaspers, *Vom Ursprung und Ziel der Geschichte*, R. Piper & Co. Verlag München, 1952, S.21.

（7）上記のフレイザーは『金枝篇』において、「デ」とは大麦ないし穀物を意味し、「メテル」とはマザー（母）の語原であるとしている。James Frazer, *The Golden Bough - A Study in Magic and Religion,* Part5, Spirits of the Corn and of the Wild , Vol.I, 1990, p131. 神成利男訳・石塚正英監修『金枝篇』第六巻、国書刊行会、二〇一二年、九四頁。永橋卓介訳『金枝篇』全五冊、岩波文庫、第三分冊、一九九一年、一五〇頁、参照。

（8）ホメーロス、呉茂一訳『オデュッセイアー』上、岩波文庫、一九八〇年、一六頁以下。

（9）『聖書・新共同訳』日本聖書協会、一九八九年、新二六九〜二七〇頁。

（10）詳しくは、石塚正英「マルタ島に母神信仰の足跡をもとめて——巨石神殿遺跡調査報告——」、『東京電機大学理工学部紀要』第二三号、二〇〇一年一一月、参照。

（11）J. Frazer, *The Golden Bough*, Part3, The Dying God, p.224. 神成利男訳・石塚正英監修『金枝篇　呪術と宗教の研究』第四巻「死にゆく神」、一四八頁。

（12）*Ludwig Feuerbach Gesammelte Werke*, hg. v. W. Schuffenhauer, Akademie Verlag, Berlin, 1969, Bd.5, S. 185. 船山信一訳『フォイエルバッハ全集』第七巻、一九〇頁。

（13）*Ludwig Feuerbach Gesammelte Werke*, Bd.10, S. 9f. 船山信一訳『フォイエルバッハ全集』第一一巻、福村出版、一九七三年、一一〜一二頁。

（14）*Ludwig Feuerbach Gesammelte Werke*, Bd.10, S. 113. 船山信一訳『フォイエルバッハ全集』第一一巻、一四八頁。

（15）Grant Allen, *The Evolution of the Idea of God, An Inquiry into the Origins of Religions*, Watt & Co., London,1911（1st ed. 1897）,Chap.15, pp.115 ~ 125.

（16）Grant Allen, *ibid.*, p.125.　石塚正英訳「供犠と聖餐」、社会思想史の窓刊行会編集『社会思想史の窓』第一二四号、二〇〇〇年九月、一六頁。本訳文は、以下の拙著に再録されている。石塚正英『価値転倒の社会哲学―ド＝ブロスを基点に―』社会評論社、二〇二〇年。

(17) *Ludwig Feuerbach Gesammelte Werke*, Bd.10, S. 338. 船山信一訳「ルドルフ・ハイム宛の返答」、『フォイエルバッハ全集』第一一巻、一七〇頁。

なお、中国雲南省麻栗坡県（ベトナムとの国境山岳地帯）にはカニバリズムの風習を今に伝える葬式がある。儀礼において、今では牛を殺すが、昔は亡くなった親族の遺体を刻んで村人に分け与えていた。朝日新聞、二〇〇一年二月八日付朝刊記事「人と家畜同居、同族結婚守る少数民族」参照。

(18) *Ludwig Feuerbach Gesammelte Werke*, Bd.6, S. 62. 船山信一訳「宗教の本質に関する講演、第七講」、『フォイエルバッハ全集』第一一巻、二六一頁。

(19) *Ludwig Feuerbach Gesammelte Werke*, Bd.6, S. 201. 船山信一訳「宗教の本質に関する講演、第二〇講」、『フォイエルバッハ全集』第一二巻、一九七三年、一五六頁。

(20) *Ludwig Feuerbach Saemtliche Werke*, hg. v. W. Bolin u. F. Jodl, Akademie Verlag, Berlin, 1969, Bd.9, S.363. 船山信一訳『フォイエルバッハ全集』第一四巻、一九七三年、二九八頁。

(21) *Ludwig Feuerbach Gesammelte Werke*, Bd.7, S. 36. 船山信一訳「神統記」、『フォイエルバッハ全集』第一三巻、一九七六年、五八〜五九頁。

(22) *Ludwig Feuerbach Gesammelte Werke*, Bd.7, S. 92. 船山信一訳「神統記」、『フォイエルバッハ全集』第一三巻、一四四頁。

(23) *Ludwig Feuerbach Gesammelte Werke*, Bd.10, S. 140. 船山信一訳「肉体と霊魂、肉と精神の二元論に抗して」、『フォイエルバッハ全集』第二巻、一九七四年、一九九頁。

(24) ここに記した聖なる概念としての人権に関連する議論として、以下の文献を参照。石塚正英『ソキエタスの方へ――政党の廃絶とアソシアシオンの展望』社会評論社、一九九九年。とりわけ第六章「〈権利としての自由・義務としての兵役〉を超えて」、一〇六頁以降。

(25)〔自然も原告〕の発想を支持するグループは、まずはアメリカで勢力を得、日本を含め世界各地で「自然の権利訴訟」を起こしている。ただし、彼らの主張には、大きくみて二とおりある。一つは、あらゆる自然を人間と同等にみる立場。またいま一つは、サルやクジラなど高等とみなされる動物のみに権利をみとめる立場。いずれも、人間以外の存在に人権〔権利〕拡大を求める点では共通している。詳しくは〔自然の権利〕ホームページ（http://member.nifty.ne.jp/sizennokenri/）を参照。

(26) 事実、フォイエルバッハは『神統記』第一九章「良心と法」において、次のように記している。「人間が動物に対して権利までも許容する場合、人間は動物を残忍な恣意で取り扱うことに良心の痛みを感じている。……その際これは、人間が情感する存在者としての動物と共同感情を共有していること、動物の苦痛が人間自身に苦痛を与えること、したがって人間が動物を少なくとも自分の遠い血縁者と見なしていることに由来するのである」。*Ludwig Feuerbach Gesammelte Werke*, Bd.7, S. 141. 船山信一訳「神統記」、『フォイエルバッハ全集』第一三巻、二二一頁。

第十四章　人間の中の神を考える

――ルターとの比較

一　フォイエルバッハは第二のルターあるいはルターの転倒者

無教会主義者の高橋三郎は、著作『ルターの根本思想とその限界』（山本書店、一九六〇年初版の一九八九年改訂版）において、ルター思想における神と人との関係を次のようにまとめている。

「神の前にわれわれが罪人であることは、われわれがそれをみずから認めるか否かに関わりなく、確定的事実である。そしてこのことは、われわれの自認（罪の告白）によって初めて、われわれ自身の中における真理（すなわちわれわれに承認された真理）となる――こう理解すれば信仰とは、神と人との間の相互作用によって生起する一つのできごとであり、その主導権は全く神の側にある、ということが分かる。このように神から出るできごとを、ルターは次のように説明した。『自分の中において真実であり義であり力強くいましたもう唯一の方なる神は、ご自身の外においても、すなわちわれわれの中においても、そうあることを欲したもう。（以下省略―石塚）』」(1)

高橋がここで自説の典拠にしているルターの考えによれば、神の主導を前提として、神の内つまり神自身と外つまり人、およびそれらの間の相互作用を強調している。いわば〔神→人〕信仰圏の枠構造である。

対して、ルターに多くを学んだフォイエルバッハは、『キリスト教の本質』の中で、人の主導を前提として、人と神との間の相互作用を強調する。いわば〔人→神〕信仰圏の枠構造である。

「主語と述語との同一性は、人間の文化の発展行程と同一である宗教の発展行程を調べてみると最も明瞭にわかる。人間にたんなる自然人という述語が与えられる限りは、人間の神もまたたんなる自然神である。（中略—石塚）人間が粗野および野生の状態から文化の状態に高まるとともに、すなわち人間にふさわしいものとそうでないものとが区別されるとともに、同時にまた神にふさわしいものとそうでないものとの区別が発生する」[2]。

ルターの提起した枠構造とフォイエルバッハの提起したそれとの対比を比喩的に表現すると、第一宗教改革者ルターに対する第二宗教改革者フォイエルバッハとなる。意味内容から表現すると、カトリックを転倒させてプロテスタントをもたらしたルターに対する、キリスト教総体を転倒させて非キリスト教的信仰論を説いたフォイエルバッハとなる。『宗教の本質に関する講演』（一八四八年一二月～四九年三月、出版は一八五一年）以降には、〔人間（我）と人間（汝）〕さらに〔人間（我）と自然（汝）〕を重視する他我相関的唯物論を確立したフォイエルバッハとなる。私はすでに本書第三章で次のように記している。「フォイエルバッハにおいては、人間と神との関係はもともと交互的であるもの同士の内的関係であり、したがっていかなる事態が生じようとも神は人間を超越し得ない。ときに人間は神に拝跪するが、ときに神は人間の強請に従う」[3]。

以上の学術的議論は、最近、研究者の川本隆の論文「フォイエルバッハのルター論—初期から中期へ、その思想的転回の意味―」（『桜文論叢』第一〇〇巻、二〇一九年九月）を読んで、あらたまってメモしてみたくなったものである。同論文の中で川本は、拙稿「〝人間のなかの神〟を考える―大井学匠に何を学んできたか―」(4)に触れていた。それは短文ながら私にとって忘れ得ぬ意義を有する。よって、本稿の付録として、同文を再録した論文「〝人間のなかの神〟を考える―出隆と大井正と―」（『頸城野郷土資料室学術研究部研究紀要』Forum10, 2017）を以下に続けて転載する。このような奮起を結果するよう私を促してくれた川本隆に、こころより感謝したい。（二〇一九年一〇月一四日、空前の規模の台風が列島を襲って甚大な被害をもたらしているさなかの執筆。）

二　人間の中の神を考える――出隆と大井正と

(1)　わが学問研究上の先達

「ギリシャ人の霊魂観と人間学」と題する学位論文を一九三五年に仕上げた哲学者である元東京大学教授出隆（いで・たかし 一八九二～一九八〇年）は、ヘーゲル左派研究における私の恩師である哲学者、元明治大学教授大井正（おおい・ただし 一九一二～一九九一年）の、そのまた恩師である。私は出隆と直接の面識はない。だが、『出隆著作集』（全七巻＋別巻一、勁草書房、一九六三年、別巻一九六七年、のち一九七三年八巻別巻二）を所蔵している（埼玉県立図書館のリサイクル本）。とくに、大井が解説を担当した第一巻『哲学以前』（初版一九二二年）に、私は注目している。私のフェティシズム史学、歴史知の討究になくてはならない文献なのである。

出隆の死去に際しデスマスクが三個遺され、その一つを大井が受け取り自宅の一室に掛けた。大井正死去から二二年後、そのデスマスクを私は大井ご遺族から譲り受け（二〇一三年二月）、石塚研究室のデスクに掲げている（写真参照）。脇には出隆著作集、およびクレタ島のラビュリントスで求めた先史地中海の母神像レプリカを配置してある。学問の道は、過去・現在・未来のここかしこでかように交叉し継承されているのだ。

さて、社会運動を歴史知の視座から、宗教観念をフェティシズムの精神構造から研究してきたわが経歴からして、私は、『哲学以前』（一九二二年）における出隆の議論・主張の中でも、とりわけ以下の引用文に注目している。

「『信ずる』ということを会得しないで知的理解をのみ信ずる者にこそ迷信者がある。知を唯一最高の知と信ずるは一つの迷信である。真の宗教的体験においてわれわれの『信ずる』というは、目や耳などの知覚とは全く異なる感覚すなわち宗教的心情で知ることであり、とらえることである。主客分裂した主客相制約する理知よりも一層深きに徹するの知すなわち愛をもってただちに超理知的なる実在の真相と合致することである。主客未剖・自他融合の神において神の聖なる業を見るのであり、知るのであり、感じるのであり、ともに行うのである。『私が、この通りの私が、これらのことを知っているわけではない、神様が私のうちにいて知っているのである』とベーメも叫ん

だように、実に信仰は神における仕事である」[5]。

ベーメの引用において示した「神様が私のうちにいて」が、私にとって核心的なフレーズである。それを出隆は、本書の付録として置かれている『世は彼を知らざりき』でみずからこう表現する。「彼は私たちすべての内に宿る。彼は私たちの内なる理想の神である。いわゆる『理想の神』に私たちが近づこうと努力するのは、内なるこの理想力によってである。彼がなくては価値も理想もない。彼が私たちを善に導き悪より救うのである。悪を教えることによって、すなわち悪の意識を給うことによって、神は私たちを悪より救い給う」[6]。

『哲学以前』における出隆に特徴的な議論・主張として、同じく付録として置かれている『悪魔を創造する神』にある以下の引用文にも、私の注目は集まる。「神は自らの反映なる原人（アダム）において悪魔を創造するのである。絶対自由なる神は、悪魔に対立する神ではなくて、悪魔をも創造する神なのである。／私はそう思う。そう信ずる。そしてかかる神に、悪魔をも創造し給う神に、感謝する。」[7]

以上の論点すなわち、①我らの内なる神、②悪魔を創造する神、これらは、私の研究歴において重要な課題である。詳しいことは関連拙著を参照願うとして[8]、ここに簡単な説明を行ってみる。

（2）我らの内なる神

まずは①我らの内なる神について。拙文「〝人間のなかの神〟を考える―大井学匠に何を学んできたか―」（大井正追悼文、一九九一年）からの引用である。「或る晩―日記にあたれば一九八八年一月一五日のこと―私は大井先生から、電話で、たいへん興味深い教示を受けた（次頁写真は大井宅訪問時のスナップ一九八八年二月一一日）。それは、〝神を人間の心のなかへ入れる〟というのは、〝ルター以来のドイ

ツ思想界の伝統みたいなものだ〟ということである。（中略）あくまでも私の解釈にすぎないのだが（中略）、ルターにおいては、神とは超越的であった。しかし、この超越神はカトリックのそれとはまったく異なるものとなっている。ルターにすれば、神の信仰は一切の偶像崇拝を排して、人間の内面においてこそ可能なのである。神の信仰は心のなかで直接行われる。人の心と神との間には、いかなる経路も媒介も介在しない。その際、ルターにおいては未だ超越神だったものが、フォイエルバッハにおいては人間の本質、類的存在となったのであろう。別言すれば、ルターにおいては、神はけっして人の心のなかでつくられるものではなかったのだが、フォイエルバッハに至ってはそのようにしてつくられるものとなったのである」[9]。

ここに記されたフォイエルバッハは、一九世紀前半にいわゆる〝ヘーゲル左派〟と総称されるようになった哲学者集団の一人だが、私の研究テーマの上では、一八世紀フランスの比較宗教思想家シャルル・ド＝ブロスが討究した「フェティシズム」と同類の課題を一九世紀になって「ゲッツェンディーンスト」という術語で別個に討究した人物である。彼は、『キリスト教の本質』（一八四一年）で、こう述べる。「神がもっぱら人間の肉の中で尊崇されるのは、人間の肉そのものが尊崇されるからである。神が肉になり人間になるのは、すでに根底において人間が神であるからである」。[10]

私の学問的関心は、フォイエルバッハが「神がもっぱら人間の肉の中で尊崇される」観念である。私は、宗教思想がルターからフォイエルバッハへ移行するのに、越えるに越えられない懸隔があるとは思わない。現に、フォイエルバッハは越えたのだ。この跳び越えを確認するにはド＝ブロスに始まる諸大陸における比較宗教学的、比較民俗学的研究の領域に踏み込むことが必要である。例えば新約聖書に記されている「最後の晩餐」をヘロドトス『歴史』と比較するなど、[11]宗教民俗学的な観点からその踏み込みを為した私にすれば、出隆と大井正の研究は、ルターからフォイエルバッハへの系譜を捉えるのに重要な参考となるのである。

(3) 悪魔を創造する神

次に、②悪魔を創造する神について。出隆は『哲学以前』において「主客未剖・自他融合の神」と記しているが、その主客には神と悪魔も含まれるようである。また、「悪魔をも創造し給う神に、感謝する」とも記している。神と悪魔の対立や抗争は、いわば釈迦と孫悟空のような関係なのだろう。悪魔は神の掌で動くのみである。しかし、神ならぬ人間にとって悪魔は悪魔であって、神ではない。人間の中に入った神は悪魔を引き連れている。そこで、神ならぬ人間は、感謝どころか、心中で悪魔と、いや、神それ自体と対立し戦うことを余儀なくされる。その現象を如実に―実体験として―語っているのが、わが恩師大井正である。

最晩年の著述「罪について―ときには思想史的に―」（一九九〇年）において、大井は次のように記している。「タブーを呪術とみて、これを宗教とは区別する見方がある。しかし、わたしはこの見方をとらない。宗教を儀礼主義からとらえるならば、儀礼はすべて呪術である。儀礼は、神に対する人間からの要求のために行われる行為である。共同体の反映、農耕の豊饒、船舶の安全などがその主要な側面をなしているが、この儀礼全体の入口にタブー行為がある。タブーがどんなに頻繁に行われようとも、儀礼としてみれば、その主要な側面ではない。しかし、このタブーを除いては、すなわち呪術を除いては宗教は成り立たない」[12]。

この引用箇所は、大井晩年の存命中に、私が次のような内容（大井宛私信）で批評した個所である。大井がここで論じる「神」は先史社会や野生社会の神であるから、すくなくともGodではない。spiritsである。タブーはGodに関係ないところで形成された。先史社会や野生社会ではspiritsに関係してタブーが形成された。先史人や野生人は宗教を知らない。そこからやがて宗教が発生してくる土台の精神運動を知っていただけである。「神への要求」はフェティシズムに起因する。儀礼は神を前提にするのでなく、神を産み出す行為である。これをフェティシズムという[13]。

ところで、大井は上述論文の最後のところでこう記している。「わたし自身のテーマ概念は、悪ではなく罪である。悪と罪とは厳しく区別される必要があるのかどうか。実は、わたしはこの研究を志して以来つねにこの厳しい区別を意識しているのである。わたしはまず、神と対決することを必要とするのである。神が観念にすぎないとしても、その観念を戦いの相手に、わたしは選んでいる。このさい自分も傷つく可能性があることを覚悟している。観念を相手にして。このテーマ概念がどれだけ現実的であるかは、自分の判断ではなくなっており、ネクラの戦いかもしれない。しかし、死の直前、老化のはてにやっとこの仕事にはいった。多忙だった。健康上の不意な事故にもあった。いや、相手を軽視した」[14]。

大井は幼少のころキリスト教の書物を多読した。それで観念的＝静的にはキリスト教に深く入って理解した。けれども、身体的＝動的には唯物論を受け入れた。そして、最晩年、神と戦うことを決意する人間となった。そうであるならば、大井正にとって神とは一体何なのか？　――大井死後、この質問に答えられる者はだれもいない。私なりに大井の立場を論じるならば、こうなる。己が神を己が好みで選び取り、これを拝み、打ち叩きもするフェティシストが唯物論者であったと同様、神は観念（模写）にすぎないと前おきしてこれと戦おうとする大井正もまた、どこまでも唯物論者たらんとしているのである。そして、大井の恩師出隆にすれば、大井にとって戦いの相手である神は悪魔を携えて人々の心中に存在するのである。出が準備したアリーナに大井が出陣したかのようである。そのようなアリーナは、私の歴史知研究において日常的に探し求めている資史料なのである。

［註］

（１）ワイマール版『ルター全集』第五六巻、一九三八年「ロマ書講義」二二九頁。高橋三郎『ルターの根本思想とその限界』山本書店、一九八九年、二六二～二六三頁。
（２）Ludwig Feuerbach, *Das Wesen des Christentums*, Reclam, Stuttgart, 1974, S.63f.
（３）本書三三五頁。
（４）『季報・唯物論研究』三八・三九合併号、一九九一年七月
（５）『出隆著作集』第一巻「哲学以前」、勁草書房、一九六三年、一九一～一九二頁。
（６）同上、三一五頁。
（７）同上、三一九頁。
（８）石塚正英『フェティシズム―通奏低音』社会評論社、二〇一四年、『歴史知と多様化史観―関係論的』

同上、参照。
(9)石塚正英「〝人間のなかの神〟を考える―大井学匠に何を学んできたか―」、『季報・唯物論研究』三八・三九合併号、一九九一年、七一頁。
(10)フォイエルバッハ、舩山信一訳『キリスト教の本質』岩波文庫、第二分冊、二二三頁。
(11)「最後の晩餐」でイエスは、パンと葡萄酒の比喩でもって自らの肉体を食べ物として会食者に提供しようと言う。この使徒たちに食べられるイエス(神)という構えは、比較民俗学の観点では、先史世界のカニバリズム(食人習)に起因する。紀元前のはるか昔にオリエント各地で流行していた神殺し、信徒による神の共食という風習の遺制なのである。文字通り、神は人間の中に入る。ヘロドトスは『歴史』の中で、高齢に達した長老を親族が殺し、動物の肉と併せて煮て食べる尊い風習を記している。「マッサゲダイの国では、生存年限が格別あるわけではないが、非常な高齢に達すると、親族が皆集まってきてその者を殺し、それと一緒に家畜をも屠って、肉を煮て一同で食べてしまう。こうなるのがこの国では最も幸せな死にかたとされており、病死した者は食べずに地中に埋め、殺されるまで生きのびられなかったのは不幸であったと、気の毒がるのである」。ヘロドトス、松平千秋訳『歴史』岩波文庫、上巻、一五八～一五九頁。
(12)大井正「罪について―ときには思想史的に―」、明治大学『政経論叢』五九‐一・二、一九九〇年、一五九～一六〇頁。
(13)一九九一年一月三日付大井宛書簡(コピー)。本書状が先生宅に届いた時点で、先生は入院されていて、同月二七日に逝去された。したがって、私は投函の目的を達したか、さだかではない。
(14)大井正「罪について―ときには思想史的に―」、前掲雑誌、一八二頁。

第十五章　フォイエルバッハと日本の古代信仰
——遺稿「日本の宗教」の分析

一　はじめに——日本の宗教との出逢い

ルートヴィヒ・フォイエルバッハは、宗教について深くつっこんだ研究をしている。その際彼は、自らがヨーロッパ人だということから、まず第一にキリスト教に注目する。それは当然のことだが、そのキリスト教の本質をつかむのに、彼はさらに進んで、古今東西の様々な異教についても研究を広め、深めていく。そのようにフォイエルバッハが注目した異教の一つに、日本の宗教がある。

フォイエルバッハは、ドイツ中が、いやヨーロッパ中が革命の騒乱状態にあった一八四八年一二月から翌四九年三月まで、自らの心づもりとしては革命の政治的意図とは無関係に、ハイデルベルク市の議事堂で「宗教の本質」に関する連続講演を行なった。その時の原稿にさらに手を加え増補した稿「宗教の本質に関する講演」を彼は一八五一年に『フォイエルバッハ全集』第八巻として刊行した。その第二四講に、次の一節が記されている。

「日本人は彼らの皇帝をたいへん崇高なものと思い込んでいます。そのために日本では『第一級の高官たちでさえ、自分たちの眼をいっそう高く向けることを許されないで、たんに皇帝の両足を見ることが許されるという幸福を享受するにすぎない』のであります」。

（Die Japaner halten ihren Kaiser für so erheben, daß “selbst nur die Großen der ersten Klasse das Glück genießen, des *Kaisers Füße* sehen zu dürfen, ohne indes ihren Blick höher richten zu dürfen.”[1]）

フォイエルバッハは日本の宗教のどのような特徴に関心を示したかということの分析はあとまわしにして、ここではまず、彼がどのような径路から日本の宗教に関する情報を入手したか、ということについて考えてみたい。右に引用した『宗教の本質に関する講演』第二四講中の一節には引用符が付いている。しかし、出典は記されていない。フォイエルバッハは「日本の皇帝」崇拝にまつわるこの一節を、何から引用したのだろうか。

ところで、日本の皇帝（ミカド、ダイリ）について多少とも記したヨーロッパの文献に、フレイザーの大作『金枝篇（*The Golden Bough*. 1890-1915）』がある。このイギリス人民俗学者は、日本の宗教・日本の民俗についての資料を、主に次の文献から採集した。

- W. G. Aston, *Shinto*（the Way of the Gods）, London, 1905.
- *Nihongi, Chronicles of Japan from the Earliest Times to A. D. 697*, 1896. tr. by W. G. Aston.
- M. Revon, *Le Shintoïsme*, Paris, 1907.
- *Memorials of the Empire of Japon in the XVII.and XVIII. Centuries*, edited by T. Rundall, Hakluyt Society, London, 1850.
- Kaempfer, “History of Japan,” in John Pinkerton’s *Voyages and Travels*, London, 1808-1814.
- *Manners and Custums of the Japanese in the Nineteenth Century ; from recent Dutch visitors to Japan, and*

the German of Dr. Ph. Fr. von Siebold, London, 1841.

フレイザーは、「ミカド」について詳述するとき、次のようにしてシーボルト、アストン、ルヴォンを参照している。

「日本の神聖な皇帝であるミカドあるいはダイリ（中略）は、神々と人々を含めて全宇宙を支配する神としての太陽女神の受肉（an incarnation of the sun goddess）である。（あるオランダ人またはシーボルト）ミカドは『現身神』または『受肉神』（Akitsu Kami）という称号をその民どもから受け（中略）日本のあらゆる神々の上に至上権を要求する。（アストン）たとえば六四六年の公式布告の中で皇帝は『宇宙を支配する受肉神』として記されている。（ルヴォン）」[2]

フォイエルバッハの『宗教の本質に関する講演』刊行は一八五一年のことだから、もし彼がフレイザーのように「ミカド」を探して読みあさったかもしれない文献を挙げれば、シーボルトとかケンペルであろう。この予測はあたっている。しかし、フォイエルバッハはそれらのミカド論を、直接には別の文献から拾った。それは、一八四〇年代、五〇年代にドイツのシュトゥットガルトで刊行されていた日刊紙『外国（*Das Ausland*）』に掲載された、日本関係の論説である。この新聞については、わが邦のフォイエルバッハ研究者・澤野徹による堅実な調査報告がある。澤野は、『専修大学社会科学研究所月報』第三三六号（一九九一年六月）に「ミュンヘン大学図書館所蔵Ｌ・フォイエルバッハの遺稿」を発表したが、[3]その中の三二一―二番に"Japan-Religion" Exzerpte aus Ausland./4Bl., pag. A-Bとの記述がある。澤野はその後ミュンヘン大学図書館の許可を得て、上述の遺稿のコピーを入手し、手書き草稿を精読して活字に組み、さらにそれを日本語に訳し、『専修大学社会科学研究所月報』第三五五号（一九九三年一月）に掲載した。[4]

二　『外国』紙上の記事「日本」と遺稿

いま問題にしている『外国』紙[5]の第二八三号〜二八八号（一八四五年一〇月一〇日〜一〇月一五日）に、ノイマン（Neumann）と称する人物による「日本（Japan）」と題する論説が掲載されている。[6]六回に分載されたその論説の内容を、日本の古代宗教ないし日本人の宗教観に関連する範囲で、簡単に紹介しよう。ただし、その大半はフォイエルバッハが抜粋した箇所に含まれる。これを読めば、彼はけっきょく、間接的にシーボルトとケンペルとから日本の宗教に関する知識を得ていたことがわかる。

シーボルトの『日本』によると、一五四二年に初めてポルトガル人が日本のどこかに漂着した。そして翌一五四三年一〇月か一一月に、ポルトガル人が種子島に上陸した。さらに、一五四九年八月一五日にイエズス会士フランシスコ・ザビエルが日本にやって来てキリスト教を伝えたが、日本人はこれを容易に信仰した。元正天皇の御代である七二〇年、舎人親王らはダイリ（内裏）のために『日本紀』を編んだが、日本の諸事情はこの『日本紀』と、それからシーボルトの『日本』、ケンペルの著作などで正確につかむことができる。日本帝国の創立者、すなわち精神的武士にして天の支配者の神武天皇は、天の太陽の優れた知性あるいは天の光の偉大な聖霊の五世代目の跡継ぎとされている。日本のカミ宗教、カミのミチは、あらゆる民族の原始宗教と同じく、ある様式で自然崇拝を存続させている。それは、天体と自然のうちに数多くの神性と人格化を認め、そして、日本人の考え方によると、それらはあらゆる存在の始まりの前に、この世で最初の存在者として大地を支配した、としている。最初のダイリである神武は最高位の太陽神の直系の子孫なので、彼と彼の帝位継承者は天子、ミカド、あるいは尊子と呼ばれ、それ自身神として崇拝されている。国家のために特別の活動をなすか敬虔な生活を貫くかすると、死後カミとして崇拝されることがある。神殿には神像はまったく置かれず、ただ鏡が置かれているだけである。カミ宗教のあらゆる祭儀と儀式は、元来、自然諸力と自然現象の神格化と関連し、特に天空の諸現象に関連している。(7)

以上の要約は『外国』所載のノイマン論説についてのものだが、その重要な部分はすべてフォイエルバッハの遺稿中に読まれる。かつまた、その内容・要点は、フォイエルバッハの『宗教の本質に関する講演』の内容・要点と深く結びついているのである。では、その内容・要点とはいかに。

三　フォイエルバッハの比較宗教学的研究法

『外国』紙のノイマン論説に付いている脚注の一つをみると、「カミ儀式の叙述にあたって、ケンペル第一巻二五一頁と、シーボルト氏の第三分冊中にあるすぐれた研究が利用されている」(8)とあり、また別の箇所には「シーボルトが著作『日本』の第一二分冊で印刷した日本の歴史地図は、ダイリの年代記よりもずっと不完全であり、それゆえこちらは参考にできない」(9)と注記されている。そのことからも判断できるように、日本の宗教についてフォイエルバッハのニュース・ソースはケンペルとシーボルト、なかんずく後者であった。

ところで、フォイエルバッハは『外国』紙のノイマン論説に日本の古代信仰＝カミ宗教を読み知って、どのような印象を受けたであろうか。澤野解読・翻訳の遺稿「日本の宗教」を一読したかぎりではいまひとつ鮮明とならないが、これを『宗教の本質に関する講演』と比べてみるとはっきりしてくる。そこで、まずは『講演』の内容について、以下に概要を説明しよう。

この著作には、フォイエルバッハの時代に入手可能な、相当な数の民族学的文献が引用・参照されている。その一部を列挙すると以下のようである。

・マイナース（C. Meiners）『諸宗教の一般的批判的歴史（*Allgemeine kritische Geschichte der Religionen*, 2 Bde., Hannover, 1806-1807）』

・マースデン（W. Marsden）『スマトラ島の自然および住民に関する記述（*Natürliche und bürgerliche Beschreibung der Insel Sumadra*）』（出版年不明）

・シュトゥール（P. F. Stuhr）『東洋の異教的な諸民族の宗教諸組織（*Die Religionssysteme der heidnischen Völker des Orients*）』（出版年不明）

・マルティウス（K. F. Phil. v. Martius）『ブラジル先住民たちの法治状態（*Rechtszustand der Ureinwohner Brasiliens*）』（出版年不明、マルティウスは一八一七〜二〇年にブラジル探検隊に加わる）

・ガルシラソ（Garcilaso de la Vega）『ペルーのインカの歴史（*Historie des Yncas de Perou*）』（出版年不明）

・ゾンネラー（P. Sonnerat）『東インドおよび中国への航海（*Voyageaux Indes orientales et à la Chine*）』（出版年不明）

・バウムガルテン（Baumgarten）『アメリカの諸民族および諸地方の一般史（*Allgemeine Geschichte der Völker und Länder von America*）』（出版年不明）

・ヘッケヴェルダー（J. G. E. Heckewelder）『アメリカ先住諸民族の歴史・習俗・慣習に関する報告（*Nachricht von der Geschichte, den Sitten und Gebräuchen der indianischen Völkerschaften*）』（出版年不明）

以上の諸文献を、フォイエルバッハはどのように引用ないし参照しているか。例えばイギリスの東洋学者マースデンの著作を典拠とした箇所をみると、次のようになる。この著作によれば「スマトラ人はワニやトラに対して宗教的な尊敬を抱いていて、自分たちがそれを食べる代わりに、自分たちをワニやトラに食べさせるほどであります。スマトラ人がトラを呼ぶときにはけっして普通の名称でそうせず、ご先祖さま（Vorfahren）とかご老公（Alten）と呼びます」[10]。また、ペルーの歴史家ガルシラソの著作を典拠とした箇所では次のようになっている。ペルーの太平洋岸にある群島「チンチャの住民は、自ら述べているところによると、彼らにとっては海が栄養の源泉であったから、海を神として尊敬しました」[11]。さらには、イギリス生まれのアメリカ先住民研究家ヘッケヴェルダーの著作を典拠とした箇所では、フォイエルバッハは自らの講演で最も強く訴えたかった内容のことを述べている。すなわち、

「自然は、自然宗教の立場においてはただ実践的に最初の存在者であるだけではなくて、理論的にもまた最初の存在者、すなわち人間がそこから自分の根原を導き出すような存在者であります。こうして例えば、アメリカ先住民たちは今もなお大地を自分たち総体の母とみなしています。彼らは、それゆえ、自分たちのことをメトクテニアケ（Metoktheniake）すなわち大地から生まれた者（Erdgeborene）と呼んでいるのです」[12]。

フォイエルバッハは、『宗教の本質に関する講演』のここかしこで、自然宗教と自然神について語っている。それを、或るときはエジプトやシリアなどオリエントの神々の中に見いだし、また或るときは先ギリシアや古代ローマの多神教世界に関連させるのだが、それとともに、また或るときは、フォイエルバッハの時代に世界各地からドイツへ伝えられる様々な自然信仰、地域宗教に関連させる。このようにしてフォイエルバッハは、キリスト教以外の、古今東西の諸宗教を引き合いに出しつつ、けっきょく

のところ、ある一連の結論を導くことになる。それは次の三点に要約できよう。(一)人間(Wesen)にとって神とみなされるものは、自然の中に物在(Ding)として存在する。(二)そのような諸もろの物在中から、人々はこれこそ己れの神であるとして、個別の自然あるいは自然の一断片を選びとる。(三)それは超自然・超越神(Gott)と一致するのでなく、人間(Wesen)と一致し、そうなった自然はもはやたんなる自然(Ding)ではなく神(Sache)なのである。Ding と Wesen と Sache との関係は以下のような図[13]で示しうる。(下図)

以上の三点に照らしてみれば、フォイエルバッハのいう自然宗教とは、けっして、人間の外に立つ自然を神とみなしこれに畏怖の念を抱き、あるいはこれに犠牲を捧げる、といった宗教を指すのでないことがわかる。彼が自然宗教の本質に関係すると考えるものは、神とは人間(=存在者)と同等か、あるいは人間の中に入った存在者にして、その限りで人間と同一、という捉え方である。フォイエルバッハは、キリスト教については人間と神との分離を云々するが、古今東西の異教については人間と神との同一性を強調し、それをキリスト教批判のモチーフとする。そのような問題意識で以て世界各地の民族宗教・民間信仰を観察するのである。ヨーロッパ以外の諸大陸の先住民にしてみれば、神は永遠の昔から人間とともにあるか、または人間それ自体である。例えばパタゴニア人は、彼らの神と崇める星辰を「『かつての先住民たち』と思い込み、グリーンランド人は太陽・月・星辰を『特殊な機会に天に移された自分たちの先祖』と思い込んでいる。古代のメキシコ人たちは

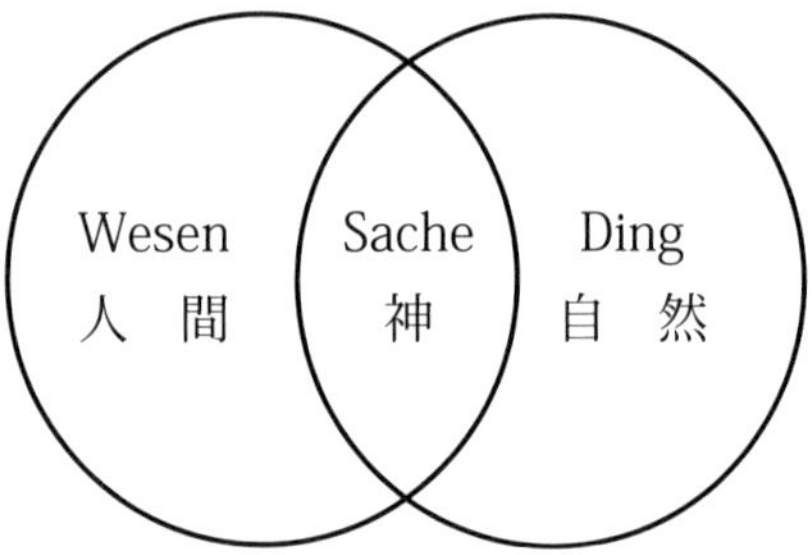

また、彼らが神々として尊敬した太陽および月は、かつては人間であったろうと信じていた」。[14]

しかし、ユダヤ・キリスト教世界では、神はしだいに人間＝自然から隔絶し超越していき、ついには全知全能の絶対者となった。けれどもマルティン・ルターが登場するや、キリスト教の神はふたたび人間の中に入ることとなるのであった。[15] フォイエルバッハは、その意味で明らかにルターの後継者すなわち一九世紀の宗教改革者ということになる。とはいえフォイエルバッハは、自らの宗教改革において、ルターのことは脇役ないし後援者に配するだけであり、主役としてはアフリカ・アメリカなど非ヨーロッパ諸大陸の先住諸民族および彼らの地域信仰をすえるのであった。

では、そのようにして開始されたフォイエルバッハの宗教改革が現実に目指すべき目標は何であるか。それは、世界中にあまた存在する諸民族の地域信仰に生きづく自然崇拝、Dingとしての自然でなくSacheとしての自然を崇拝する自然崇拝の現代的再生である。そのような意味での自然崇拝は、南米のオリノコ河畔やインドのインダス河畔、北アフリカのナイル河畔に住む古代人や野生人のもとで観察されるだけでなく、極東の島国でも観察されるのではないか。フォイエルバッハは、Dingとしての自然ではなくSacheとしての自然を崇拝する自然宗教を、はたして古代日本の宗教にも発見したであろうか。その点に関して、フォイエルバッハの遺稿「日本の宗教」に分け入って検討してみたい。

四　遺稿「日本の宗教」の分析

遺稿訳者である澤野の推定によれば、フォイエルバッハはノイマン論説「日本」からの抜粋を、一八四五年秋から一八四七年秋の間に行なっている。この頃フォイエルバッハは、論文「宗教の本質」

(一八四六年刊)を執筆していたか、し終えていたかである。この論文で彼はこう述べている。「自然の中で自分を啓示する神的存在者とは、人間に対して神的存在者として自分を啓示し表現し強請する自然自身以外の何物でもない。古代のメキシコ人は、自分たちの多くの神々のもとに塩の神をもっていた」[16]。自然崇拝についてのこの発想を、フォイエルバッハは啻にメキシコの宗教に対してのみならず、日本の古代宗教に対しても堅持したとみなしてよい。

フォイエルバッハの遺稿「日本の宗教」は、全部で六葉からなる。[17]そのうち第二葉の最後の数行に、神武天皇は太陽の第五世代目の跡継ぎであるとの記述が含まれている。また第三葉の最後の数行にも、日本の最初の内裏である神武は最高位の太陽神の直系の子孫だとあり、さらには、神武の後継者はミカドと呼ばれ、それ自身神として崇拝されている(selbst als Gottheiten verehrt)」とある。[18]この数節を抜粋したフォイエルバッハは、おそらく古代日本の天皇は〔神人〕つまり人となった神ないし人の姿をした神であると納得したであろう。『神道』(一九〇五年)の著者アストンが二〇世紀初に言うには、「神道は人間崇拝をほとんどもっていない。『古事記』、『日本紀』、および『延喜式』には、このような要素はほとんどない」[19]。その点はノイマン論説と矛盾しない。ノイマンによれば、神武は古代日本の英雄的な人物が神格化したものつまり〔人神〕でなく、太陽神=自然神の五代目の跡継ぎつまり〔神人〕なのである。我々の諒解では(i)アマテラス→(ii)アマノオシオミミノミコト(天忍穂耳命)→(iii)ニニギノミコト(邇芸能命)→(iv)ホヲリノミコト(火遠理命)→(v)フキアヘズノミコト(葺不合命)→(vi)神武となる。この神統記の端緒である天照大神は、記紀を読む限りでは自然界に存在する天体としての太陽と同一ではない。奈良朝の支配者は、そのような扱いを断じて許さなかった。いや、天武(位六七二〜八六年)持統(位六八六〜九七年)の頃にはすでに皇祖神たるアマテラスの神威は絶大となっており、天皇はその絶大なるアマテラスそのものの化身であると考えられていた。[20]しかしノイマンはそうした経過は知らず、日本の太陽神を自然神にみたてている。フォイエルバッハは、ノイマンによるそのような扱いをごく自然に受け入れたであろう。なぜなら、フォイエルバッハにとって根原的に存在するものは自然それのみだからである。

「遺稿」第三葉の四行目（訳文では三行目）あたりに次の二文が記されている。「カミの宗教は、あらゆる民族の原始宗教と同じく、ある様式で自然崇拝を存続させている。それは天体と自然諸力のうちに数多くの神性と人格化を認め、そして、日本人の考え方によると、それらはあらゆる存在の始まりのまえに、この世で最初に現存した存在として大地を支配した、としている」[21]。前者の一文を読んでフォイエルバッハは、日本の古代宗教はオリエントや先ギリシアの古代信仰と同一であり、かつまた中南米やラップランドの地域宗教と同一であるとみなしただろう。しかし、後者の一文、特に「そして」の前までの半分を読んで、ノイマン、あるいはその典拠となったケンペルやシーボルトと自分との差異を認識したことと思う。すなわち、フォイエルバッハの理解では、自然はたんなる物在・事物（Ding）としては何ら神性を備えていない。山羊崇拝者でない人々にとって山羊はたんなる労働手段か食べ物かであり、崇拝とは無関係の代物である。たんなる物在が存在者（Wesen）となって初めて神となるのである。そのような意味での自然、つまり Wesen となった Ding すなわち Sache こそが、フォイエルバッハの理解する自然神なのである。人々の能力を超えた、手におえない威力を発揮する自然を以てただちに神とみなすという構えは、フォイエルバッハの採らないものである。この構えは、のちにフリードリヒ・マックス・ミュラーが採用することになる。ミュラーの自然崇拝論によれば、太陽とか月、雷とか暴風雨といった自然現象はそのままで古代人の神となるのであり、自然それ自体の神格化で以って神々が誕生したことになるのである。[22]その流儀はノイマンの上記引用文と相通じるが、フォイエルバッハには首肯できないものだった。のちの著作『神統記』（一八五七年）においてフォイエルバッハは次のように述べている。「神々そのものは、いかなる神化された自然的力または自然的物体でもなければ、いかなる人格化された自然的力または自然的物体でもない」。[23]

第四葉の三行目（訳文では同じく三行目）から、次の一文が記されている。「他の人間たちや各自然力あるいは自然現象には、一人のカミが内に宿っている」。[24]ここに記された「一人のカミ（ein Kami）」は、我々の諒解では霊魂・御霊のことであって、イギリス語では spirit、ドイツ語では Geist と称するものである。けっして天に坐します神・神霊ではない。その点は世界各地のアニミスティクな宗教と共通しているので、フォイエルバッハにはとりたてて違和感はなかったであろう。また、その後に続く抜粋をみると、次の文章に目が止まる。「特別の活動により帝国と人間たちとの繁栄を促進し、あるいは敬虔な生活で傑出した者たちは、その死後、現人神であるミカドによって崇拝と熱愛に値すると世に布告される。言い換えれば、それらの者たちは、国の中で崇拝されるカミの数のもとに置かれるのである」。[25]ここに記されている「カミ」もまた、天に坐します神ないしその子孫である天皇ではなく、謂わばそれによって神格化を保証された人々の霊魂である。けっしてミカドにとって代わるという意味での神ではない。[26]

ミカドにとって代わるという意味では、むしろ、同じ第四葉のその後に読まれる「鏡（Spiegel）」の方がいっそう重要である。ノイマンはこう述べている。「魂の規範的・倫理的振舞いと清らかさは精霊宗教（Geisterreligion）の究極目的である。それゆえ、寺院の中に神像（Idole）はまったく置かれず、ただ玉に一つの鏡を掛けているだけである。それは、この国の言い方では心臓（Herz）と呼ばれている。信者・礼拝者は、彼らが最高の存在の象徴として崇めているその鏡に身体を曲げて近づき（中略）祈りと供物を捧げる」。[27] 我々の諒解では、この「鏡」の元祖は八咫鏡《やたのかがみ》と称して、神聖さにおいては天皇よりも高位である。なぜなら、そのヤタノカガミはアマテラスの象徴だからである。フォイエルバッハは、地上の他の地域に、神の象徴とされた物在の例を採集している。例えばのちの『神統記』には、北ドイツで信仰された馬頭にまつわる物在として、木製の馬頭の霊が出てくる。これは、元来は本物の馬頭から転化したものである。「北ドイツの多くの地方では農家において、木製の馬頭（die hölzernen Pferdeköpfe）が初めにはかつて実際の馬頭の代わりに現れた（中略）ということは、きわめて確実なことだった」。[28]

「遺稿」でいま一つ注目しておくべき箇所は、次の一文である。「新たに導入された仏教とはまだ混交していなかった古いカミ信仰によると、遺体は埋葬された。人は愛した故人に彼の武器、甲冑やその他の高価なものを持たせた」。[29] フォイエルバッハは、大地のことを母とみなし、自分たちのことをメトクテニアケつまり大地（母）から生まれた者と呼んでいるアメリカ先住民に注目したが、古代日本のカミ宗教においては、その大地にじかに遺体を埋葬する儀礼を確認している。そこにフォイエルバッハは、天空に飛翔する精霊のほか地下にもどる肉体をいとおしく思う古代日本人の宗教意識を見いだしたことだろう。

このように遺稿「日本の宗教」を分析し解釈してみると、フォイエルバッハは日本のカミ宗教に対して、二種の特徴を発見したと判断して差支えなかろう。すなわち、一方ではアマテラスを天体（太陽）と考えたり大地を聖域の一つと考えたりするような、自然信仰のなごりをカミ宗教に発見した。[30] また他方では、不可視のアマテラスの象徴である鏡や、もろもろの物在・人間に「宿るカミ」といった、精霊宗教のヴァリアントをカミ宗教に発見したのである。このように自然信仰のなごりとしてのカミ宗教にこそ注目したのである。なるほど、『宗教の本質に関する講演』第二四講では「日本の皇帝」にしか言及しなかった。しかし、一八四五〜四七年当時の彼の問題関心、および一八四八〜四九年の講演内容から判断するかぎり、フォイエルバッハは、日本のカミ宗教をなによりもまず他の諸大陸の宗教と同様に、自然信仰から派生したものと評価したであろう。すなわち、『講演』は、ほかならぬ全世界の古代的・野生的諸民族のもとで花開いた自然信仰とその文化を称えることを主な内容としていたのだった。

では、いったいフォイエルバッハは、自然信仰のどのような特徴を称えたのであるか。その問題に関する私なりのオリジナルな見解を表明して、本章のむすびとしたい。

五　自然信仰のフェティシズム的性格

すでに第三節で図解をまじえて説明したように、フォイエルバッハが注目する意味での自然崇拝においては、神的存在は自然物の中から選択される。崇拝者は、共同であれ個人であれ、自らの神を自らの手で選ぶ。こうして選びぬかれた神は、したがって姿を現している神々である。「な視たまひそ！」と直視を禁じられることはあっても、それは可視のものがみだからこそ禁じられるのである。それから、崇拝者によって神に選ばれたものがみには、崇拝者を加護することが義務づけられる。そのことを怠ると、神は強請を受ける。それでも実行できないとあらば、神は打ち叩かれるか棄てられるか、はたまた殺されるかする。

要するにフォイエルバッハが宗教一般の発端においた自然崇拝というのは、未だ本来の意味での宗教でなく、神は未だ人間と同等というか、一時的に──つまり崇拝されている限りでのみ──人間よりも高位の存在でしかないのである。主客というか主従といったものは交互的であって、そのような関係は固定化されていない。こうした信仰形態を、私はまず最初はフォイエルバッハでなく、啓蒙期フランスの比較宗教学者シャルル・ド＝ブロスの著作『フェティシュ諸神の崇拝（*Du Culte des Dieux Fétiches*, 1760）』を読んで熟知した。[31] そして、このフェティシュ信仰つまりフェティシズムの観点からフォイエルバッハの宗教論を読みなおしてみたならば、一九世紀におけるキリスト教批判の急先鋒であるフォイエルバッハが、なんとフェティシズム的自然崇拝の讃美者だったことがはっきりしたのである。フォイエルバッハは、日本をも含め、[32] 世界各地の古代的・野生的信仰を調査しそれらに含まれるどのような特徴を称えたのか、という問いかけに対して、私は次のように応えたい。フォイエルバッハの感性的唯物論は、自然を存在者とみたてた上で、人々は人間（存在者）と自然（存在者）の交互的・相互的依存において初めて生存できるのだという立場を採用し、かつその立場を無自覚的にせよ実行していたのが諸大陸に生きづく古代的・野生的信仰者だということなのである。フォイエルバッハは、そのような古代的・野生的信仰にみられるフェティシュ的性格を最大限称えたのだった。

石牟礼道子『苦海浄土』（一九七三年）の第四章「天の魚」に「九竜権現さま」の節があって、次の文章が読まれる。

「ほう、これは―」（石牟礼）
「はい、竜のうろこでござす」（江津野杢太郎少年の婆さま）
「竜の―」（石牟礼）
〈中略〉

「数知れぬ魚共がうろこは、わしも漁師で見とりますばってん、こがんしたうろこはありまっせんで、竜のうろこでござっしゅ。鬼より蛇より強うして、神さんの精を持っとる生きものでござすそうで、その竜の鱗ちゅうて、先祖さまからの伝わりもんでござす。天草から水俣に流れて来ましたとき、家もつくっちゃれん、舟もこしらえてやれんで、この神さまばつれてゆけ、運気の神さまじゃけんと親がいうてくれて、一緒におつれ申してきて、運気の神さんでござす。ひきつけを、ようなおしてくれらす。なあ、ばあやん」（爺さま）

「はい、ひきつけも、ようなおさす。息子も孫も三人づれ、ひきつけのときゃ、この神さんにゃ、えらいお世話になりました。

この神さんな正直者もんばい。なおらん子にゃ、嘘はいいなはらん。なおらんいいちなはるよ。杢がなあ、杢がひきつけたときゃ、なおらんいいなはった。びちりとも動きなはらんじゃったもん。

なんのなおろうかいなあ。水俣病じゃもね。いくら神さんでも知っとりなるもんけ。知っとりなさるはずはなか、世界ではじめての病気ちゅうもね。昔の神さんじゃもね。昔は、ありえん病気だったもね」（婆さま）[33]

江津野の婆さま・爺さまは、心やさしいフェティシストである。江津野の家では、「竜のうろこ」に神性を与えているのは、この心やさしい老夫婦だったのである。野生的世界に生きる狩猟民たちは、杢太郎の病いを治さないようなフェティシュなら打ち叩くだろう。その点だけ、杢の婆さま・爺さまは、信仰者よりも被信仰者に近い。いずれにせよ、根本のところでは、二人の老人は海に生き海に生かされる自然崇拝者として、野生的ないし古代的フェティシストと同種の神を信仰している。そのような神こそ、我らがフォイエルバッハのいう「宗教の本質」に触れている神＝自然＝存在者なのではなかろうか。

[註]

（1）L. Feuerbach, Vorlesungen über das Wesen der Religion, *Ludwig Feuerbach Gesammelte Werke*, hg. v. W. Schuffenhauer, Bd. 6., Akademie-Verlag Berlin, 1984, S. 253. 船山信一訳『フォイエルバッハ全集』福村出版、一九七三年、二二六頁。

（2）J. G. Frazer, *The Golden Bough, A Study in Magic and Religion*, part II, Taboo and the Perils of the Soul, Mcmillan 1990.（1st Edition 1913）, p. 2-3.

（3）ミュンヘン大学所蔵フォイエルバッハ遺稿に関しては、次の文献をも参照。寺田光雄「ミュンヘン大学所蔵L・フォイエルバッハ遺稿目録」、『埼玉大学紀要』社会科学編、第三六号、一九八八年。

（4）澤野徹「L・フォイエルバッハの遺稿『日本の宗教』」、『専修大学社会科学研究所月報』、第三五五号、一九九三年。これには手書き原稿が写真製版で添付されている。

（5）*Das Ausland* は、一八四五年一〇月一〇日現在で二八三号を数える日刊紙で、Ed. Widenmann を編集人とし、シュトゥットガルトのコッタ社から刊行された。

（6）Prof. Neumann は、遺稿訳者の澤野徹の考証によれば、「おそらくオリエンタリスト Karl Friedrich Neumann（1793-1870）と推定される。『専修大学社会科学研究所月報』、第三五五号、二頁。

（7）Vgl. Neumann, Japan, in *Das Ausland*. Nr. 283-288.

（8）*Das Ausland*, Nr. 288. p. 1149.

（9）*Das Ausland*, Nr. 288. p. 1150. なお、因にシーボルトは、『日本』の中では、ミカド・ダイリ等、天皇を指す言葉をドイツ語で表記するときは Kaiser とし、幕府の将軍（Sjoo-gun）をドイツ語で表記するときは Oberfeldherr としている。Vgl. P. F. v. Siebold, *Nippon. Archiv zur Beschreibung von Japan und dessen neben-und schutzländern*, Leyden 1832（Nachdruck, Kodansha Tokyo, 1975）Textband, S. 4.

（10）L. Feuerbach, Vorlesungen., in *L. F. Gesammelte Werke*, Bd. 6., S. 51. 船山信一訳『全集』第一一巻、一九七三年、二四六頁。

（11）L. Feuerbach, *ibid.*, S. 67. 邦訳、同上、二六八頁。

（12）L. Feuerbach, *ibid.*, S. 98. 邦訳、『全集』第一二巻、一一二頁。

（13）フォイエルバッハの宗教論における自然（Ding）・人間（Wesen）・神（Sache）の関係については、石塚正英『フェティシズムの信仰圏―神仏虐待のフォークロア』世界書院、一九九三年、九七～一〇〇頁参照。

（14）L. Feuerbach, das Wesen der Religion, in *L. F. Gesammelte Werke*, Bd. 10., S. 31. 船山信一訳『全集』第一一巻、三六頁。

（15）ルターが神を人間の心中に入れたということは、神が超越的存在であることを必ずしも彼が否定したということでなく、その超越神に接するのは、一切の中間項（偶像・ヒエラルキー）を否定して、じかに人の心中で、内面ではじめて可能だということである。詳しくは本書第十四章「人間の中の神を考える―ルターとの比較」参照。

（16）L. Feuecbach, Das Wesen der Religion, in *L. F. Gesammelte Werke*, Bd. 10., S. 9. 邦訳、『全集』第一一巻、一〇頁。

（17）澤野「L・フォイエルバッハの遺稿『日本の宗教』」、『月報』第三五五号、八頁、一七頁。

（18）澤野、同上、九頁、一七～一八頁。

（19）アストン、安田一郎訳『神道』、青土社、一九八八年、四四頁。

（20）松前健『日本の神々』中公新書、一九七四年、一三六頁参照。

（21）澤野、前掲論文、九頁、一七頁。
（22）石塚『フェティシズムの信仰圏』、第一章「宗教の起原」参照。
（23）L. Feuercach, Theogonie, in *L. F. Gesammelte Werke*, Bd. 7., 1985, S. 268. 舩山信一訳『全集』第一四巻、一九七六年、一三二頁。
（24）澤野、前掲論文、一一頁、一八頁。
（25）澤野、同上、一一頁、一八頁。
（26）アストン、前掲書、四四頁参照。
（27）澤野、前掲論文、一一頁、一八頁。なお、鏡についてシーボルトは次のように述べている。「カミの座には著しい単純性が支配している。人々は神像をおかず、ただ神の象徴として御幣（Goheï）があるだけである。それ以外には、霊の純粋性と透明性を指し示す鏡が一枚おかれている。（中略）神道（Sintoo）にあって鏡は純粋性の象徴なのである」。Siebold, *ibid.*, Textband, S. 759.
（28）L. Feuerbach, Theogonie, in *L. F. Gesammelte Werke*, Bd. 7., S. 295f. 邦訳『全集』第一四巻、一七六～一七七頁。
（29）澤野、前掲論文、一五頁、一九頁。
（30）因に、シーボルトは「カミ宗教」の独自性保持について、次のように分析している。「この民族的祝祭が形成されるのに、釈迦や孔子の教義が明白に影響を及ぼしはしたが、しかし全体的にみて古いカミ祭儀の独自の特徴は保持し続けている」。Siebold, *ibid.*, S. 738.
（31）ド＝ブロス著作の概要については、石塚正英『フェティシズムの思想圏―ド＝ブロス・フォイエルバッハ・マルクス』世界書院、一九九一年、第二章「ド＝ブロスのフェティシズム論」参照。
（32）「日本の原始フェティシズム」（第三章）という叙述を含む、石塚正英『フェティシズムの信仰圏』を是非とも参照されたい。

(33) 石牟礼道子『苦海浄土―わが水俣病』講談社文庫、一九七二年、一六九～一七〇頁。

〔付記〕本稿起草にあたっては、専修大学の故・澤野徹助教授にひとかたならぬご厚意を頂戴した。記して感謝致すものである。

【補章】

フェティシュなフォイエルバッハ
――フェティシズム論摘要

この摘要は、フォイエルバッハの著作中に読まれるフェティシズムに関連する記述の抜粋である。フォイエルバッハ自身はフェティシズムという術語にほとんど言及していないのだが、私の学問的見地からすれば、彼の著作中、特に中後期のものにはその概念に関連する記述が豊富にある。

摘要にあたって以下のドイツ語原文および日本語訳文を使用した。*Ludwig Feuerbach Gesammelte Werke*〔*LFGW.* と略記〕, hg. v. W. Schuffenhauer, Akademie-Verkag, Berlin, Bd.6-10, 1969. Ludwig Feuerbach, *Das Wesen des Christentums*, Reclam, Stuttgart, 1974. *Wigand's Vierteljahrsschrift*, Zweiter Band, Leipzig, 1845. *Ludwig Feuerbach Sämtliche Werke*〔*LFSW.* と略記〕, hg. v. W. Bolin u. F. Jodl, Frommann Verlag, Stuttgart-Bad Cannstatt Bd.9, 1960. 船山信一訳『フォイエルバッハ全集』福村出版、一九七四～七五年〔Fu. と略記〕。船山信一訳『キリスト教の本質』岩波文庫〔Iwa. と略記〕。

また摘要期日は一九八八年一月から一九九〇年三月にかけてである。その時の摘要文は、私の読書ノート（大学ノート）「フェティシズム史学」第六～第九に収められている。文中の強調は原文がイタリック体、（　）は摘要にあたって私が補った箇所であり、＊はフォイエルバッハによる原注を示す。［　］

は舩山信一の訳注、〔 〕は私による評注である。評注の記述については、以下の拙著をもとに、今回多少増補した。『フェティシズムの思想圏―ド＝ブロス・フォイエルバッハ・マルクス』世界書院、一九九一年。『母権・神話・儀礼―ドローメノン（神態的所作）』社会評論社、二〇一五年。なお、本書の表記スタイルに準じて、私が改めて翻訳・表記し直した箇所がある。

一　奇跡に関して（一八三九年）

▪奇跡はそれ自体において理性に矛盾する。それ故に理性的な奇跡と非理性的な奇跡との間にはなんらの限界も設定されない。反対に、或る奇跡が理性に矛盾することがいっそう多ければ多いほど、それだけいっそう多くその奇跡は奇跡の概念にふさわしい。奇跡信仰はそれ自体において迷信的な信仰である。*LFGW*. Bd.8. S.305. Fu.15. p.15-16.〔奇跡の存在根拠は理性である。先史には奇跡も迷信も存在しない。〕

▪奇跡は、近代人と異なって、主観性と客観性・幻想と経験・信仰と現実・伝説と歴史とを厳格かつ批判的に区別して生活しなかった時代に由来する。すなわち奇跡は、いわゆる超自然的事物に対する、奇跡に対する信仰を自然的な信仰と考えていた時代、それ故に自分たちが信じるものを自分たちがそのものを信じているという理由で［実際に］見たと考える時代に由来する。人々が信じているものは、人々がそのものを見る前にすでにあらかじめ事実すなわち感性的確実性なのである。人々が昆虫たちは腐肉と汚物とから発生すると信じていた限り、その限り人々はまた実際に昆虫たちが腐肉と汚物とから発生するのを見ていたのである。*LFGW*. Bd.8. S.309. Fu.15. p.18-19.〔フォイエルバッハはおかしい。或る現象が眼前で生じるからその現象を信じるのであって、その逆ではない。奇跡は、理性（自然）と非理性（超自然）とを区別する人々つまり文明人が感じるのである。エジプトのコガネ虫（フンコロガシ）は、本当にフンの中から生まれる。先史・野生の人々は見たものをそのままに信じる。それに対して文明人は見たものを必ずしもそのままでは信じない。信じないことが発生するのは、明らかに後者である。〕

▪（すなわち）歴史的な事実とは、そのものが起こるよりも前には存在していないようなものである。（中略）しかるに奇跡とはそれが起こる前に存在するものである。奇跡には信仰または表象が先行する。すなわち奇跡は起こらなければならないのである。奇跡は表象の要請である。奇跡は何物かを意味すべき事実である。そしてこの意義はまさに奇跡に先行する表象の中に横たわっており、且つ奇跡であるところの事実の本質である。実際の事実の場合には事実性が本質的なものであるのに対して、奇跡の場合には反対に事実性は非本質的のものである。（中略）奇跡は寓意を用い、教義化し、論証する。事実そのものは、それの意義、すなわちそれが一つの奇跡であるという質を除いて、自分にとって目的ではなくて、単に手段にすぎない。*LFGW*. Bd.8. S.309. Fu.15. p.19-20. 〔フォイエルバッハは事実（奇跡）に表象を先行させている。それは先史の発想でなく、文明の発想だ。〕

二　キリスト教の本質（一八四一年）

▪宗教は人間の力・特性・本質規定を人間から引き離し、それらのものを独立な存在者として神化する。Reclam, S.41. Iwa.1.p.52. 〔フォイエルバッハはキリスト教におけるこのような「神化」を自己疎外として批判するのだが、原初的思考つまりフェティシズムにおいては日常のことで、それがなくては社会や生産が成り立たない。フォイエルバッハはその点を認識できている。〕

▪宗教における歴史的進歩ということは、前の宗教では或る客観的なものとして認められていたものが今は或る主観的なものとして認められるということ、すなわち前の宗教では神として直視され尊崇されていたものが今は或る人間的なものとして認識されるということの中に成立しているのである。前の宗教は後の宗教にとっては偶像礼拝（Götzendienst）である。すなわち人間は自分自身の本質を尊崇していたのである。人間は自己を対象化していたのであるが、しかし対象を自分の本質として認識していなかったのである。後の宗教はそこまで進歩する。それ故に、宗教における進歩とはすべて［人間が］自己認識をいっそう深めることである。しかるに一定の宗教はすべて、自分の姉たち［前の諸宗教］を偶像礼拝女（Götzendienerinnen）として特色づけて、自分自身はそういう運命の―すなわち宗教の一般的本質の―例外であるとみなす。そしてこのことはもとより必然的である。Reclam, S.53-54. Iwa.1. p.68.〔偶像＝自分自身の本質〕を自分より一段高いところにおいた。しかし、実際には自分自身として対等、これすなわちフェティシズム〕

▪主語と述語との同一性は、人間の文化の発展行程と同一である宗教の発展行程を調べてみると最も明瞭にわかる。人間にたんなる自然人という述語が与えられる限りは、人間の神もまたたんなる自然神である。（中略）人間が粗野および野生の状態から文化の状態に高まるとともに、すなわち人間にふさわしいものとそうでないものとが区別されるとともに、同時にまた神にふさわしいものとそうでないものとの区別が発生する。神は尊厳性の概念・最高の品位の概念であり、宗教的な感情は最高の礼儀感である。後期の教養であるギリシア芸術家がはじめて品位・大度・不動の静けさ・快活というような概念を神々の像（Götterstatuen）の中で具象化した。Reclam, S.63f. Iwa.1. p.81.

▪ヘブライ人はヤーヴェに不潔できらいな動物をささげたのではなかった。そうではなくて、ヘブライ人にとって最高の価値をもっていた動物・ヘブライ人自身が食べた動物が、また神の食物でもあったのである＊。＊「神の食物（Cibus Dei）」（『レビ記』第三章第一一節）Reclam, S.72. Iwa.1. p.92. 95.

▪イスラエル人は、人間がもっているまだ非常に自然な衝動をも―それどころではなくきれい好きの衝動でさえ―積極的な神的命令と考えていた。この例から同時にふたたびわかることは、人間が自己を拒否すればするほど、神はまさにいっそう低級になり、かつそれだけいっそう普通の人間になるということである。Reclam, S.78. Iwa.1. p.101.

▪異教の神々はたんに人間の所産または神化された人間にすぎないかもしれない。しかるにキリスト教においては真の神の観念が与えられていよう。（中略）ユピテルはまた牡牛へも転化する。異教における神々の人間化は単なる空想でもあろう。異教においては神の本質の中には現象の中にある以上のものがない。これに反してキリスト教においては人間として現象するものは神―［人間とは］別な超人間的な存在者―であろう。Reclam, S.110-111. Iwa.1 p.144-145.

▪もし神に対する子の尊崇がなんら偶像崇拝（Götzendienst）でないならば、そのときは神の母（聖母）に対する尊崇もまたなんら偶像崇拝ではない。Re. S.132. Iwa.1 p.172.

▪ホメロスの神々はちょうど人間と同じように肉体をもっている。しかしホメロスの神々がもっている肉体は、人間の肉体がもっている制限と負担とを棄て去っている肉体である。Reclam, S.165. Iwa.1. p.215.

▪モーセの宗教における創造は、偶像（Götzen）に対立して、ヤーヴェのために最高の・第一の・真の・排他的な神という述語を確保するという目的をもっているのである＊。

＊「私は万事をなす主である」。「私は主であって、私以外の何人も主ではない。私は神であって、私以外の何人も神ではない」。「私は主であって、最初のものと最後のものとの両者である」。（『イザヤ書』第四一章―第四七章）ここから、後になってはじめていっそう詳細に展開されるべき創造の意義が出て来る。Reclam, S.167. Iwa.1. p.217.

▪異教徒は偶像礼拝者（Götzendiener）であった。〔イスラム教徒は偶像礼拝者でないが、これはここでフォイエルバッハが問題にしている古代宗教ではない〕すなわち異教徒は自然を直観したのである。異教徒は、キリスト教を深く信じる民族が自然を彼らの嘆賞や倦むことがない探究やの対象にする際に供していること以外の、どんなことをもしなかったのである。（中略）自然研究は自然礼拝であり、イスラエル教的な神およびキリスト教的な神の意味での偶像礼拝（Götzendienst）である。そして偶像礼拝とは人間の最初の自然観以外の何物でもない。なぜならば、宗教とは人間の最初の、そのために子どもらしくまた民衆的な、しかしとらわれた不自由な、自然観および自己観以外の何物でもないからである。ヘブライ人はそれに反して、偶像礼拝を越えて神に対する礼拝に高まり、被造物を越えて造物主の直観に高まった。すなわちヘブライ人は、偶像礼拝者を魅惑していたところの理論的な自然観を越えて、自然を利己主義の目的へ隷属させる純粋に実践的な自然観へ高まったのである。「貴方はまた目をあげて天を望み、日月星辰、すなわち天の万象を見、誘惑されてそれらを拝みそれらに仕えてはならない！　それらのものは、貴方の神である主が全天下の万民に分けられた（すなわちおくられた― largitus est）ものである」＊。＊『申命記』第四章第一九節。Reclam, S.189-190. Iwa.1. p.247.〔フォイエルバッハはイドラトリ（Idolâtrie）とサベイズムとを混同している。モーセがここで神ヤーヴェの代弁をして述べているのは、それのみを神とみなすような信仰を抱くな、ということである。したがって象徴としてのイドラトリでなく、神そのものとしてのフェティシズム・サベイズムを信仰するな、といっているのである。但し、モーセには象徴としてのイドラトリとそうでない、フェティシズムとの区別はない。後代（文明期）の宗教によって、とりわけギリシア・ローマ期になって明確になる。フォイエルバッハは、モーセがイドラトリを批判したことで、実はフェティシズムを越えたことを理解できていない。「イドラトリ」一

けなのである。〕

般を越えたのでなく、モーセはあくまでも多神教を越えて一神教（これもイドラトリを伴う）を導いただ

■たとい、時がたつと共にヤーヴェの概念が個々人の頭の中でひろがって行き、そしてヤーヴェの愛が―ちょうど『ヨナ書』の著者にとってのように―人間一般にひろげられたとしても、しかもなおこのことはイスラエル教の本質的な性格には属さないことである。祖父たちの神―最も貴重な想い出はこの神に結びついている―または古代の歴史的な神が依然として常に宗教の基礎である＊。＊私はなおここで次のことを注意しておこう。すなわちそれは、神一般が―そしてまたヤーヴェが―自然の中でもっている威力と栄光とを嘆賞することは、たしかに、たんに自然の威力と栄光とを嘆賞することにすぎない、ということである。もとよりイスラエル人の意識の中ではそうではないが、しかしそれにもかかわらず実際はそうなのである。Reclam, S.194. *LFGW*. S.217. Iwa.1. p.252.

■宗教の本質を認識するためには、悪魔やサタンや鬼神（Teufel, Satan, Dämone）を認識することが必要である＊。人々は宗教を暴力的に不具にしないではこれらの事物を棄てることができない。恩寵とその働きとは悪魔の働きの対立物である。Reclam, S.287. Iwa.2.p.8.

＊サタン・彼の威力・彼の働きに関して聖書が与えている表象については、リュッツェルベルゲルの『パウロ信仰論の根本特質』とクナップ（中略）の『キリスト教信仰論に関する講義』――ハレ・一八二七年――（中略）を参照せよ。悪魔の占有物である鬼神的な（dämonischen）病気もまたここに属する。これらの病気もまた聖書の中で基礎づけられているのである。Reclam, S.287. Iwa.2. p.9. 〔〔デーモン（カトリックにおける抽象的悪霊）〕は〔セイリム（有毛の動物、フェティシズムにおける自然的物在）〕からの転倒的派生だ、とのド＝ブロスの指摘を参照。ここに記した〔自然的物在〕は、フォイエルバッハにす

れば〔他我（alter-ego）〕となる。〕

■宗教の根原にあっては、神と人間との間の質的な区別または本質的な区別は全く存在しない。そして信心深い人間は、この同一性に対して決していきどおりを感じない。なぜならば、信心深い人間の悟性はなお彼の宗教と調和しているからである。こうしてヤーヴェは古代ユダヤ教においてはたんに実存の方からみて人間的個体から区別された本質（存在者）にすぎなかったのである。しかるに質的には、すなわち彼の内的本質の方からみれば、ヤーヴェは完全に人間に等しかった。ヤーヴェは人間がもっている情熱と同じ情熱をもち、人間がもっている特性と同じ人間的な特性をもち、人間がもっている身体的特性と同じ身体的特性さえもっていた。人々は後世のユダヤ教においてはじめて、神人同感同情説（アントロポパティスムス、人間の感情を神に移入すること）に対して、それがもともともっていた意味とは別な意味を想定するために、比喩の中に逃げ込んだのである。〔ド＝ブロスによれば、フェティシズムは比喩・アレゴリーではない。比喩・アレゴリーはイドラトリにふさわしい。その点をフォイエルバッハは自覚している。ただし、フォイエルバッハはフェティシズムという術語でなく、ゲッツェンディーンストつまり偶像崇拝という術語を二重にもちいて区別立てしている。いわば、正の偶像崇拝＝フェティシズムと負のそれ＝イドラトリというように。「正」とか「負」とかは石塚の形容。〕

キリスト教においてもまた事情はこれと同じであった。キリスト教の最古の文書においてはキリストの神性はまだ後のようにそれほど決定的にきわだっていなかった。（中略）教会がはじめてキリストを明白に神と同一化し、キリストを神のひとり子にし、キリストが人間や天使と違ったものであることを明確にし、そうしてキリストに被造物ではない永遠な存在者という独占権を与えたのである。Reclam, S.301-302. Iwa.2. p.28-29.

■オリンポスの神々もまたかつては事実であり自己自身を証明する実存であったではないか？　異教徒のきわめてばかばかしい怪奇物語もまた事実として認められていたのではないか？　天使や鬼神（die Dämone）は実際に現われたではないか？　かつてはビレアム（Bileam）のロバもまた実際に話をしたのではなかったか？　**Reclam, S.311-312. Iwa.2. p.40-41.**〔日本神話〔古事記〕にも、天地開闢のあと、「草木言《こと》語《と》ひし時（自然物もものを言う時代）」があったと記されている。〕

■君はなぜ、人間から人間の意識を疎外し、そしてそれを人間から区別された或る存在者―或る客体―の自己意識にするのか？　なぜ君は、本質を神に帰属させ、人間にはただ意識だけを帰属させるのか？　神は自己の意識を人間の中にもち、人間は自己の本質を神の中にもっているのか？　神に関してもっている人間の知は神が自己自身に関してもっている知か？　それはなんという分裂であり矛盾であろう！　それを転倒せよ！　そうすれば君は真理をもつことになるのである（**Kehre es um, so hast du die Wahrheit !**）。**Reclam, S.346. Iwa.2. p.83-84.**〔疎外・転倒―これはキリスト教的・ユダヤ教的現象にすぎず、フェティシズムとは無縁だ。フェティシズムは転倒と正立の交互運動で特徴づけられる。〕

■キリスト教徒の対象である神は、異教徒の対象である神とは全く別な神である。キリスト教徒は神を個人的に知っており、面と向かい合って知っている。異教徒はただ神が「何」であるかを知っている―そしてこういうこともすでにほとんど買いかぶりというものだ―だけであって、神が「誰」であるかは知らない。そのために異教徒はまた偶像礼拝（Götzendienst）へ陥ったのである。**Reclam, S.370-371. Iwa.2. p.114.**

■信仰は神の礼拝と偶像礼拝との間の区別以外のどんな区別も知らない（Der Glaube kennt keinen andern Unterschied als den zwischen Gottes- und Götzendienst.）。ただ信仰だけが神に名誉を与える。不信仰は神にふさわしいものを神から取り去る。不信仰は神に対する侮辱であり、大逆罪である。異教徒は鬼神を尊崇する（Die Heiden beten Dämone an.）。異教徒の神は悪魔（Teufel）である。「私は言う、異教徒がささげるものは、悪魔にささげるのであって、神にささげるのではない、と。さて私は貴方がた悪魔の仲間になることを望まない」（『コリント人への第一の手紙』第一〇章第二〇節）。しかるに悪魔は神の否定である。悪魔は神を憎み、なんらの神も存在しないことを欲する。こうして信仰は、偶像礼拝の根底にもまた横たわっているところの善や真を見抜けない。こうして信仰は、自分の神に―すなわち自分自身に―服従しないあらゆるものの中に偶像礼拝を認め、そして偶像礼拝の中にはただ悪魔の仕業を認めるだけである。Reclam, S.380-381. Iwa.2. p.127-128. 〔鬼神のラテン語はDämone＝イドラトリ、そのヘブライ語は「有毛の動物 seirim」＝フェティシュ。この区別は重要である。「偶像礼拝の根底にもまた横たわっているところの善や真」を力説するフォイエルバッハを指して、私は彼を〔価値転倒の社会哲学者〕としている。〕

■したがって、宗教に対する自覚的な理性の関係においては、ただ或る幻想を破壊することだけが問題である。Reclam, S.406. Iwa.2. p.160.

■そして我々は、すでに私が明らかにしたように、宗教的関係をただ転倒し（umkehren）さえすればよい。すなわち宗教が手段と認めるものを常に目的としてとらえ、宗教にとって従属的なもの・副次的な現象・条件であるものを主要事象・原因へ高めればよい。そうすれば幻想を破壊し、くもりのない真理の光を眼の前にもつことになる。Reclam, S.406. Iwa.2. p.160.

■身体を清潔にし沐浴することは、たとい最低の徳ではあっても最初の徳である＊。＊明らかにキリスト教の洗礼もまたたんに古代の自然宗教の残りかすにすぎない。古代の自然宗教において例えば拝火教のように水は宗教的な浄化の手段だったのである。〔崇拝の手段か、それとも崇拝の対象かどうかはド

＝ブロスに尋ねてみなければわからない。｝（中略）けれどもここでは洗礼はキリスト教徒のもとでよりもはるかに真実でしたがってはるかに深い意味をもっていた。なぜならば、ここでは洗礼は水の自然的な力および意義に基づいていたからである。しかしもちろん、古代の宗教のこれらの単純な自然観に対しては、我々の思弁的な超自然主義は神学的な超自然主義と同じようになんらの感覚も理解力ももっていない。それ故に、もしペルシア人やインド人やエジプト人やヘブライ人が身体の清潔を宗教的義務にしていたならば、そのとき彼らはこの点ではキリスト教の聖者たちよりもはるかに理性的であったのである。キリスト教の聖者たちは彼らの宗教の超自然主義的原理を身体の不潔の中で明確に確証していた。**Reclam, S.407. Iwa.2. p.162-163.**

（以上本論、以下付録の説明・注解・引用）

■聖者がもっぱら形像の中で尊敬され、神がもっぱら聖者の中で尊敬されるのは、人々が形像そのものや聖者そのものを尊敬するからである。ちょうどそれと同じように、神がもっぱら人間の肉の中で尊崇されるのは、人間の肉そのものが尊崇されるからである。神が肉になり人間になるのは、すでに根底において人間が神であるからである。Reclam, S.520. Iwa.2.p.322-323.｛ド＝ブロス顔負けの、すばらしいフェティシズム論だ！｝

■人間の中での神の出現はたんに人間の神性と栄光との現われにすぎない。Reclam, S.520-521. Iwa.2. p.323.

■人間はキリスト教の神であり、人間学はキリスト教の神学の秘密である。Reclam, S.522. Iwa.2. p.325.

■ひとり自分だけで存在している神はなんら神ではない。それはまさに、人間がいない神は神ではない、ということ以外の何事をも意味しないのである。人間がいないところには神もまたいない。Reclam,

S.526. Iwa.2. p.331.

三　「異教における人間の神化とキリスト教における人間の神化との区別」（一八四四年）

▪私が光の中で神を崇敬するのは、もっぱら光自身が私にとって最も立派な存在者、最強の存在者として現われるからである。もちろん後に反省の中で、人間がすでに光を超越し、光の神性または太陽の神性を疑う場合には、人間は神学の中で、第一のものを第二のものにし、根原的な神を導出された神にする、すなわち事象（Sache）をたんなる形像（Bild）にする。しかし民族の単純な宗教的感覚は神学的な反省が行なうこの区別立てを至るところでかつ常に廃棄する。民族は常にふたたび根原的な神に復帰する。すなわち民族はふたたび形像を、それが根原的にそれであったところのもの、すなわち事象にする。*LFGW*. Bd.9. S.414. Fu.15. p.198. 〔「第一のもの」、「事象」、「根原的な神」は自然信仰＝原初的信仰を指し、「第二のもの」、「形像」、「導出された神」はキリスト教を指す。ここで、キリスト教の本質はあきらかに原初的信仰の本質と峻別されている。前者はイドル、イドラトリであり、後者はフェティシュ、フェティシズムである。〕

▪人間キリストはあらゆる人間犠牲の終わりである。なぜかと言えば人間キリストの犠牲死は一度で究極的に起こったからである。すなわち、人間キリストがあらゆる人間犠牲の終わりであるのは、キリストの犠牲が個別的な場合の意義、したがって繰り返されるべき場合、猿真似されるべき場合の意義をもっているのではなくて、一般的な意義をもっているからである。ちょうど人間キリストがこのようにあらゆる人間犠牲の終わりであるのと同じように、人間キリストはまた人間のあらゆる神化の終わりでもある。なぜなら、この人間はあらゆる人間たちにとっての神であり、あらゆる人間たちの名における神、あらゆる人間たちの利益のための神だからである。*LFGW*. Bd.9. S.416. Fu.15. p.205.〉フォイエルバッハに従えば、ヘブライズムの信仰世界において人間犠牲の儀礼はキリスト教の成立とともに廃絶を宣言された。あるいは、キリスト殺しすなわち神殺しの更新はキリスト教神学の確立を通して清算された。そのことを理解できなかったマルクスについて、私は以下の論文で詳説している。本書第十二章「キリスト教の中の原初的信仰―マルクスを論じてフォイエルバッハにおよぶ」〉

四 「『唯一者とその所有』に対する関係におけるキリスト教の本質」(一八四五年)

■〈自身をフォイエルバッハと記しつつ〉フォイエルバッハは、神的なものは神的なものではなく神は神ではなくて、神的なものや神はたんに自己自身を愛し肯定し承認する―そしてもとより最高度に自己自身を愛し肯定し承認する―人間的存在者であるということを明示しているのである。なぜならば人間はただ人間を承認する神だけを承認するからである。そして人間はもとよりただ、ちょうど人間自身が自分を承認するのと同じように人間を承認する神だけを承認するのである。*Wigand's Vierteljahrsschrift*, **Zweiter Band, Leipzig, 1845, S.195. Iwa.2. p.350.**

■フォイエルバッハにとっては個体が絶対的な存在者―すなわち真の現実的な存在者―である。〈中略〉宗教の本質は、少なくともこの点では、まさに宗教が或る種または或る種から唯一の個体を選び出し、そしてそれを神聖不可侵なものとしてその他の個体に対立させることの中に成立しているのである。この人間、この「唯一者」、この「比較することができない者」、このイエス・キリストが排他的に神である。

このカシワ、この場所、この森、この雄牛、この太陽が神聖なのであって、その他のカシワ、その他の場所、その他の森、その他の雄牛、その他（余所）の太陽が神聖なのではない。そのために宗教を廃棄するということは、その宗教がもっている神聖化された対象または個体と、それと同一な類に属する他の世俗的な個体との同一性を証明すること以外の何物をも意味しない。聖ボニファティウス（Bonifatius, 672-754）は神的なカシワの木、ガイスマル（Geissmar）のカシワの木を倒したのであるが、彼はすでにそのとき我々の先祖にこの証明をしたのである。*Wigand's Vierteljahrsschrift*, S.197. Iwa.2. p.353-354.〔「このイエス・キリストが排他的に神である」を三位一体の唯一神とみなせば文明宗教だが、「このカシワ、この場所、この森、この雄牛、この太陽が神聖」なのであれば、文明宗教（イドラトリ）でなくフェティシズムを強調していることになる。〕［舩山訳註…ガイスマルはドイツのヘッセンの近くの小さな村で、ボニファティウスがドイツの雷神ドナル（Donar）のカシワを倒したといわれているのは七二四年のことであり、そのためにこの町はカシワの野と呼ばれている。Iwa.2. p.383.］

五　『宗教の本質』（一八四六年）

■キリスト教徒たちは異教徒たちと同様に生活を楽しんでいる。しかしキリスト教徒たちは生活の享受に対する自分たちの感謝の祈りを天上の父にささげる。キリスト教徒たちはまさにこのために異教徒たちに対して、偶像礼拝という非難―すなわち、異教徒たちは彼らが感謝と尊敬とをささげる際に被造物のもとに立ち止まって、あらゆる恩恵の第一の原因、唯一の真実な原因に高まらないという非難―を加える。しかしながら私は私の実存を最初の人間であるアダムに負うているのであろうか？　私はアダムを私の父として尊敬しているのであろうか？　私はなぜ被造物のもとに立ち止まってはいけないのであろうか？〔神の被造物アダムでなく、「土（アダマ）」としての人間（アダム）に我を見いだすのであれば、フォイエルバッハはアダム崇拝を偶像礼拝に括るはずである。〕*LFGW*. Bd.10, S.7. Fu.11. p.8.

▪自然の中で自分を啓示する神的存在者とは、人間に対して神的存在者として自分を啓示し表現し強制する自然自身以外の何物でもない。古代のメキシコ人たちは自分たちの多くの神々のもとに塩の神をもっていた。この塩の神は私たちに感じやすい仕方で自然一般の神の本質の謎を解いてくれる。塩（岩塩）は我々に、その経済的、医学的、技術的諸作用の中で、有神論者たちによってたいへん強く賞賛された、自然の有用性およびその慈愛深さを表現し、眼および心情に対するそれの諸作用―すなわちそれの色、輝き、透明さ―の中で自然の美を表現し、それの結晶構造および形態の中で自然の調和および規則性を表現し、対立した諸物質からそれの合成の中で、自然における対立した諸元素の一つの全体への結合を表現する。（中略）さてしかし塩の神―それの領域、現存在、啓示、諸作用および諸特性が塩に含まれているような神―とはいったい何か？　それは塩そのもの以外の何物でもない。塩そのものは人間に対して、それの諸特性および諸作用のために、神的な存在者―すなわち慈愛深い存在者、立派な存在者、賞賛と驚嘆とに値する存在者―として現われるのである。ホメロスははっきりと塩を神的と呼んでいる。*LFGW*. Bd.10. S.9-10. Fu.11. p.10-11.〔塩それ自体が神。Tatsache（事実）はSache（事象＝神）〕

▪自然の実存は、有神論が妄想しているのとは違って、神の実存に基づくのではない。そうではなくて逆に、神の実存またはむしろ神の実存に対する信仰はもっぱら自然の実存に基づくのである！（中略）そして、神の第一の根本概念は、まさに、神が貴方の実存に先行し貴方の実存に対して前提された実存であるという根本概念以外のいかなる根本概念でもない。（中略）それ故に、もし神学者たち―特に合理主義的な神学者たち―が神の名誉を主に、神が人間の思惟から独立して実存している存在者であることに認められるならば、そのとき彼らはそれにもかかわらず、この実存の名誉はまた見境ない異教徒たちの神々―すなわちもろもろの星辰、石、木、動物―にも帰属するということ、したがって異教徒たちの神の無思惟な実存はエジプトのアピスの実存から区別されないということを考慮すべきであろう。*LFGW*. Bd.10. S.11. Fu.11. p.12-13.〔庶物にも、アピスと同様、神の名誉が備わっている。〕

▪ただし現実においてはまさに逆に、自然は神よりいっそう先に存在する。すなわち具体的なものは抽象的なものよりいっそう先に存在し、感性的なものは思惟されたものよりいっそう先に存在している。もっぱら自然的に事が進む現実においては、模写が原像に続き、形像が事象に続く。しかるに、神学の超自然的奇跡的な領域においては原像が模写に続き、事象が形像に続く。*LFGW*. Bd.10. S.28. Fu.11, p.32-33.〔価値転倒の社会哲学者〕フォイエルバッハの面目躍如。〕

▪人間は根原的には自分を自然から区別しない。したがってまた、自然を自分から区別しない。（中略）野生的な自然人はその上自然的諸物体の中に実際の人間を認める。こうしてオリノコ河畔における先住民たちは太陽、月、星を人間と思い込み―彼らは「太陽、月、星はあそこ天上にあって我々と同様に人間である」と言っている―パタゴニア人たちは星を「かつての先住民たち」と思い込み、グリーンランド人たちは太陽、月、星を「特殊な機会に天に移された自分たち（グリーンランド人たち）の先祖たち」と思い込んでいる。こうして古代のメキシコ人たちはまた、彼らが神々として尊敬した太陽および月はかつては人間であったろうということを信じていた。見よ！　こうして、宗教の最も粗野で最も下級な諸種族でさえも、『キリスト教の本質』の中で言表された命題、すなわち人間は宗教においては単に自分自身に対して関係するにすぎないのであり、人間の神は単に人間自身の本質にすぎないのであるという命題を、確認している。そして、私がここでいう「宗教の最も粗野で最も下級な諸種類」とは、人間が人間から最も遠くはなれておりまた人間に最も似ていない事物、すなわち星や諸々の石、木、その上ザリガニの鋏、カタツムリの殻を尊敬するような種類である。人間がここでそれらのものをなぜ尊敬するのかといえば、人間はそれらの中に自分自身を投入し、自分自身のような存在者と考えるからであり、すくなくとも人間自身のような存在者で満たされていると考えるからである。*LFGW*. Bd.10. S.30-31. Fu.11. p.36-37.〔野生人は自然をも人間と認めるが、それは文明人の得意な擬人化とは違う。〕

■宗教は情動の中に、感情の中に根をもっているが、情動に襲われているときは、人間は自分の本質を自分の外部に措定し、生命がないものを生きたものとして取り扱い、非恣意的なものを恣意的なものとして取り扱い、対象に自分の溜め息を吹きかけて対象を生き生きとする。*LFGW*. Bd.10. S.37. Fu.11. p.44.

■願望は宗教の根原、宗教の本質そのものである。すなわち神々の本質は願望の本質以外の何物でもない。*LFGW*. Bd.10. S.37. Fu.11. p.44.〔「願望」は必ずしも、こうありたい、との趣意でなく、こうありたくない、との趣意、忌避の趣意でもある。「異教徒」の場合は、後者がおおかろう。〕

■ギニアにおけるヴィダーヘル人は、荒れ狂う海が静まり自分たちが魚をとるのを妨げないために、荒れ狂う海に対して身を捧げる。こうしてまた先住民たちは、あらゆる危険を自分たちから遠ざけようとして、嵐または暴風雨が近づいたときには空気のマニトゥに頼り、海を越えて渡ろうとする際には水のマニトゥに頼る。こうして一般に多くの民族は明白に、自然の善い本質ではなくて邪悪な本質―少なくとも彼らにとっては邪悪なものとして現われる本質―を尊敬する。*LFGW*. Bd.10. S.41. Fu.11. p.49.〔ここに記された「マニトゥ」はフェティシュな物在というよりも霊的であるから、アニミズムのアニマとみることができる。けれども、物的な介在を不可欠としているので、フェティシュとアニマの習合を物語っている。また、「邪悪な本質」に祈りを捧げる事例は〔悪神、敬して避ける〕方式であり、日本の

疱瘡神はその一例。〕

▪いやしくも宗教の対象であるものは、それ自身カタツムリの殻であろうと小石であろうと、宗教にとっては心情、表象、空想の本質（心情上、表象上、空想上の存在者）として対象なのである。人間たちが石そのもの、動物そのもの、木そのもの、河川そのものを尊敬するのではなくて、たんにそれらのものの中に存在している神々、すなわちそれらのマニトゥや霊を尊敬しているにすぎないという表象が根拠をもっている所以は、この点にあるのである。*LFGW*. Bd.10. S.42. Fu.11. p.50-51.〔象徴としてのマニトゥ——フォイエルバッハの矛盾？　いやちがう、宗教＝モーセ以後の本来の宗教にすればマニトゥ＝象徴となると述べているだけなのだ。〕

▪自然宗教は表象と現実との間の顕著な矛盾であり、想像と真理との間の顕著な矛盾である。現実においては死んだ石または丸太であるものは、自然宗教の表象においては生きた存在者である。*LFGW*. Bd.10. S.43. Fu.11. p.51.

▪人間は自然をそれが実際にあるのとは別様に考える。人間がまた自然に対して自然自身とは別の存在者（本質）を自然の現実性の根拠および原因として前提するということ、すなわちただ人間の頭脳の中に実存しているだけであるような本質（存在者）を—ただ人間自身の頭脳の本質でだけあるような本質（存在者）を—自然の現実性の根拠および原因として前提するということはなんらの不思議でもない。人間は事物の自然的秩序を転倒する。人間は最も本来的な意味で世界を頭で立たせる（逆立ちさせる）。人間はピラミッドの先端をピラミッドの土台にすえる。*LFGW*. Bd.10. S.55. Fu.11. p.66-67.〔フォイエルバッハを〔価値転倒の社会哲学者〕と表現して私が再評価する所以である。〕

▪君は神をひたすら信仰の中に、ひたすら想像力の中に、ひたすら人間の心情の中に見いだすのである。

なぜかといえば神はそれ自身、空想の本質または想像の本質以外の何物でもなく、人間の心情以外の何物でもないからである。*LFGW*. Bd.10. S.75-76. Fu.11. p.91.

▪実存すなわち生活は最高の善であり最高の存在者である、すなわち人間の根原的な神である。*LFGW*. Bd.10. S.81. Fu.11. p.101.

▪文明民族の祭儀は野生民族の偶像崇拝からどうして区別されるのか？　文明民族の祭儀と野生民族の偶像崇拝との区別は、アテナイ人の宴会とイヌイット、サモエード人またはオスチャーク人の欲望との区別と少しも違っていない。人間が文化の立場へ高まるところ—そこでは人間は自分を一面的に満足させることを欲しないで全面的に満足させることを欲し、ただ自分の腹部を満足させることを欲するだけではなくてまた自分の頭脳を満足させることをも欲し、ただ自分の胃を満足させることを欲するだけではなくてまた自分の感覚を満足させることをも欲する。またそこでは、欲求の対象が同時に喜悦の対象（或るいっそう高い欲求すなわち理論的欲求の対象）であるべきであり、或る必要なものが同時に或る美しいものであるべきである。しかるに美学が人間にとって欲求または必要になるところでは、当然また人間の神々が美的存在者、美的祭儀の対象となる。*LFGW*. Bd.10. S.82. Fu.11. p.103.

▪古代の無神論者たちおよび有神論者たちはほとんど例外なく、人間たちは自分たちにとって役に立つ存在者および事物—例えば太陽、水、火、木々、動物のような—を主としてそれらのものがもっている有用性のために神的な存在者として尊敬したということを主張した。そして古代の無神論者たちおよび有神論者たちは完全に正しかった。〔ド＝ブロスによれば正しくない！〕すなわち、ただ生活に対して効用または実践的影響をもっているものだけが、宗教的尊敬の対象としてふさわしく、少なくとも本来の祭儀の対象としてふさわしいのである。ただし有用性は非宗教的な表現である。*LFGW*. Bd.10. S.84.

Fu.11. p.106. 〔つまり、先史時代には、儀礼はあったが宗教はなかったということ。〕
▪必要の威力の前では神の尊厳性および威力でさえも弱まる。もし異教徒の神々が異教徒を助けないならば、そのとき異教徒は自分の明白な（手でとらえることができる）神々そのものを打ち壊し放棄するということは、なんら不思議なことではない。〔神々を打ち壊す！〕しかもユダヤ教徒やキリスト教徒もまた、異教徒たちの神々とそれらの形像や彫像が生命も威力ももたない拵え物にして人間の助けにならなかったという理由で、それらを放棄した。*LFGW*. Bd.10. S.92. Fu.11. p.119.
▪野生人の神または一般に粗野な人の神は変わりやすい存在者でありむら気な存在者であって、今日は善良であるかと思えば明日は邪悪であり、それ故に今日は尊敬の対象であるかと思えば明日は軽蔑の対象である。なぜかといえば野生人の神または一般に粗野な人の神が与えるはずのものは限定された対象、個別的な対象、偶然に依存する対象であるからである。それに対して開化した人間は、特殊な願望を自分の福祉に従属させ、あらゆる願望の本質および究極目的に従属させる。開化した人間は自分の願望を一般的なものと必然的なものに還元する。*LFGW*. Bd.10. S.94. Fu.11. p.122-123.
▪アプレイウスは言う、ギリシア人は踊りで神々を尊敬し、エジプト人は嘆き（durch Wehklagen）で神々を尊敬する。これらのわずかな言葉は、ギリシア人やエジプト人の神話学に関する部厚い学者ぶった著作よりいっそう多くの解明を我々に与えてくれる。ただ儀礼（Kultus）だけが或る宗教または神のあらわな本質なのである。感官の中に流れこむ力をもっているもの――ただそういうものだけが真の現実的存在者という意味を要求することができるのである。*LFGW*. Bd.10. S.113. Fu.11. p.148. 〔儀礼はドローメノン（神態的所作）とレゴメノン（神語的唱誦）からなる。先史時代ではそれを挙行する過程で神々が森羅万象から生まれ、文明期ではそれを挙行する過程で神々が天空等の神座から降ろされる。〕

■私の尊敬の対象の品位が高まるとともに私自身の品位が高まるのである。神を太陽や月や星を超越している存在者として尊敬している人は、自分自身を太陽や月や星の上に高めている人なのである。キリスト教徒たちは人間を卑下するといって異教徒たちを非難した。なぜかといえば異教徒たちは、人間の下に存在して人間に利用され使用されるために存在するにすぎない自然に対して神的な尊敬を捧げたからである。*LFGW*. Bd.10. S.120. Fu.11. p.157.〔自然と共生するフェティシストとちがって、キリスト教徒は自然を人間の足下に貶めている!〕

六 ルドルフ・ハイムあての返答(一八四八年)

■我々の意味ではなんら宗教ではないもの——まさにそういうものが最初の宗教であり根原的な宗教なのである。*LFGW*. Bd.10. S.338. Fu.11. p.170.〔「我々の意味ではなんら宗教ではないもの」は、神々を天界から降ろす儀礼でなく、神々を自然から産みだす儀礼で特徴づけられる。〕

七 宗教の本質に関する講演(一八五一年)

■さて多神教が根を下ろしますのは、人間が人間の種概念を越えないところ、人間がただ自分の種に属する人間だけを自分の仲間、自分と同じ権利と能力をもっている存在者として承認するところにおいてであります。しかし種の概念の中には数多性が含まれています。したがって、人間が種の本質を絶対的な本質にするところには、多くの神々が存在するのであります。しかし、人間が自分を類の概念へ高めるところ、万人が一致するところ、彼らの種差すなわち彼らの種族や民族の区別が消滅するところでは、人間は一神教へ高まって行きます。(第三講)*LFGW*. Bd.6. S.25. Fu.11. p.210.

■つまり多神教と一神教との区別は、種と類との区別に還元されます。（第三講）*LFGW*. Bd.6. S.25. Fu.11. p.211.

■もし私たちが旅行者たちの伝えてくれる野生人の宗教〔ここでは野生人の「宗教」と記さず、野生人の「崇拝」と記して「開化した民族の宗教」と峻別するべき〕と開化した民族の宗教とを考察するならば、そしてまたもし私たちが直接に誤ることなしに観察できる私たち自身の内面を覗いてみるならば、宗教の適正かつ包括的な心理学的説明根拠としては、依存感または依存意識以外は見いださないでしょう。古代の無神論者および古代と近世の夥しい数にのぼる有神論者さえ、恐怖を宗教の根拠と宣言しました。しかし恐怖はまさに依存感情のもっとも通俗的な現象、もっとも顕著な現象以外の何物でもありません。（第四講）*LFGW*. Bd.6. S.32-33. Fu.11. p.221-222.

■マイナースは著作『宗教の一般的批判的歴史』の中で、旅行記から次のようなことを引き合いに出しています。「例えばアフリカや北アジアやアメリカにおけるいっそう粗野な民族は河川でも特に急流や滝のところを怖れる。その場所を乗り越えて行くときは恩寵ないし赦罪を乞い求め、胸を打って、怒っている神々に対して涜罪のための犠牲を投げかける。海を自分たちのフェティシュに選んだ多くのアフリカ先住民の王は、海をたいへん怖れる。そのために彼らはあえて海を見ない。まして海に乗り出したりはしない。彼らはこの恐ろしい神性を見れば即座に殺されると信じているからである」。（第四講）*LFGW*. Bd.6. S.33. Fu.11. p.222-223.〔マイナースを通じてフォイエルバッハはアフリカのフェティシュ崇拝を熟知した。マイナースが提供するアフリカ文化的事例は、フォイエルバッハをキリスト教的汎神論から引き離した。ついにヘーゲル左派時代の思想圏を突き抜けた。なお、フォイエルバッハは宗教を恐怖から説明するマイナースを批判するために彼の上記著作を引用した。〕

■それ故に、害悪の根原はまた善の根原であり、恐怖の根原はまた喜悦の根原であります。したがって、それ自身同一の原因をもっているものを、人間の心情はなぜ自分の中でも結合してはいけないのでしょうか。（第四講） *LFGW*. Bd.6. S.37. Fu.11. p.228. ｛フェティシズムの特徴である交互的関係性を強調している。｝

■私は、ちょうど恐怖が神化するのと同じように、愛、喜悦、尊敬もまた神化することを主張します。その場合、宗教を特徴づける普遍的な名前―恐怖と喜悦または愛の双方を包括する名前―として、依存感のほかに何が見つかりましょうか。（第四講） *LFGW*. Bd.6. S.38-39. Fu.11. p.229-230. ｛これも交互的関係性の協調。｝

■『バルク書』の中では次のように言われています。「人々は偶像を神々と思い込んではならず、またそう呼んではならない。なぜなら、偶像は罰することも助けることもできないからである。偶像は国王たちを呪咀することも祝福することもできない」。 *LFGW*. Bd.6. S.39. Fu.11. p.230-231. ｛フォイエルバッハは、神であれば人々や国王を罰したり助けたりできるが偶像にはその力がないから、偶像は神でないという内容の一文を引用している。イドルは象徴でしかないことを、フォイエルバッハも知っている！｝

■それ故に依存感は宗教の心理学的なまたは主観的な根拠を特徴づけたり説明したりするための唯一の正しくかつ普遍的な名前であり概念であります。（第四講） *LFGW*. Bd.6. S.39. Fu.11. p.231. ｛私としては、「依存感」と並べて「フェティシズム」という名称を用いてほしいとフォイエルバッハに願いたい。｝

■星が宗教的尊敬の原因であり対象であったのは、けっして理論的天文学的な考察欲の客体としてではなく、人間の生活を支配する威力と見做されたかぎりであり、したがって人間の恐怖と希望の対象であったかぎりでありました。（第四講） *LFGW*. Bd.6. S.40. Fu.11. p.232.

▪ディオドロスによれば、エジプト人たちはナイル川の泥土中に動物的生活の、そして人間的生活さえもの、原基素材および根本素材を見ていました。（第五講）*LFGW*. Bd.6. S.48. Fu.11. p.243.〔泥土中に生物が産卵したと見るのでなく、泥土そのものが生物を産出したと見るのである。〕

▪近年の旅行者たちが目撃者として語っているのを読むならば、古代のエジプト人は動物を尊敬した、ないし少なくとも尊敬することができました。それに反する特殊な理由が見いだされない場合、そのことが信じられなくはないことを私たちは見いだすでしょう。そして、古代エジプト人が動物を尊敬した、ないし少なくとも尊敬することができたのは、ちょうどアジアやアフリカやアメリカの諸民族が動物を最近までないし今日でも尊敬しているのと同じであります。（第六講）*LFGW*. Bd.6. S.49. Fu.11. p.244-245.〔アジアやアフリカやアメリカの諸民族に力点移動、ついに視座としてのヘーゲル左派を突き抜けた！〕

▪私は動物神化および動物崇拝の根拠をもまた依存感情に還元しました。動物は人間にとって必要な存在者でありました。（中略）必要なものとは私がそれに依存しているものであります。（第六講）*LFGW*. Bd.6. S.51. Fu.11. p.247.〔現代社会の一つの潮流をつくっている〔動物の権利〕思想を想起したい。〕

▪私たちはその上、人間を動物以下に評価するもっとひどい規定をエジプト人の宗教に見いだします。ディオドロスによれば、「これらの（すなわち聖化された）動物の一匹を殺す人は死罪に値する。彼が殺したものが猫または朱鷺であるならば、その動物を殺したのが故意か過失かにかかわらず、彼は死なねばならない。群衆は最も残忍なやり方によってたかって犯人を虐待する」。（第六講）*LFGW*. Bd.6. S.52. Fu.11. p.248.

▪少なくとも動物信仰が一つの文化史的契機を形成しているところでは、人は、動物が人類のために功績を立てたので動物を尊敬したのです。したがってそこで人は、少なくとも人間のために動物を尊敬したのであり、野獣的な根拠でなく人間的な根拠でもって動物を尊敬したのです。（第六講）*LFGW*. Bd.6. S.57. Fu.11. p.255.

▪しかし動物崇拝・自然崇拝一般は私たちに対して、ただ或る民族の実践的な文化的立場を対象化するだけでなく、その民族の理論的本質・精神的立場一般をも対象化します。なぜなら、動物や植物を尊敬する人間は、私たちと違ってまだ何ら人間でなく動物や植物と同一化しており、そこでは、動物や植物はあるいは人間的な存在でありあるいは超人間的な存在であります。こうして例えば『ゼンド・アヴェスタ』においては、犬は人間と等しく法律に服従させられています。（第六講）*LFGW*. Bd.6. S.58. Fu.11. p256.

▪ディオドロスによれば、穴居人は牡牛・牝牛、牡羊・牝羊を父・母と呼びました。なぜなら、彼らは生みの両親でなく牡牛牝牛、牡羊牝羊からたえず毎日の栄養を受け取ったからです。こうしてマイナースが述べているように、（中央アメリカ北部）ガテマラの先住民はアフリカの先住民と同じように、人間の生命はある動物の生命と不可分離に結びついていて、もしその兄弟動物が殺されるとその人も死なねばならないと信じています。*LFGW*. Bd.6. S.59. Fu.11. p.257. 〔ジェームズ・フレイザーが『金枝篇』で展開する共感呪術を想起したい。〕

▪動物崇拝が文化的契機の立場、宗教史に記載される価値がある現象の立場へ高まるところでは、動物崇拝は人間的な根拠または利己主義的な根拠を持っています。（第七講）*LFGW*. Bd.6. S.59. Fu.11. p.258.

▪私は利己主義のもとで、神学的な偽善や宗教的、思弁的な空想や政治的蛮行および専制が人間に対して行なうすべての非自然的かつ非人間的な要求に対して、人間が自分自身の価値を強調し自分自身を主張するのを理解します。（第七講）*LFGW*. Bd.6. S.60. Fu.11. p.259.

■神であるもの、宗教的尊敬の対象であるものは、なんら事物（Ding）ではなくて存在者（Wesen）であります。*LFGW*. Bd.6. S.62. Fu.11. p.261.

■私たちは宗教の究極の主観的根拠として既述の意味における人間的利己主義を発見しました。ただし、言葉の最も平俗かつ通俗な意味での利己主義は、宗教においていかなる従属的な意味さえも演じません。（第七講）*LFGW*. Bd.6. S.66. Fu.11. p.267. 〔人間的利己主義とただの利己主義はどう違うのか。いずれにせよ、一八四四年前後のシュティルナーとの論争以後、フォイエルバッハは利己主義をポジティヴに語りだした。シュティルナーも『唯一者とその所有』で注目したアフリカ・アメリカ先住文化と無関係ではない。〕

■人々は神聖化された獣性のために相互に食い合います。（第八講）*LFGW*. Bd.6. S.75. Fu.11. p.280. 〔神聖化された獣性は獣性を削がれるのか、それとも神聖化された獣性は獣性をためらいなく発揮するのか。カニバリズムは神聖化された獣性の儀礼だろう。〕

■キリスト教は可視的な神、感性的な神、肉体的な神の代わりに、不可視な神をおきました。それと同様にキリスト教的宗教は、可視的な人間犠牲、手で捉えることのできる（明白な）人間犠牲の代わりに、不可視な人間犠牲、非感性的な人間犠牲、しかし同様に現実的な人間犠牲をおきました。（第九講）*LFGW*. Bd.6. S.85. Fu.11. p.294.

■教養がない人間は腹部についての欲求・関心以外は持ち合わせません。教養のない人間の真の神は胃です。（第九講）*LFGW*. Bd.6. S.88. Fu.11. p.298. 〔ここで「教養がない」というのは野生であることである。また人間欲求の基底は生理的なそれだから、胃を神とするのは食（生産物）を神とすることに連なる。金銀（商品）を神とする教養人とは人間性において格段の差異がある。フォイエルバッハは一八六二年刊の『供犠の秘密、または人間とは食べるところのものである（*Das Geheimnis des Opfers order Der Mensch ist, was er ißt.*）』において「人間とは彼が食べるところのものである」という副題をつけている。言い得て妙なり！｝

■ある民族の感官が到達するところまで、その民族の神も到達します。人間の感官、まなざしが星にまで高まらないところでは、人間はまたいかなる天体をも神にしません。そして人間がオスチャーク人やサモエード人のように腐肉さえ吐き気を催さずに食べ、死んだ鯨をうまそうに食べるところでは、人間の神々も無意味な、美的でない、吐き気を催すような偶像｛これはフェティシュとするべき｝です（第九講）。*LFGW*. Bd.6. S.89. Fu.11. p.299.

八 『宗教の本質に関する講演』に対する補遺と注解・上（一八五一年）

■ルター主義は、『旧約聖書』そのものの中でイスラエルの驚愕または恐怖とよばれている怒りっぽく嫉妬深い非人間的な神に対する驚愕または恐怖から発生したのである。*LFGW*. Bd.6. S.325. Fu.11. p.309.

■私はこの機会に、『ルターの意味での信仰の本質』および『キリスト教の本質』の端緒である、人間的なものと神的なものとの対立は、『宗教の本質』における端緒である依存感と同一物に帰着することを注意しておかなければならない。また、人間的なものと神的なものとの対立はたんに自分の実存をいっそう多く依存感に関する反省または省察に負っているにすぎないことを注意しておかなければならない。*LFGW*. Bd.6. S.327. Fu.11. p.312-313.

■聖アウグスティヌスは彼の『神の国について』の中で、我々は神の三位一体の形像を我々自身に即して持っていると言っている。「我々は存在し、存在していることを知っており、かつこの存在およびこの知を愛している。哲学者たちが学問を自然学、論理学および倫理学または道徳学に分類するのもここに由来している。聖霊（第三人格）は慈愛、愛、またそれらの源泉である。第二人格（子）は言葉、悟性、または知恵の源泉である。第一人格すなわち父である神は、存在または存在の創始者である」。すなわちまさに最古の神、第一の神、または道徳的および精神的な神以前の神、道徳的および精神的な神の背後の神は、物理的な神〔イドラトリと正反対の論理〕なのである。（中略）父である神は物理学または自然の本質が神化されたもの以外の何ものでもないからである。*LFGW*. Bd.6. S.330. Fu.11. p.317.〔グラント・アレン『神観念の進化（Grant Allen, *The Evolution of the Idea of God, An Inquiry into the Origins of Religions*, London, 1911）』に従えば、ヤーヴェはもともと石塊の姿をしていて、信徒はそれを箱に入れて持ち運んだ。〕

▪我々はここから、存在という抽象的な概念がもっぱら自然の中に肉と血、真実性と現実性をもっていることがわかり、したがってちょうど存在が知恵および慈愛に対して前提されているのと同じように物理的な神〔Sache にあたる〕もまた精神的な神〔Bild をもつ Sache にあたる〕および道徳的な神に対して前提されていることがわかるのである。*LFGW*. Bd.6. S.331. Fu.11. p.318.

▪教養の貴族、精神の貴族は廃棄されてはならない！　おお、ただ若干の人々が貴族で他のあらゆる人々は賤民というのであってはならないだけだ！　そうではなく万人が教養をもつべきである。所有は廃棄されてはならない！　おお、ただ若干の人々が所有し他のあらゆる人々は無所有というのであってはならないだけだ！　そうではなく万人が所有するべきである。B *LFGW*. d.6. S.345. Fu.11. p.337.〔「万人が教養をもつべきである」という時の「教養」、「万人が所有するべきである」という時の「所有」、これをいかに解釈するべきか。野生の儀礼を称え、文明の宗教を批判するフォイエルバッハのターミノロジー

は奥深い。｝

▪偶然、とくに幸福な偶然は宗教の主要な対象である。（中略）それ故に、すでにギリシア人のもとでテオス（Theos）すなわち神という言葉がテュヘ（Tyche）すなわち幸運とか偶然を意味していたのは驚くに値しない。*LFGW*. Bd.6. S.347-348. Fu.11. p.341,342. ｛神＝偶然・幸運。英語で幸せを happy というが、それは突発するという英語 happen と同系統である。いずれも刹那的である。神観念もそうした突発性・偶然性をはらむ。｝

▪あらゆる善が神の慈愛に由来するところでは、必然的にあらゆる害悪もまた悪魔の悪意に由来する。一方は他方から引き離されない。しかし、もし人間が自分の利己主義に矛盾する自然の作用をある邪悪な意志の責任に帰するなら、それは明らかに最も深い粗野のしるしである。このことを革新するのにクセルクセス一世にまで登りつめるに及ばない。ヘロドトスによればクセルクセス一世は海に橋がないことを怒ってヘレスポントス［ダーダネルス海峡］の海面を三〇〇の鞭叩きで罰したのである。*LFGW*. Bd.6. S.355. Fu.11. p.351-352. ｛人間と自然、善と悪は交互的！｝

▪『コーラン』の神は『旧約聖書』の神と同じように、自然または世界すなわち偶像の本質―人工的な本質（存在者）・死んだ本質（存在者）・作られた本質（存在者）―に対立した実際の生きた本質（存在者）である。しかし『コーラン』の神は『旧約聖書』の神と同じように、例えばムハンマド以前のアラビア人が尊崇した石のような世界の一断片または自然の一断片でなく、分割されない全自然であり大自然である。*LFGW*. Bd.6. S.357. Fu.11. p.355-356.

▪真の神―模写された神すなわち偶像に対立した、実際の神―の目印や作用は自然のそれである。偶像はいかなる生きた存在者も作り出すことができず、いかなる味のよい果実も作り出すことができず、物を生産するいかなる雨も降らせることができず、いかなる恐ろしい暴風雨も起こすことができない。それらをできるのはただ生来の神であるような神だけであって、人間たちによってはじめて神にされたような神ではない。それらができる神は、それ故に、たんに生きた実際の存在者の仮象をもつだけではなく、生きた実際の存在者の本質をもっているような神である。しかるに、作用や目じるしが自然のそれであるような神は、また自然以上の何物でもない。*LFGW*. Bd.6. S.358. Fu.11. p.357.

▪人間は、自然が創造と破壊を為すかぎり、または一般に自然が人間に対して畏敬の念を起こさせる威力という印象を与えるかぎり、自然を人間化して全能な存在者にする。*LFGW*. Bd.6. S.360. Fu.11. p.359-360.〔「自然を人間化して」とは、いわゆる擬人化ではなく、文字通りのことを指す。〕

▪『コーラン』と『旧約聖書』の神はなおまったく自然のままのように瑞々しく、なおその神がそこから発生した宇宙という大洋によって湿冷である。しかるにキリスト教的一神論における神はまったく干涸びてしまった神であり、すでにそれが自然から発生したことを示すあらゆる痕跡が根絶した神である。*LFGW*. Bd.6. S.362. Fu.11. p.361.

▪バンクロフトは著作『合衆国の歴史』中でアメリカ先住民の自然崇拝と動物崇拝に関したいへん美しくかつ正しく次のように言っている。（中略）「野生人の信心深さはただ受動的な従順の感情だけではなかった。野生人は未知な威力に自分に対して好意を抱かせその怒りを取り払おうと努めた。アメリカ先住民のもとでは至るところで一種の犠牲と祈祷とが慣習になっていた。もし収穫が豊作におわり狩猟に獲物があったならば、彼らはそのことの中にマニトゥの影響を見、ごく普通の事故をも神の怒りに帰した。ある先住民は夜明けに家族と一緒に一人の子どもを失って悲しんでいたとき、『おおマニトゥよ、貴方は私に悪意を抱いていています。貴方の怒りを私から遠ざけ、私のほかの子どもたちをいたわってください』。これが宗教の初めての核心である」。*LFGW*. Bd.6. S.364-365. Fu.11. p.365-366.

▪もし有神論者たちが野生人たちに神学的な外交的区別立てをいい含め、野生人たちに対して、彼らは動物そのものを尊敬しているのでなく「本来は動物の中で神を尊敬」していると言わせるならば、それは真実に愚かなことである。人々は動物の中でその本性または本質性以外の何物をいったい尊敬しうるというのか？　プルタルコスは著作『イシスとオシリスについて』（*de Icide et Osiride*）の中でエジプトの動物崇拝に関連して次のように言っている。「もし最良の哲学者たちが魂をもたない事物の中にさえ神性の形像を見つけたならば、情感ある生きた存在者中にどんなにか多くの神々の形像を探求すべきであろう！　しかしただ、そうした存在者や事物そのものを尊敬しているのでなく、それらを通して、かつそれらを介して神的なものを尊敬する人々だけが称賛されるべきなのである（中略）」。しかしそれでもなお、動物への尊敬の根拠は動物そのものの中に横たわっていないだろうか？　もし神の本質が動物の本性から本質的に区別されているならば、私は神の本質を動物の本性の中で尊敬することができず、また神の本質を動物の本性を介して尊敬することができないだろう。なぜなら、そのとき私は動物の本性の中に神のいかなる形像も神とのいかなる類似性をも見いださないからである。*LFGW*. Bd.6. S.365-366. Fu.11. p.366-367.

▪神々を動物的に表象し模写している人は、無意識に動物そのものを尊敬しているのである。もっともその人は自分の意識及び悟性の前ではそのことを拒否している。*LFGW*. Bd.6. S.366. Fu.11. p.367.

九　『宗教の本質に関する講演』下（一八五一年）

▪それ故に、歴史的にまた神話的な人間すなわち英雄及び神々の大抵の古い名称は、固有名詞になった集合名詞です。神ということばでさえ根原的には、むろんあらゆる名詞と同様、固有名詞でなく一般的な名称または種属名詞（普通名詞）です。聖書においてさえギリシア語のテオス（Theos-神）及びヘブライ語のエロヒム（Elohim-神）は神以外の対象に使われています。（第一一講）*LFGW*. Bd.6. S.110. Fu.12. p.29.

■そして私は、神という語は、例えば果物や穀物、民族という言葉と同様、無限定な集合語であることが分かります。（第一一講）*LFGW*. Bd.6. S.110. Fu.12. p.30.

■それ故に多神論と一神論との間には外見ほどの大きな区別は一つも存在していません。唯一神の中にも唯一神の特性の数多性及び差異性を介して多くの神が潜んでいます。（第一一講）*LFGW*. Bd.6. S.111. Fu.12. p.31. 〔それどころか、文明宗教（キリスト教ほか）の中にしてからが、実は先史に根をもつ多くの神々が潜んでいる。習合している。キリスト教は自然的・野生的諸信仰のシンクレティズムなのだ。〕

■自然は何らのはじめももたなければ何らの終わりももっていません。自然におけるすべてのものは交互作用をなしており、すべてのものは相対的であり、すべてのものは同時に結果であり原因であり、自然におけるすべてのものは全面的であり相互的であります。（第一二講）*LFGW*. Bd.6. S.115. Fu.12. p.37. 〔「自然におけるすべてのもの」には、むろん人間も入る。人間と自然は、相互に〔もう一人の私（alter-ego）〕なのだ。〕

■多神論者は善良な神々と邪悪な神々とを信じています。一神論者は邪悪な神々を神の怒りの中に移し、善良な神々を神の慈愛の中に移し、そして一つの神を信じています。しかしこの一つの神は善良な神及び邪悪な神または怒りっぽい神であり、対立した特性をもつ神です。（第一三講）*LFGW*. Bd.6. S.127. Fu.12. p.54. 〔一神教における善と悪の交互。けだし至言なり！〕

▪カムチャッカ人たちは彼らがクトカと呼びかつ天地の創造者と思い込んでいる最高の神をもっています。彼らはすべてのものをクトカが造りすべてクトカから発生したと言っています。しかしカムチャッカ人は自分たちを神よりはるかに賢明と思いクトカほど愚かで無意味で無知なものは他にいないと思い込んでいます。もしクトカが賢明で理性的だったら、クトカは世界をはるかによく創造したはずだ、そんなに多くの急流及び間断のない暴風を起こしたりしなかったろう、と言っています。それ故に彼らは冬に高い山に登ったり下ったりするときにはひどく憤然としてクトカを罵らずにおれないのです。（第一九講）*LFGW.* Bd.6. S.191. Fu.12. p.143. ｛出来損ないの神を罵る。あるいは神にもできないことはあると悟る。｝

▪自然が宗教的に尊敬されるところでは、自然は人間にとって私たちにとって、自然として対象であるのと異なって、人間に類似した存在者またはむしろ人間的な存在者として対象なのです。（第一九講）*LFGW.* Bd.6. S.199. Fu.12. p.154. ｛自然は、存在者（Wesen）となれば崇拝・崇敬の対象（Sache）となる。したがって、攻撃の対象にもなる。｝

▪あらゆる対象が人間によってただ神として、または同じことですが宗教的に、尊敬され得るだけでなく、実際にも神として尊敬されます。この立場がいわゆるフェティシズムです。そこでは人間はあらゆる批判と区別立てとを抜きにして、人工物であれ自然物であれ可能なかぎりすべての対象・事物を己れの神にするのです。こうして例えばシエラ・レオネの先住民は角、ザリガニの鋏、爪、火打ち石、蝸牛の殻、鳥の頭、木の根を自分たちの神々として選んで小袋に入れ、ガラス玉とその他の装飾品とで飾った首にその小袋を付けます。（バストルム『野生状態及び粗野状態における人間に関する知識のための歴史的報告』）「オタハ島人はヨーロッパ船の旗と幟を崇拝し、マダガスカル島人は数学で用いる器具を神々と思い込み、オスチャーク人は熊のかたちのニュルンベルグの時計に対して宗教的尊敬を表明しました」（マイナース『宗教に関する一般的批判的歴史』）（第二〇講）*LFGW*. Bd.6. S.201. Fu.12. p.156. ｛Christian Bastholm（1740-1819, デンマークの神学者）, *Historische Nachrichten zur Kenntnis des Menschen im seinem wilden und rohem Zustand.*｝

▪野生人は時計や旗や数学で用いる器具が何であるかを知っていません。それ故に彼らはそれらが実際とは別の何物かであると想像します。彼らはそれらのものから空想的な存在者、フェティシュ、神を作り出すのであります。宗教と宗教の対象との理論的な原因及び源泉はそれ故に空想、想像力であります。（第二〇講）*LFGW*. Bd.6. S.201. Fu.12. p.156. ｛フェティシュ信仰の原因は想像力なのか？ それにしても既知の情報群からの想像なので無根ではない。先史や野生のリアルな根拠を有する。｝

▪私たちは、古代の最も開化した諸民族のもとに見いだすものと同じものを、今なお野生的な民族のもとに見いだします。ただし現在の野生諸民族の神々および偶像｛Götzen｝は、ギリシア人やローマ人のそれらと違って、なんら芸術的な傑作ではありません。たとえばオスチャーク人は人間の顔をした木の人形を偶像にしています。（第二〇講）*LFGW*. Bd.6. S.205. Fu.12. p.162-163. ｛そこから芸術が派生する儀礼（ドローメノンとレゴメノン）の核心を突いている。｝

▪キリスト教のような宗教は感官を支えにしているのでなく、（中略）言葉――神の言葉――を支えにしているのです。（第二〇講）*LFGW*. Bd.6. S.208. Fu.12. p.166-167.

▪神が「光は、生ぜよ！」といったので、「光が生じた」のです。（第二〇講）*LFGW*. Bd.6. S.208. Fu.12. p.167.

▪それ故にキリスト教的宗教は耳以外の感官を取り去り、それらを自己の尊敬の対象の中に取り上げません。それに反し異教の神は耳以外の感官の対象でもあり、もっと低級な感官の対象でさえあります。

木や石の、色彩をもつ形像の中に自己の現存在をもっており、人間に対して自己を顕示し表現する異教の神は、手で捉えることさえできます。しかし、まさにそれ故に異教の神は打ち砕かれることがありえます。異教徒自身が己れの神々に欺かれたと妄想し、あるいは神々から何の救済も得られなかった時、彼らはしばしば怒って己れの神々を打ち砕き汚物の中へ投げ込みました。つまり、異教の神は一つの物体的な事物として、自然および人間世界において可能なあらゆる不法に曝されているのです。（第二〇講）*LFGW*. Bd.6. S.209-210. Fu.12. p.168. ｛物体的な事物である神々を投げすてる！｝

▪厳格に解釈しますと、キリスト教の神およびユダヤ教の神からは何らの芸術も出てきません。なぜなら、芸術はすべて感性的だからです。上記の神からはせいぜい言葉の中で言表される芸術としての詩が出てくるにすぎず、絵画とか彫刻芸術は出てきません。（第二〇講）*LFGW*. Bd.6. S.210. Fu.12. p.169-170. ｛キリスト教絵画は信仰の対象としても、いわんや感性の対象としてもあり得ないのだ。しかるに、なぜキリスト教会―とりわけカトリック―にはおびただしい「芸術作品」が存在するか。回答は簡単である。キリスト教徒は、芸術作品の背後に神を見いだす偶像崇拝者だからである。フェティシストならば芸術作品それ自体を崇拝の直接対象とする。｝

▪キリスト教の神もまた異教の神と同様に想像力の産物であり、形像であります。しかしその形像は、たんに精神的な、捉えることのできない形像にすぎず、言葉が形であるのと同じ意味での形像でありま す。（第二〇講）*LFGW*. Bd.6. S.211. Fu.12. p.170. ｛神も形像｝

▪したがって、もし形像崇拝（Bilderdienst）が偶像崇拝（Götzendienst）であるならば、キリスト教徒の神に対する精神的な崇拝もまた偶像崇拝でありえます。（第二〇講）*LFGW*. Bd.6. S.211. Fu.12. p.171. ｛①言葉は形像、神も形像、②形像崇拝＝偶像崇拝、③キリスト 教＝偶像崇拝。フイエルバッハによると、

すべての宗教は偶像崇拝で、その一つにキリスト教があるということ。〕

■イエスという人は存在していたこと、イエスという人はキリスト教的宗教がその起原を負っている歴史的人格だったことを、私は否定しません。イエスが自己の教えのために苦難にあったことを否定しません。しかし私は、このイエスがキリストだったこと、すなわち神または神の子だったこと、処女から生まれた存在者、奇跡を行なう存在者だったことを否定します。（中略）つまりイエスが聖書に記述されている通りのものであることを、私は否定します。（第二一講）*LFGW*. Bd.6. S.213. Fu.12. p.174. 〔イエスとキリストは相対的に別個である。前者はガリラヤ湖畔の非文明的信徒たちのフェティシュ（神となった人、つまり人神）であって、後者はユダヤ教とその信徒世界を開化・刷新するべく登場した文明神（人となった神、つまり神人）である。〕

■空想は自然を人間的存在者の形像にします。バンジャマン・コンスタン（Benjamin Constant de Rebeque, 1769-1830）は彼の著書『宗教について―その源泉・形態・発展の考察』中で適切にも次のように述べています。「野生人は運動が存在するところに生命をも見ている。彼らにとって、転がる石は自分から逃げていくか自分を追いかけてくるか、そのどちらかに見える。（中略）」。（第二一講）*LFGW*. Bd.6. S.214. Fu.12. p.175. 〔コンスタンの著作にはイロクォイ人等アメリカ先住民の宗教が紹介されている。キリスト教的汎神論の及ばない信仰世界！〕

■感性的形像を神すなわち現実的存在者と思い込む本来の感性的な偶像崇拝者と同様に………（第二一講）*LFGW*. Bd.6. S.217. Fu.12. p.179. 〔ここに記された「本来の感性的な偶像崇拝者」とは、ド＝ブロスにすればフェティシストである。かように、フオイエルバッハは用語上ではFetischismusとIdolatrieの区別がなく、いずれもゲッツェンディーンストで表現される。〕

▪空想が人間に悪魔として表象させるもの―人間はそのものを恐怖しますので、宗教的手段によってそれを自分に好かせるか自分に無害なものにするのです。例えばシャルルヴォアは著作『パラグアイ史』でこう述べています。「パラグアイのチキート人のもとには宗教に関する明瞭な痕跡は見られなかった。しかも彼らは諸々のデーモンを恐れていた。チキート人が言うには、デーモンは最も恐ろしい姿で彼らのもとに現われるのが常だった。彼らはデーモンに対して、自分たちの喜びを妨げないでくれと呼びかけることで祭や饗宴を始めた」。（第二一講）*LFGW*. Bd.6. S.221. Fu.12. p.184-185. {マルクスも一八四二年春にフォイエルバッハと同じようなアメリカ先住民文化に関する文献、シャルルヴォアやマイナースなどの著作を読んでメモ―いわゆる「ボン・ノート」の一部――を執っている。}

▪すでに宗教的な形像崇拝のところで述べたように、人間が神々を善良な存在者と表象するときは神々に救けを求めますし、神々を邪悪な存在者（悪魔）と表象するときには害を及ぼしてほしくないと懇願します。少なくとも人々の計画や喜悦を害さないでほしいと懇願します。（第二一講）*LFGW*. Bd.6. S.187. Fu.12. p.187. {〔悪神、敬して避ける〕方式の儀礼。}

▪宗教はいわゆる幸福衝動の事象であります。（第二一講）*LFGW*. Bd.6. S.224. Fu.12. p.187.

▪人間が神々を信ずるのは、たんに空想と感情とをもっているからというのでなく、また幸福願望の衝動をもっているからでもあります。（第二三講）*LFGW*. Bd.6. S.224. Fu.12. p.188.

▪宗教と教養とは相互に矛盾し合います。ただし宗教が最初で最古の文化形態であるかぎり、たしかに教養を真の宗教、完結した宗教と呼ぶことができます。そのため、ただ真に教養ある人だけが真に宗教的な人であります。（第二三講）*LFGW*. Bd.6. S.239. Fu.12. p.208. {また出てきた、「教養」というターミノロジーの奥深さ。}

▪神崇拝に対する偶像崇拝の区別はどこに由来しましょう？　その区別はもっぱら、崇拝の対象が感性的であれ精神的であれ、感情や崇敬の念が排他的に「神聖」と認められるある対象に向けられるのに対して、他の対象にも向けられうる点に基づいています。（第二五講）*LFGW*. Bd.6. S.254 . Fu.12. p.228.

▪そうです、ちょうど異教徒たちの願望が何ら世界外のまた超世界的な存在ではなかったのと同様に、彼らの神々もまた何ら世界外のまた超世界的な存在ではありませんでした！異教徒たちの神々はむしろ世界または世界の本質と同一のものでした。（第二五講）*LFGW*. Bd.6. S.259. Fu.12. p.235.

▪異教徒は自己を世界または自然の一部と考えることができました。彼らはそれ故に、世界から区別され引き離された神をもってはいませんでした。異教徒にとっては世界がある神的なすばらしい存在者でしたし、むしろ自分で考えうる最高のもの、最も美しいものでした。（第二五講）*LFGW*. Bd.6. S.259. Fu.12. p.236.

▪ヤコブ・グリムが著作『ドイツ神話学』で述べているように、古代語は願望によって「救いと浄福との総体、あらゆる賜物の成就を表現」したのであります。そしてグリムは願望（Wunsch）という言葉が喜悦、歓喜、またはあらゆる種類の完全性を意味するWunjoに由来していると信じております。（第二七講）*LFGW*. Bd.6. S.280-281. Fu.12. p.265-266.

▪近代的な言葉を使って言えば、自己の宗教的理想に第一の地位を与え、それに他のあらゆる事物を犠牲に捧げ、それで自己の尊敬を表現しょうとするのは、ロマン主義であります。（第二八講）*LFGW*. Bd.6. S.289. Fu.12. p.277-278.　ーロマン主義（運動）は文明としてのローマへの憧憬というよりも、反理性という意味での反文明への接近でもあった。例えば、フリードリヒ・シュレーゲルのインド哲学への接近はインダス・ガンジス両大河流域の自然諸神・ヴェーダ諸神への接近で特徴づけられる。ベートー

ヴェンは、そのようなインドの神々を慕って第五交響曲をつくった。〕
■いっそうよい生活を欲してそれをもたらすためには、私たちは神に対する愛の代わりに人間に対する愛を唯一の真実な宗教として措定せねばなりません。すなわち、神に対する信仰の代わりに自分自身に対する信仰、自分の諸力に対する信仰を措定しなければなりません。（第三〇講）*LFGW*. Bd.6. S.319. Fu.12. p.320. 〔こうした人間信仰を、マックス・シュティルナーはもっとも嫌った。至極当然なり！〕

一〇『宗教の本質に関する講演』に対する補遺と註解・下（一八五一年）

■ここに〔第一二講〕引用された章句は『偶像崇拝について』というマイモニデスの著書に対するディオニシオス・フォッシウスの注から借りて来られたものである。*LFGW*. Bd.6. S.371. Fu.12. p.323.

一一『宗教の本質に関する講演』に対する序言（一八五一年）

■ここで印刷に委ねられる講演は、一八四八年一二月から一八四九年三月二日までハイデルベルク市において、そこの大学でなくそこの学生たちの発起で、けれども様々な聴衆の前で行なわれた。*LFGW*. Bd.6. S.3. Fu.12. p.370.

一二『神統記』（一八五七年）

■しかしここでもまた、神々が人間の自己愛の代理であること、すなわち神々は人間が自己自身を忘れる瞬間に現れるにすぎないこと、が確認される。*LFGW*. Bd.7. S.14. Fu.13. p.21-22.
■願望は神々の原初的現象である。願望が発生するところには神々が現れる、つまり神々が発生する。

LFGW. Bd.7. S.33. Fu.13. p.53. 〔願望を否定されれば、神も否定される。〕

■神々ならびに人間はその現存在を「感覚論と唯物論との」心理に負っていることは、すこぶる悲しむべき事実であるが、悲しいことに、それは除去さるべからざる事実なのである！（第六章）*LFGW*. Bd.7. S.35. Fu.13. p.57.

■ホメロスは「唯物論者」である。ホメロスは肉体から区別されるような精神、肉体に依存していない精神について何事も知らない。すなわちホメロスは、たんに、肉体の中にある精神、身体の諸器官の中あるいはそれらとともにある悟性、心情、意志について知っているにすぎない。（『イーリアス』第一八巻第四一九節・第四巻第一五二節・第八巻第二〇二節、『オデュッセイア』第二〇巻第三六六節）*LFGW*. Bd.7. S.36. Fu.13. p.58-59.

■しかし信仰の創始者の心の中では、願望が信仰の根原なのである。死にたくないという願望がなければ、死すべき者の念頭に不死は浮かばなかっただろう。（第八章）*LFGW*. Bd.7. S.41. Fu.13. p.67. 〔「死にたくない」（忌避）と「生きたい」（欲求）との差異を考えねば。〕

■したがって願望することは人間的と同様に神的である。しかも区別はまさに、神的な願望とはそれに行為が直接結びついているという区別である。ここで願望するということは同時にまた働くことであり願望されたものを作り出す、という区別である。神は「光あれ！」と願望した。そして光が生じた。それ故に神性の根本本質は意欲と能力との統一である。すなわち神とは、自分がただ願望するだけのこと、または自分がただ欲するだけのことをなすことができる（行なう、現実的なものにする）ような存在者である。（第九章）*LFGW*. Bd.7. S.50. Fu.13 .p.80.

■したがって神々は、自分自らが神でありたいという人間たちの願望である。（第一〇章）*LFGW*. Bd.7.

S.54. Fu.13. p.85-86.

■それ故に神は根原的には、人間の中にある非人間が自己の対立物から解放されたもの以外の何物でもなく、人間以外のいかなる存在者でもない。たんに人間に欠けているもう一つの半分、人間の本質の補完、人間の、願望との矛盾の中で甚だしく制限されている行為能力の補完にすぎない。（第一〇章）*LFGW*. Bd.7. S.55. Fu.13. p.87.

■人間がやむところで神が始まる。すなわち、能力の終わりが願望の始まりなのである。（第一一章）*LFGW*. Bd.7. S.69. Fu.13. p.109-110.

■太陽が神性として現れでたのは日蝕における驚愕からではなく、それに続いて起こった歓声―太陽の光の切望された再来に関する歓声―からである。こうしてマクロビウスにしたがえば太陽神としてのアポロンはフィレシオス（Philesios）―親しい人―と呼ばれる。（第一一章）*LFGW*. Bd.7. S.76. Fu.13. p.119.

■たしかに恐怖と驚愕とがなければいかなる神も発生せずまた維持されない。（中略）しかし恐怖はそれ自身がすでにただひそかに願望を自分の前提としてもっているだけではない。―なぜなら、人々は維持しようと願望するものを失うのを怖れるだけだからである。―そうではなくて恐怖は、恐ろしい存在者をなだめたい願望、それをたとえ善なる存在者でなくてもせめて有害でも破壊的でもない存在者に転化させたい願望によって、はっきりと活気づけられる。人は病気や悪疫のことを考えて神殿や祭壇を建てる。しかし、これらに帰依するのはたんに病気や悪疫を穏やか、無害にするのを願望し信仰するからにすぎない。（第一一章）*LFGW*. Bd.7. S.76. Fu.13. p.119-120.

■願望は神々の根原であり、願望は宗教の根原、根本本質、原理である。しかしいかなる願望か？（中略）一語で言えば幸福でありたいという願望である。（第一一章）*LFGW*. Bd.7. S.77. Fu.13. p.121. 〔「幸福」

の内実は非文明と文明で区別される。〕

▪そのことの結果、ギリシア人のもとでは神（Theos）という言葉―この言葉に関してはリーマーの辞書〔『希独辞典』〕を参照せよ！―、とくにデーモンといういっそう不明確・非人格的な言葉は、直截に幸運という言葉―もちろんまた不運という言葉―の代わりになるほどである。（第一二章）*LFGW*. Bd.7. S.79. Fu.13. p.124. 〔「デーモン」の内実は非文明と文明で区別される。〕

▪芸術通および芸術愛好者にとってはもちろん彫像はそれ自身がたんなる芸術作品として生きた関心事であるが、しかし宗教的なギリシア人自身にとって彫像は同時に神であった。そして、ここで神とは、たんに美的な願望を満たす存在者とはなおまったく別であり、たんに観念的またはさらに思弁的なだけでなく現実的―経験的に現実的―であるような存在者であり、人生における「平俗的な」―一般的であるがゆえにたしかにすこぶる平俗的な―願望および要求によって、さらには差し迫った不幸に対する不安と恐怖とによってさえも、汗をかかせられた存在者である。（第一四章）*LFGW*. Bd.7. S.91. Fu.13. p.143.

▪観念論は神々の根拠および根原ではない。神々の根拠および根原は観念論ではけっしてない！　唯物論が神々の根拠および根原なのである。（中略）あらゆる人間たちが神々を必要とするのは、美的ないし宗教的なある特殊な快い刺激からではなくて、光、水、穀物、家、家庭、国家など―つまり自然および文化―を必要とする理由と同じ理由からである。（第一四章）*LFGW*. Bd.7. S.92. Fu.13. p.144.

▪神々は好意の願望を成就させるのとちょうど同じように、また悪意の願望をも成就させる。（第一五章）*LFGW*. Bd.7.S.99. Fu.13. p.154-155.

▪宗教の事象（Sache der Religion）は願望の事象（Sache der Wunsches）である。しかるに人間が願望するもの―そのものを人間は最高の度合において、最上級において願望するのである。最高の存在者とは、人間の願望が最高の度合に上昇することに対する人間の愛好が人格化されたもの以外のなにものでもない。神々とは願望の最上級である。(第一七章) *LFGW*. Bd.7. S.124. Fu.13. p.194.

▪しかし人間学は信仰と迷信との区別に頭を悩ましたりしない。なぜなら、人間学は一神教を信仰として宣言し多神教を迷信として宣言するような有神論の偏狭な党派的立場に立っていないからである。人間学は人類全体に注意を払っている。人類全体においては、唯一神・排他的な神・それのみが真実の神は、たんに、時間的にも空間的にも多くの神々と並ぶ一つの神・多くの中の一つの神として現れるにすぎない。したがって人類全体においては、不寛容な一神教は平和的かつ社交的に、たんに人類の多神教の一つの特殊な様式として明示されるにすぎない。(第一八章) *LFGW*. Bd.7. S.128. Fu.13. p.201. 〔フォイエルバッハといえば「人間学的唯物論」で知られるが、「人間学は人類全体に注意を払っている」だけである。自然はいまだ注意の圏内に入り切れていない。人間学は自然信仰を介して自然学の中に含まれなければならない。フォイエルバッハ思想を私なりの造語で二一世紀的に表現するとすれば「他我相関的唯物論(Alter-ego correlation theory, Alter-ego Korrelationstheorie)」となろうか。〕

▪人間が動物に対して権利さえも許容する場合、人間は動物を残忍な恣意でもって取り扱うのには良心の痛みを感じている。たとえばミハエリスの『モーセの法』第一六六節「家畜たちの法」を参照せよ。その場合上記のことはもっぱら、人間は感情をもつ存在者としての動物と共同の感情を共有していること、動物の苦痛は人間自身に苦痛を与えること、したがって人間は動物を少なくとも自分の遠い血縁者とみなしていることに由来しているのである。(第一九章) *LFGW*. Bd.7. S.141. Fu.13. p.221. 〔二〇〜二一世紀における〔自然の権利〕〔動物の権利〕を先取りしている。〕

▪神々を人間から離れている独立の存在者として、「事物自体または存在者自体(Dinge oder Wesen an

sich)」として対象にすることは、山びこを物自体と思い込むことを意味し、絶対的存在者としての山びこに関して思弁したり論争したりすることを意味する。（第二〇章）*LFGW*. Bd.7. S.153. Fu.13. p.241.

▪必然性が現れるところでは、神々が消滅する。「神々は必然性に関しては何事をもなすことができない」という命題は、「願望は必然性に関しては何事をもなすことができない」という命題と同じである。または、神々は人間たちの願望が達するところ以上には達しない。なぜならまさに、神々は人間の成就された願望以外の何物でもないからである。（第二三章）*LFGW*. Bd.7. S.162. Fu.13. p.256-257.

▪願望はたしかに宗教の根原、神々の根拠であり、そして、願望そのものは人間に由来する。しかし願望の対象は外的自然に由来し、感官に由来する。なぜなら、人間は根原的には何ら空虚な願望、超自然主義的な願望、空想的な願望をもたないからである。人間は何らそのような願望をもたない！　すなわち、人間の感官の対象はまた人間の願望の対象でもあるのである。（第二四章）*LFGW*. Bd.7. S.180. Fu.13. p.284.

▪太陽は明らかに一神教でさえもが自己の始原の根拠をそれに負うているような対象である。なぜなら、太陽はほかのあらゆる自然的存在者に対してすこぶる強力に卓越しており、はなはだ比較困難なものとしてそこに存立しており、断然唯一のものとしてそこに存立しているからである。その結果、太陽の輝き、尊厳性の前では他のあらゆるものが消滅してしまうほどだ。（中略）こうして例えばヘロドトスはマッサゲダイ人について、彼らはヘリオスすなわち太陽だけを自分たちの主として尊敬している、ということを注意している（『歴史』第一巻第二一二節、第二一六節）。（中略）太陽は、明証性、確実性、欺きえないことの源泉として、最も神聖な断言や誓約などの第一にして最上の対象であるような、対象である。（第二四章）*LFGW*. Bd.7. S.182. Fu.13. p.287-288.

▪「死がなければいかなる神も存在しない」。これはすでにまた単純な根拠から出てくることでもある。なぜなら、タナトス［Thanatos ―ギリシア神話における死の神］が存在しなければいかなるアタナトス［Athanatos ―ギリシア神話における不死の神］もなく、死がなければいかなる不死もないからである。しかるに、死にたくないという願望から発生した不死は神の根本規定である。（諸注解）*LFGW*. Bd.7. S.342. Fu.13. p.335.

▪悪魔の威力はまったく人間の威力に支配されている。（中略）したがって、人間の悪魔的な運命はもっぱら悪魔的な人間に依存している。（諸注解）*LFGW*. Bd.7. S.345. Fu.13. p.339.

▪ヘロドトスは『歴史』第一巻第九一節において次のように言っている。「神でさえも運命（シックザール）によって定められた運命（ロース）から逃れることができず、それを他へ転じることができない。アポロンは自身が崇拝するクロイソスの運命を延期した、それと同じように、神は不可避なことをたんに延期できるにすぎず、どんなに願望しようとも不可避的なことを廃棄することはできない。（後略）」。*LFGW*. Bd.7. S.370-371. Fu.13. p.377. ｛セネカのストイシズムに通じる。｝

▪こうしてラテン人もまた次のように言っている。「神々でさえ登り越え踏み越えして克服できない必然性には、人々も服従せよ！」（リヴィウス『ローマ建国史』第九巻第四章）*LFGW*. Bd.7. S.371. Fu.13. p.377. ｛ストイシズムの自然法に通じる。｝

▪神は根原的には自然的存在者ないし自然的要素だが、しかし生ける存在者、人格的な存在者、すなわち人間的な存在者として、自然と一体であり、かつ自然から区別されている。（第二五章）*LFGW*. Bd.7. S.191-192. Fu.14. p.3.

▪自然宗教にとって太陽は太陽を非人間的な物体と見做す自然科学的な直視の意味での太陽であったの

ではなく、または太陽を人間の需要ないし効用のためのたんなる光および時間単位と見做す目的論の意味での太陽であったのでもなくて、太陽または太陽神として同時に人間のように恣意的に動く存在者、人間のように戦ったり苦しんだり負けたりするが最後には再び勝ち誇って立ち上がる存在者だったのだ。つまり、自然宗教にとって太陽の行路は一人の英雄の生涯なのだった。古い直視においては、太陽・自然が主語・名詞であり、英雄・人間が述語・形容詞だったのである。すなわち、ホメロス的直観はこのことを完全な権利と整合的な真理感覚とをともなって行なったのである。英雄または人間が一つの存在者にすぎないのと同じように、自然宗教にとってはもちろん、太陽もたんに一つの存在者にすぎない。しかし自然宗教は形像と、事象ないし思想とを区別する悟性の意味での寓意、比喩、形像について、まだ何も知らない。形像は自然宗教の本質である。それゆえに、太陽は実際に一人の英雄であり、実際に一つの人間的存在者である。したがってこの人間的存在者はまたそれ自身すなわち太陽がなくても、対象にされることができたのであり、対象にされねばならなかった。

もしパルシー教徒(ゾロアスター教徒の一派)またはインド人が火または水に向かって祈る場合、そのとき彼らの眼前にたとえいかなる人間的存在者もいなかろうが、それにもかかわらず人間的存在者を念頭においている。なぜなら彼らは火や水の作用、運動が意志の発現であることを前提し、それらが彼らの願望、欲求に対して感受性をもっていることを前提し、それらが人間と同じように心からの懇願と物惜しみしない供物、自由意志による供物によって規定されうることを前提しているからである。したがって彼らは火や水などの神学的本質が一つの隠れた人間学的本質であることを前提している。さてホメロスは、自然宗教がもっているこの人間的な感覚に対して、また人間的な神体を与えうること—そのことは当然なことだが—以上の何事をもなさなかったのである。(第二五章)*LFGW*. Bd.7. S.193-194. Fu.14.

p.5-6. 〔火や水＝人間的存在者、ホメロスは火や水を人間的身体と取り替えただけ！〕

▪しかし、いかなる神が党派的な神でないのか？ キリスト教徒たちは、彼らがトルコ人と戦うために戦場へ赴く場合に、自分たちの神が自分たちの敵の側に立っているということを信ずるだろうか？（第二六章） *LFGW*. Bd.7. S.200. Fu.14. p.19.

▪奇跡の行為にはただ奇跡に対する信仰だけが先行するのではなく、とりわけまた奇跡を求める意志または願望も奇跡の行為に先行する。（第二七章） *LFGW*. Bd.7. S.210. Fu.14. p.35.

▪夢は、プルタルコスが言っているように、最も古い神託である。そして夢はただそれだけでなく、むしろ最も古い神託であるがゆえに最も宗教的な神託、自然から区別された存在者としての神々の本質に最も相応しい神託である。（第二八章） *LFGW*. Bd.7. S.214. Fu.14. p.44.

▪人間はあらゆるものがもっぱら神々に依存していたかのように、すなわち自然および人間が無だったかのように、神々に向かって話したり祈ったりしている。しかも人間はあらゆるものがもっぱら自然の力と手段および人間の力と手段に依存していたかのように、すなわち神々が無であったかのように、行動している。つまり、人間は自己の信仰、祈祷、言葉の中では有神論者だが、行為の中では無神論者なのである。（第二九章） *LFGW*. Bd.7. S.229. Fu.14. p.68. 〔むろん、人間は行為を第一とするはずだ。〕

▪神々そのものは、いかなる神化された自然的力ないし自然的物体でもなければ、またはいかなる人格化された自然的力ないし自然的物体でもない。神々そのものは、人格化された感情、感覚、情動であり、対象化された感情、感覚、情動ではある。しかし自然的物体に束縛され、それによって目覚め、それによって惹起される情動なのである。こうして、たんなる雷神としてのゼウスは雷鳴以外の何物でもないが、しかしもっぱら心情を震撼させるような印象によって人間の主として増長するような雷鳴なのである。（第三五章）*LFGW*. Bd.7. S.268. Fu.14. p.132.

▪最高者は人間的存在者の最も完全かつ最高の本質である。神は最上級であるが、しかしこの最上級の原級は人間である。（第三七章）*LFGW*. Bd.7. S.280. Fu.14. p.152.

▪プラトンは『国家』第二巻第二〇章および第二一章において次のように言っている。「ウソは神々に憎まれるのみならず、人間にも憎まれる。しかしウソが神々に憎まれるのはたんにウソが人間に憎まれるからにすぎない。こうして人間は神々の尺度であり神々の原像なのである」。（第三七章）*LFGW*. Bd.7. S.284. Fu.14. p.159.

▪近代の抽象的な有神論の表象を古代世界を測る尺度にした上で、最も根原的で、最も直接的、そして最も子どもらしい表象を迷信的な誤謬と宣言するのは、なんという恣意であることか！（第三九章）*LFGW*. Bd.7. S.293. Fu.14. p.173.〔例えば「フェティシズムは未開人のなんと幼稚な観念であろうか」という台詞には、発言者の底知れぬ恣意・無知が含まれている。①「未開人」は近代からの逆読みである。②「幼稚な観念」は近代からする転倒した解釈にすぎない。〕

▪人間がまだ精神と身体とを相互に引き裂かず、文化がなお歪曲の技術―すなわち内的衝動および根拠なしにあらゆる言動ができる技巧―の中に存立していないところ（中略）そこには肉体的にかがむこと〔神を動かすドローメノンだ！〕が存在しており、そこでは一般にいっそう後の時代にとっては象徴である、事象の記号が、事象そのものなのである。（第三九章）*LFGW*. Bd.7. S.293. Fu.14. p.173.

▪人間は神々が行なうことを行なう。しかし人間は神々が大規模に行なうことを小規模に行なうにすぎない。人間は事象を事象そのものによって感性化する。（中略）ただし、神々の事象は自然であるが人間の事象は技術であり、それゆえに宗教的な物真似はそれの対象の背後に無限に残存している。（第

三九章）*LFGW.* Bd.7. S.294. Fu.14. p.175.

▪言語は、最初の印象、消しがたい印象、忘れがたい印象を忠実にかつ感謝をこめて、もろもろの言語の中で保持する。これらの印象が忘れられており、概念が拡張され一般化される場合にはじめて、根原的な意味、本来的な意味がたんに形像的な意味（zu einem bildlichen Sinn）になる。しかし、ちょうど言語において根原的には事象そのものだったものが後にはたんなる形像になるのと同じように、宗教においてもまた根原的には事象そのものだったものが後にはたんなる形像になる。北ドイツの多くの地方における農家でかつて本物だった馬の頭の代わりに木でできた馬の頭が現れた（ノルク『神話学の体系の暗示』七九頁）ということ、またローマでは最初人間が犠牲になっていたが後には代わりに人間の頭を象ったものやそれを象徴したものが現れた（マクロビウス『サトゥルヌス神の祭り』第一巻第七節）ということは確実だった。それと同様、象徴術におけるその他夥しい数の人形遊びもまた元来は粗野な現実の代わりに現れたということも、きわめて確実である。（第三九章）*LFGW.* Bd.7. S.294-295. Fu.14. p.176-177. 〔先史における儀礼＝事実が文明期になって演技＝模倣に転じていく過程—ドローメノンのドラマ化—を物語っている。〕

▪人間は、一般的かつ根原的に、かつ無意識的に、神のごとくであることを欲し、神自身であることを欲している。（中略）人間はもっぱら、神がそれであるもの、または神を神にしているものを欲するのである。（結語、一八六六年）hg. v. W. Bolin u. F. Jodl, *LFSW.*, Bd.9. 1960. S.355. Fu.14. p.286.

▪人間は神であることを欲する。—これが神の、秘密の根原である。人間は神であるべきである。—これが神の、公然かつ明白に言表された究極目的である。（結語、一八六六年）hg. v. W. Bolin u. F. Jodl, *LFSW.*, Bd.9. S.361f. Fu.14. p.296.

▪神は神化された自然以外の何物でもなく、たんに名前の方からみて自然から区別されるにすぎず、しかも本質の方からみて自然から区別されるのではない。この神はギリシアの哲学者たちの中に自分の古典的な哲学的表現を見いだしたのであるが、ギリシアの哲学者たちはそれ故に神という言葉と自然という言葉とを等しい意義をもつものとして使用する。そうだ、彼らははっきりと、自然または世界（Welt）・宇宙（Universum）を神と呼んでいる。彼らにとって神は世界の精神・理性・霊魂である。（結語、一八六六年）hg. v. W. Bolin u. F. Jodl, *LFSW*., Bd.9. S.363. Fu.14. p.298.

〔結〕 フォイエルバッハ思想の統一的全体像を求めて

以上に要説してきた本論の内容と、直近のフォイエルバッハ研究交流会「フォイエルバッハ思想の全体像を求めて――改めて問う、そのアクチュアリティ」（二〇一八年一一月二四日、東洋大学）の成果を踏まえ、本書の結びとして、フォイエルバッハ思想の統一的全体像を探ってみたい。

まず、本書「はしがき」に記した以下の主張を再読したい。「私の研究において、初期と中後期はけっして断絶していない。研究の対象に【アフリカ・アメリカ】という非キリスト教的・非文明的世界が加わったことに起因する問題関心の転回が確認できるだけである。転回であって断絶ではない」。この点につき、研究交流会では中後期を研究するメンバーの一人、河上睦子から「断絶」が唱えられた。この主張は、画期をいつに見るか、あるいは根拠をなんと見るかで微妙な差異はあろうけれども、私の「転回」とはあきらかに相違している。

第一に画期について。初期・中期・後期の画期をしめす指標として、これまで「ヘーゲル哲学批判のために」（一八三九年）と「宗教の本質に関する講演」（一八四八〜五〇年、公刊一八五一年）が挙げられてきた。前者は、初期に影響を受けたヘーゲル哲学から距離を置き、キリスト教への痛烈な批判が開始するメルクマールである。後者は自然崇拝など、非キリスト教的諸宗教へのポジティブなまなざしが明確となるメルクマールである。

第二に、根拠について。これまで初期を研究するメンバーの一人、川本隆は〔他我（alter-ego）〕の内容転化を取り上げてきた。一八三七年の「ライプニッツ論」を契機に、それまでのネガティブからポジティブに内容転化が観察される（本書第四章）。その理由説明に私も同意しているが、さらに私は〔汎神論〕から〔他我論（alter-ego）〕へ、という展開を独自に付け加えた（本書第三章）。

そのほか、一八四四年以後のいわゆる〔シュティルナー・ショック〕によって変化を見せたという根拠づけもある。その指摘は、例えば滝口清栄が二〇〇九年刊の著作で以下のように行っている。「シュティルナーは『唯一者とその所有』（一八四四年一〇月刊）で、フォイエルバッハの類的存在としての「人間」がなお神学的色彩を帯びている、さらに個体としての人間が類的本質としての人間を前にして固有の価値を剥奪されていると批判した。フォイエルバッハは「『唯一者とその所有』との関係における『キリスト教の本質』」（中略）でこの批判に応答し、そこで「エゴイズム」を初めて「自己愛」というかたちで受容した」（滝口清栄『マックス・シュティルナーとヘーゲル左派』理想社、二〇〇九年、七八頁）。

この〔シュティルナー・ショック〕説には、初期を研究するメンバー、中後期を研究するメンバー双方から疑問が提出された。それのみ強調するのでなく、様々な要因が合わさっている点を考慮するべき、という意見であった（参考、河上睦子「フォイエルバッハの宗教批判の意味―シュティルナーへの反論をめぐって」『倫理学年報』二九号、一九八〇年）。私の場合は、【アフリカ・アメリカ】ショックを提起した（本書第四章）。ただし、この【アフリカ・アメリカ】ショックは、フォイエルバッハやマルクスそれにシュティルナーなど、同時代のヘーゲル左派にも影響を与えている。そのうちフォイエルバッハやマルクスは、アメリカ先住諸民族の文化を解説したマイナースやシャルルヴォアの著作からダイレクトにショックを受けたほか、シュティルナー『唯一者とその所有』を介して間接的に受けたともいえよう（ダブル・ショック）。

研究交流会では、そのほか柴田隆行から、そもそもなぜ初期と中後期を区分する必要があるのか、という疑問が提出された。その発言に対しては、だからこそ統一的全体像を求めているわけだ、と私は応答した。私見を述べれば、通奏低音としての〔他我論〕と、眼前に立ちはだかる時代思潮・研究潮流、とくに一九世紀中庸からの非ヨーロッパ宗教学・比較民俗学的社会論などに影響された方法的転回、その両者がフォイエルバッハ思想の統一的全体像を炙り出す両輪だったのだろうと考える。前者を優越しすぎると非断絶説となり、後者を優越しすぎると断絶説となろうか。

ところで、フォイエルバッハの会以外からも数人の参加者があった。例えば歴史知研究会の田上孝一、宮崎智絵、尾崎綱賀の各氏である。そのうちマルクス疎外論研究で知られる田上は、食の文化に関連して次のように発言した。一八四三年に設立されたベジタリアン協会は、キリスト教の流れをくむもので、肉食を避けることをモットーにしていて、ヒンズー教とも関係していた。つまり、キリスト教徒の中でもインドに影響を受けている人がいたということだ。また、宗教社会学を専攻し「支配の社会学―ウェーバーの支配論」（田上孝一編著『支配の政治理論』社会評論社、二〇一八年、所収）の著者である宮崎は、カースト制で特徴づけられるインド社会における食の役割、不浄を食べると不浄になるといった食文化を説明した。あるいは、エミール・デュルケムやマックス・ウェーバーを参照しつつ、近代化は世俗化というこことでもあるが、現在は逆にもみえ、例えばパワースポットが話題となっている、これが果たして宗教なのかと指摘した。近代化の過程で他者との相互作用がうまくいかず、頼るもの、死後のことなどが気がかりになって宗教が意識されている。フォイエルバッハは、宗教を批判してはいるが否定しているわけでない。さらに、『日蓮―現世往生の意味』（世界書院、一九九九年）、「日蓮は病気・医療をどう考え、向き合ったか」（『世界史研究論叢』第八号、二〇一八年）ほかの著者である尾﨑綱賀は神観念を事例にこう補足した。仏教では三世を考えねばならないし、心霊学、心霊主義にも関心が集まる。本来の宗教はこの世のためにある。以上の補足発言は、いずれも非ヨーロッパ的・非近代な地域や領野に言及しており、フォイエルバッハ思想の理解に裨益となる。

さて、キリスト教の神（神観念）がありえない世界に、キリスト教の汎神（pan-theos）もありえない。「自然を擬人化する自然宗教」という服部健二の解釈（服部『四人のカールとフォイエルバッハ』こぶし書房、二〇一五年、二九五頁）もふさわしくない。自然は自然のままで〔他我〕なのだ。ようするに、初期フォイエルバッハが抱いた汎神論的世界観は、古ゲルマンの樹木神やオリノコ河畔の風の神のような自然神を捉えるには適していないのである。けれども、かような自然神を〔物神（Götze）〕とし、かような神への崇拝を〔物神崇拝（Götzendienst）〕と概括して宗教寛容論を推し進めるフォイエルバッハは、たしかに〔汎神論〕から〔物神論〕へと展開したのだが、通奏低音たる〔他我論〕は一貫していた（本書第二章・第三章）。

ところで、二〇一九年三月に創立三〇周年を迎えたフォイエルバッハの会には、フォイエルバッハのほかへーゲル哲学をも主要研究課題の一つとするメンバーとそうではないメンバーが混在しており、前者はへーゲル学徒フォイエルバッハの位相にある初期を、後者はマイナース・シャルルヴォア著作などを素材にした一九世紀博物学・人類学探究の位相にある中後期を主要課題としている。別言するならば、前者は哲学・宗教学の研究分野や方法、ターミノロジーで、後者は人類学・身体論などの研究分野や方法、ターミノロジーでフォイエルバッハ思想を各々検討してきた。そこにおのずと区分けが生じてきたが、その区分けがそのまま初期と中後期の区分けに結果してきた感は否めない。区分けの原因はフォイエルバッハ思想自体でなく、研究者間の専門領域にあったともいえる。しかし、研究交流会で川本隆が述べたように、フォイエルバッハ自身はある一つの思想なりにはまり込んでいくことはなかった。

最後にまとめの文章を記す。第三章末尾に記したことだが、フォイエルバッハ思想の統一的全体像を括るキーワードを、私はわが造語で「他我相関的唯物論（Alterego-korrelativer Materialismus）」と称することとしたい。これまでフォイエルバッハ思想の代名詞となってきた「人間学的唯物論」は、ヘーゲルからの影響関係から導かれていた。その代名詞はもはや一面的すぎて使えない。二〇一八年一一月二四日のフォイエルバッハ研究交流会で、私は以下の内容を発言した。「人類を一つに括れば、諸生物間にあって人間理性は客観的でない。ほかの生物からみれば、理性は人類の主観にすぎない」と。フォイエルバッハ研究の泰斗船山信一やその薫陶を受けた服部健二は人間学こそフォイエルバッハの唯物論だと考える。けれども、人間と自然との共生（環境倫理）を原則とする二一世紀の生活者ならば、人間学（Anthropologie）で済ますのでなく、人間と自然との共生関係すなわち〔我―汝〕〔他我〕に通用する他我相関学を構築して人間理性の欠を補う必要がある。【アフリカ・アメリカ】という非キリスト教的・非文明的世界から受けた影響を加味して思想的に成熟したフォイエルバッハは、すでに一九世紀半ばに、その課題討究に着手していたのである。

あとがき

昨今はビブリオバトルとかビブリオフィルとかが流行している。それで、私なりに今から五〇年前の、一九六八年の読書感想文を以下に記してみたい。私は、一九六八年に長野市で浪人生活をおくっていた。そのときに、受験勉強はあまりしないで、毎晩のように徹夜して、読書ばかりしていた。読んでは感傷に浸り、読んでは思いに耽っていたのである。このメモは、私の青春の一記録である。例えば、ロマン＝ロラン『ジャン・クリストフ』（岩波文庫）を読書したときのメモである。当時は、日々の日記にしたためていた。

クリストフ：およそ社会生活のすべては、大きな誤解の上に立っていた。そして、その誤解の原因は言葉だった。……お前は自分の思想が他人の思想と通じうるものだと思っているのか？　だが実際は、言葉の間にしか関係はないのだ。お前は言葉を口にし、言葉に耳を傾けている。だが一つの言葉として、二つの違った口から出て、同じ意味をもっているものはないのだ。いや、それだけならまだいいが、一語として、ただの一語として、人生の中でその全体の意味を持っているものはないのだ。言葉は体験された現実のそとにはみ出ている。お前は愛や憎しみを口にする。……だが、実際には、愛もなければ憎しみもなく、友もなければ敵もなく、信仰もなければ情熱もなく、善もなければ悪もないのだ。ただあるものは、数世紀前から死んでいる恒星から落ちてくる、それらの光の冷たい反映だけだ。……友だちだと？　この名称を要求する人たちは少なくない！　……　だが、なんという味気ない現実だろう！　そういう人たちの言う友情とは、どんなものなのだろう？（第9巻「燃える茨」より、一九六八年一一月六日メモ）

私は、一九八〇年代になって、フェティシズムに関心をもち、それを研究テーマにしてやがて博士の学位を得ることになるが、その下準備は、この読書ノートにあったのかもしれない。とくに、「言葉は体験された現実のそとにはみ出ている。お前は愛や憎しみを口にする。……だが、実際には、愛もなければ憎しみもなく、友もなければ敵もなく、信仰もなければ情熱もなく、善もなければ悪もないのだ」のセリフについては、今振り返って印象深く追想される。

一九六八年一二月四日の日記には、ニーチェのあまりにも有名な言葉と、それからルートヴィヒ・フォイエルバッハ『キリスト教の本質』（一八四一年）からの引用が日記に記されている。

「神は死んだ」―ニーチェ―

「人間から最もかけ離れている対象もまた、それらが人間にとって対象であるが故に、そして人間にとって対象である限り、人間の本質の顕示なのである」―フォイエルバッハ―

上記の引用は、ともにアットランダムに読書―多読・乱読―していた時期にメモしたものだ。けれども、人はまるっきりどうでもいいようにして読書するわけではない。読書とは、他者の声に耳を傾ける意識的行為でもあろう。あるいは、無意識ながらなにかを求める衝動でもあろう。私は、浪人中、進学先志望を自然科学系から人文社会系にかえた。中学卒業の頃に野尻湖でナウマン象の化石を掘って以来、古生物学や地質学、あるいは地球物理学に関心を抱いていたが、浪人中に、脳裏においてあれよあれよと、哲学とか歴史学に思考の軸が動いていった。その過程で知った思想家のひとりが、ニーチェであり、フォイエルバッハだった。とくにフォイエルバッハは、やがて私の社会思想史研究の中心に位するようになる。一九七〇年代後半から一九八〇年代にかけて、恩師の哲学者・大井正に導かれてのことだった。

文明人の宗教観を否定し非文明人の信仰観を讃美するフォイエルバッハに、私は惹かれるのだが、一八歳〜一九歳の浪人時代のフォイエルバッハ読書は、結果として、そのような探究の下地を形成したのではなかろうか。フォイエルバッハの名を日記にとどめてから、かれこれ半世紀を経過した今となって、充実の一書を編集することが叶った。最後になったが、本書を出版するに際して尽力戴いた社会評論社編集部の方々、印刷・製本関係の方々に、あつくお礼を申し上げる。

二〇一九年一一月二一日　頸城野の大鋸町《おがまち》桝屋《ますや》にて　石塚正英

【初出一覧】（本書に収録するにあたって、いずれの論文も加筆修正を施している。）

第一章　フォイエルバッハとフェティシズム——フォイエルバッハの会創立（1989.3）を記念して——、季報・唯物論研究、第三三／三四合併号、一九八九年一一月

第二章　後期フォイエルバッハの物神（Götze）評価——前期フォイエルバッハの汎神論的自然観との関係、フォイエルバッハの会通信、第九七号、二〇一五年一二月

第三章　汎神論から他我論への展開—中後期フォイエルバッハ—、理想、第七〇二号、二〇一九年三月

第四章　マックス・シュティルナーのヘーゲル左派批判、フォイエルバッハの会通信、第一〇八号、第一〇九号、二〇一八年九月一二日、一二月一五日

第五章　キリスト教の本質—Götzendienst に備わる善と真、石塚正英『フェティシズムの思想圏—ド＝ブロス・フォイエルバッハ・マルクス』世界書院、一九九一年四月

第六章　宗教の本質に関する講演—すべては形像崇拝に発する、同上

第七章　神統記—唯物論が神々の根拠、同上

第八章　フォイエルバッハの現代性—Sache（事象）と Bild（形像）との関係をめぐって、理想、第六四八号、一九九一年五月

第九章　唯物論（materialism）の語原は母（mater）である、新女性史研究、第三号、一九九八年九月

第十章　身体論を軸としたフォイエルバッハ思想、情況、二〇〇二年八／九月合併号

第十一章　聖書の神話的解釈とフェティシズム—シュトラウスを論じてフォイエルバッハに及ぶ、理想、第六五三号、一九九四年五月

第十二章　キリスト教の中の原初的信仰――マルクスを論じてフォイエルバッハにおよぶ、理想、第六六二号、一九九九年一月

第十三章　フォイエルバッハの唯物論的宗教論――神は儀礼から生まれた、フォイエルバッハの会編『フォイエルバッハ―自然・他者・歴史』理想社、二〇〇四年三月

第十四章　フォイエルバッハは第二のルターあるいはルターの転倒者、フォイエルバッハの会通信、第一一三号、二〇一九年一二月

第十五章　フォイエルバッハと日本の古代信仰―遺稿「日本の宗教」の分析、柴田隆行・河上睦子・石塚正英編『神の再読・自然の再読―いまなぜフォイエルバッハか』理想社、一九九五年二月

補　章　フェティシュなフォイエルバッハ――フェティシズム論摘要、石塚正英『歴史知とフェティシズム』理想社、二〇〇〇年六月

人名索引

▶マ行

▶ヤ行

▶ラ行

▶ワ行

▶タ行

▶ナ行

▶ハ行

索　引

事項索引

著者紹介

石塚正英（いしづか まさひで）

1949年、新潟県上越市（旧高田市）に生まれる。

立正大学大学院文学研究科史学専攻博士後期課程満期退学、同研究科哲学専攻論文博士（文学）。

1982年〜、立正大学、専修大学、明治大学、中央大学、東京電機大学（専任）歴任。

2008年〜、NPO法人頸城野郷土資料室（新潟県知事認証）理事長。

▼主要著作
『叛徒と革命―ブランキ・ヴァイトリンク・ノート』イザラ書房、1975年
〔学位論文〕
『フェティシズムの思想圏―ド＝ブロス・フォイエルバッハ・マルクス』世界書院、1991年
石塚正英著作選【社会思想史の窓】全6巻、社会評論社、2014-15年
『革命職人ヴァイトリング　―コミューンからアソシエーションへ』社会評論社、2016年
『地域文化の沃土 頸城野往還』社会評論社、2018年
『マルクスの「フェティシズム・ノート」を読む　―偉大なる、聖なる人間の発見』社会評論社、2018年
『ヘーゲル左派という時代思潮　―A.ルーゲ／L.フォイエルバッハ／M.シュティルナー』社会評論社、2019年
『アミルカル・カブラル―アフリカ革命のアウラ―』柘植書房新社、2019年
『学問の使命と知の行動圏域』社会評論社、2019年
『価値転倒の社会哲学　―ド＝ブロスを基点に』社会評論社、2020年（予定）

フォイエルバッハの社会哲学
―― 他我論を基軸に ――

2020年1月10日　初版第1刷発行
著　者／石塚正英
発行人／松田健二
発行所／株式会社 社会評論社
〒113-0033　東京都文京区本郷2-3-10　お茶の水ビル
電話 03（3814）3861　FAX 03（3818）2808
組　版／Lunaエディット.LLC
印刷製本／株式会社 ミツワ